Bauwelt Fundamente 78

Herausgegeben von Ulrich Conrads
unter Mitarbeit von Peter Neitzke

Beirat:
Gerd Albers
Hansmartin Bruckmann
Lucius Burckhardt
Gerhard Fehl
Herbert Hübner
Julius Posener
Thomas Sieverts

Dieter Hoffmann-Axthelm

Wie kommt die Geschichte ins Entwerfen?

Aufsätze zu Architektur und Stadt

Friedr. Vieweg & Sohn   Braunschweig/Wiesbaden

Das vordere Umschlagfoto
zeigt ein Detail des Meringplatzes, Berlin 1972.
Hinteres Umschlagfoto:
Aldo Rossi, Teatro del Mondo, Venedig 1979

Alle Rechte vorbehalten
© Friedr. Vieweg & Sohn Verlagsgesellschaft mbH, Braunschweig 1987
Umschlagentwurf: Helmut Lortz
Satz: R.-E. Schulz, Dreieich
Druck und buchbinderische Verarbeitung: Lengericher Handelsdruckerei, Lengerich
Printed in Germany

ISBN 3-528-08778-1   ISSN 0522-5094

Inhalt

Vorwort *7*

Teil 1
Über das Verhältnis von Ästhetik und Objektplanung *14*
Hausbau *31*
Vom Hausbau zum Stadtbau und zurück *43*
Dialektik des Regionalismus *56*
Typologie und Populismus. Versuch einer Übersicht *82*

Teil 2
Architektur & Krieg *104*

Teil 3
Aneignung von Stadtquartieren –
oder was in der Bundesrepublik davon übrigbleibt *124*
Vom Umgang mit zerstörter Stadtgeschichte *139*
Architektur als Geschichtsfälschung *159*
Kreuzberger Ausschabung *171*
Plädoyer für die Abschaffung der Denkmalpflege *181*
Wie kommt die Geschichte ins Entwerfen? *199*

Vorwort

Dieser Band bringt eine Reihe von Aufsätzen aus den vergangenen zehn Jahren zusammen, weniger mit dem Ziel, zusammenzufassen, was ich in dieser Zeit geschrieben habe, als durch das Mittel der Zusammenfassung zu zeigen, warum ich es geschrieben habe. Auswahl und thematische Gruppierung sollen, vor allem, was Teil 1 betrifft, gerade die durchgehenden Linien erkennbar machen. Teil 1 faßt Aufsätze zur Architekturtheorie zusammen, Teil 3 eher „Feldstudien" in Theorieabsicht zum Thema Stadtplanung; das Mittelstück, thematisch gesehen der Diskussion der Berufsrolle des Architekten zugehörig, bildet sozusagen die Achse, um die sich die Teile 1 und 3 als Flügelkomplexe drehen.

Es ist mir, anders gesagt, wichtig, darauf hinzuweisen, daß es sich nicht um die nachträgliche Konstruktion des Anscheins eines systematischen Zusammenhangs der einzelnen Aufsätze handelt, sondern um das Sichtbarmachen des Arbeitsprinzips. Es ist kein Zufall, daß die Aufsätze des Teils 1 in derselben Zeitschrift, Arch+, erschienen sind: Die Themen waren selbst gestellt, und die Abfolge der Aufsätze bedeutete für mich ein schrittweise vorgehendes und aufeinander aufbauendes Erarbeiten eines theoretischen Gedankenzusammenhanges – den anders, als einheitliches Buchprojekt, zu erarbeiten mir nie in den Kopf käme. Es hat allerdings kaum jemand diesen theoretischen Anspruch auf Zusammenhang bemerkt, es sei denn in der Form des Befremdens: Ließe sich von den Dingen nicht einfacher reden? Es hat mich auch immer neu gewundert, daß für mein Empfinden greifbar, ja fast brutal ausformulierte Thesen dieser Aufsätze nie diskutiert worden sind – etwa die aus dem Regionalismusaufsatz, daß es im Neuen Bauen einen versteckten norddeutschen Regionalismus zu entdecken gelte. Ist das nur kopfschüttelnd als mißglückte Anmerkung gelesen worden?

Daß ich auf dem Zusammenhang bestehe, heißt nun keineswegs, daß ich mich nicht hätte in den letzten zehn Jahren vorwärts bewegen wollen. Im Gegenteil, daß ein Thema nicht nur auf der Ebene theoretischer Gleichzeitigkeit aufgeblättert wird, sondern unter dem Druck sich verändernder Zeiten und Umstände auch immer neu angepackt werden muß bzw. von anderer, bis dahin zugestellter Seite sich der Aufmerksamkeit anbietet, das war gerade das Spannende am Schreiben dieser Aufsätze: Jeder einzelne Aufsatz versucht, obwohl

auf anderen aufbauend, politisch autark zu sein, also für den jeweiligen Zeitpunkt alles noch einmal unter diesem besonderen Blickpunkt der politischen Aktualität zu sagen. Den Zusammenhang als vorgestelltes Buch aufgefaßt, war es also weniger der systematische Fortschritt von einem Punkt zum nächsten als der Fortgang der politischen Verhältnisse, der die einzelnen Kapitel des Gesankenzusammenhangs kommandierte.
Das rückt, neben dem Ärgernis von Wiederholungen, vor allem das Merkmal des Veraltens in den Vordergrund. Natürlich würde ich heute den Aufsatz über die Aneignung von Stadtquartieren so nicht mehr schreiben. Damals war die kulturtheoretische Wendung, die ich in diesem Aufsatz einem nach '68 viel diskutierten Thema gab, letzter Anlaß zu einem Bruch innerhalb der Redaktion von Arch+; heute wirkt der Aufsatz eher doktrinär. Aber ist er heute falsch? Geändert haben sich unsere Perspektiven, und damit unser Wahrheitsinteresse; die Zuspitzungen stadtpolitischer Gedankengänge laufen heute in andere Richtung. Das heißt nicht, daß sich an den Eigentumsverhältnissen etwas geändert hätte. Daß man sich ihnen heute nicht mehr so frontal wie in den Jahren nach '68 gegenübergestellt sieht, ist ein Lernerfolg zweideutiger Art: für die einen die Rechtfertigung dafür, daß sie still geworden sind und Geld verdienen, für andere die Voraussetzung, um allererst ohne die Masken der Vergangenheit denken zu können. Dieser Ambivalenz gegenüber ist es nicht nur die biographische Treue zu dem, was man einmal von sich gegeben hat, die mich ausdrücklich auch an den älteren, „radikaleren" Aufsätzen festhalten läßt, sondern auch die leise Vermutung, es könne nicht falsch sein, jenen Aufsätzen einen Wahrheitsanspruch gegenüber meiner heutigen größeren Vorsicht offen zu lassen.
In Wahrheit ist das auch gar kein Problem der „älteren" Aufsätze. Analoge Zuspitzungen gibt es auch in den späteren, und jedesmal, wenn ich, beim Durchlesen für die Auswahl oder beim Korrekturlesen, mich vor einzelnen Verbalradikalitäten, die ich geschrieben hatte, hinter dem nächsten Baum verstecken wollte, bzw., praktisch gewendet, ein Entkommen durch schlichtes Fallenlassen des Aufsatzes oder Streichung mindestens des Absatzes überlegte, wurde mir klar, daß gerade diese scheinbaren Entgleisungen mir jeweils zugleich überhaupt erst erlaubt hatten, zum jeweiligen Problemkern vorzustoßen.
In der Tat gibt es da, wenn ich richtig beobachte, drei solcher Zuspitzungswellen, und ich will mich hier ausdrücklich zu ihnen verhalten. Die erste ist die kulturrevolutionäre Zuspitzung: Der Kampfplatz Architektur ist keine fachspezifische Ausgabe des Klassenwiderspruchs zwischen Arbeit und Kapital (man vergleiche dazu, da die Flugblätter und Diplomarbeiten von damals

kaum noch jedem greifbar sein dürften, die 20er-Nummern von Arch⁺), sondern es stehen sich zwei Kulturen oder zwei Gesellschaften gegenüber, die herrschende mit ihrer auf Ausbeutung basierenden Unfruchtbarkeit, und die soziale Produktivität von unten; in der Architektur stellen sich diese Verhältnisse als Spaltungsprozeß im architektonischen Werk selber dar, als Aufspaltung in formalisierte Ingenieurleistungen einerseits und eine sich davon abstoßende ästhetische Schicht andererseits, die prinzipiell Sache der Bewohner ist.

Diese These vertrete ich noch immer, sehe aber inzwischen auch, daß die historischen Wechselfälle einem solche Thesen erheblich um die Ohren schlagen können, wenn sie aus zu großer Entfernung formuliert werden: Worauf ich anspiele, ist die überschwemmungsartige Verifizierung der These auf eben der oben genannten Ebene, der der Kultur. Genau so, wie die architekturtheoretische These nicht nur auf die Marginalisierten, sondern auf die gesamte ästhetische Massentätigkeit abhob, genau so wurde die kulturelle Basis der These umgepflügt durch die kulturelle Massenbewegung der neuen Angestelltenkultur, die, auf dem Hintergrund „linker" politischer Erfahrungen, die architekturtheoretisch postulierte Scheidung inzwischen zum Funktionsprinzip der neuen Urbanität gemacht hat, und zwar im Einverständnis mit dem Staat, gegen die Randkulturen, als wirklicher Auftraggeber der architektonischen Postmoderne.

Hätte ich aber ohne die kulturrevolutionäre Radikalisierung die architekturtheoretische These formulieren können? Sie scheint mir der entscheidende Gewinn, und ich finde es unangebracht, angesichts der anhaltenden Konjunktur von Vermittlungsfiktionen, auf sie zu verzichten. Im Gegenteil, das Bewußtsein der Unvermitteltheit in Zeiten festzuhalten, wo die Erfolge der Vermittlungsfiktionen einem schon fast die Luft streitig zu machen scheinen, scheint mir wichtig. Es verlangt heute sowieso mehr als genug Erinnerungsfähigkeit, um auf der gesellschaftlichen Realität der Vermittlungslosigkeit hinter den herrschenden Operationen bestehen, ja, sie sich überhaupt noch vorstellen zu können.

Die zweite in diesen Aufsätzen enthaltene Zuspitzung ist die „apokalyptische". Auch sie ist zur Zeit nicht besonders modern, auch wenn auf der politischen Ebene heute langsam die Wirkungen eintreten, auf die die Friedens- und die Anti-AKW-Bewegung auf den Höhepunkten der Mobilisierung gehofft hatte. Unnötig zu sagen, daß in der Substanz sich in der Zwischenzeit nichts geändert hat. Die ökologischen Katastrophen, auf die das Thema Hausbau anspielt, haben sich seither in der wissenschaftlichen Diskussion wie in der Alltagspraxis des Verbrauchers nur detailliert, der Atomkrieg seinerseits ist um keinen Deut unwahrscheinlicher geworden, so wahr Absichtserklärungen und ergebnislose Verhandlungen am vorhandenen Vernichtungspotential nichts ändern; erst recht nichts an den ganz alltäglichen Möglichkeiten, wider Willen in die atomare Vernichtung hineinzustolpern. Nur: Auf kultureller Ebene spricht man inzwischen über, interessiert sich inzwischen für anderes – weil man es nicht aushält oder warum sonst.

Trotzdem ließen sich Überspitzungen heute sicher vermeiden – wiederum möchte ich doch aber auch auf den Gewinn verweisen: Es ist gerade die Zuspitzung, die nach vorne die Eigenschaften des Gebauten als abgelöste Botschaften des Verbrauchers lesen läßt (über die Austauschbarkeit ökologischer und ästhetischer Botschaften wäre noch intensiv nachzudenken) und nach hinten die ästhetische Zentrierung der klassischen Architektur in einer so engen Verklammerung mit einem gesellschaftlichen Massentötungsritus zeigt, daß der Untergang dieses Instruments Klassische Architektur aus einem Symptom für abendländische Dekadenz ein Hoffnungszeichen macht. Daß es weiter Architekten gibt, und auch Arbeit für sie, und zwar notwendige Arbeit, ist für mich kein Widerspruch, sondern der Anlaß zu einer Reihe neuer, vorurteilsloser Überlegungen zur veränderten Ebene und Wirkungskraft architektonischer Eingriffe.

Die dritte Zuspitzung folgt dem Stichwort: Aufarbeitung der Vergangenheit. Daß ich damit wenig originell und lästig bin, wird mir durchaus gelegentlich bedeutet. Aber was kann ich da ändern? Theoretische Schärfe, Genauigkeit der Begriffe ist nicht gratis zu haben. Der historische Aufbau der Stadt wird nur unter der Bedingung nicht zu jenem positivistischen Brei, den uns der Historismus angerichtet hat, daß man sich auf die Brüche einläßt, die die Stadtgeschichte skandieren. Wie der Archäologe ohne die Brandspuren, die ihm die Untergangszeiten der unter ihnen begrabenen Kulturen und den Beginn der jeweils darüber liegenden anzeigen, nur ein allgemeines Fließen der Zeiten und Kulturen zu berichten wüßte, so wird das Reden von der Stadtgeschichte als Gegenmacht gegen den Formalismus des Flächennutzungsplanes (oder der Bereichsentwicklungspläne) hilflos, sobald es die Stadtgeschichte zu einem scheinbar einheitlichen Wertpaket gerinnen läßt, aus Angst, sich den Ansprüchen zu stellen, die jene historischen Brüche heute an das Planungshandeln stellen.

Man kann sich überdies die Brüche nicht aussuchen. Der Bruch in der deutschen Städtegeschichte ist nicht der Krieg mit seinen Zerstörungen – mit diesem einen historischen Erklärungsmodell könnte man an dem, was seit 1948 gebaut und geplant wurde, sehr wenig erklären. Wer da etwas verstehen will, muß sich schon zu einer Auseinandersetzung mit dem Nationalsozialismus

bequemen. Daß es – vorher, während des Nationalsozialismus und danach – immer dieselben Architekten waren, ist für mich kein Argument dagegen, sondern die schlimmste Bestätigung der Behauptung. Und wo wäre das Übel, falls ich übertreiben sollte? Wie anders will man jene Lücken der Gegenwart auftun und beschreiben, die ein Eingreifen allererst möglich machen?
Natürlich ist mir klar, daß auf allen drei Ebenen, als Hypothek dieser zehn Jahre Arbeit an den Themen Architektur und Stadt, auch etwas Wesentliches offen geblieben ist. Offen blieb die nicht mehr abgrenzende, sondern sozusagen positive Bearbeitung der ästhetischen Kompetenz des Architekten *nach dem Bruch*. Nicht, weil ich vor dem Thema Ästhetik Angst hätte – im Gegenteil, es war die Basis, von der aus, nach Fertigstellung einer entsprechenden Untersuchung (*Theorie der künstlerischen Arbeit*, Frankfurt 1974), ich das Thema Architektur schreibend angegangen hatte. Aber beidemal war mein Thema der Bruch, in all seiner Schwerverständlichkeit und Ärgerlichkeit die Voraussetzung aller weiteren Schritte. Inzwischen haben sich nicht nur die Verhältnisse, sondern habe auch ich mich weiterbewegt. Dieser Band ist auch ein Rechenschaftsbericht. Ansätze, die einen weiteren Schritt tun, sind bewußt außerhalb dieses Buches gelassen worden. Daß das Thema indirekt ständig anwesend ist, kann eigentlich (ich denke etwa an den Regionalismus- oder den Typologieaufsatz) nur böswilliges Lesen nicht zur Kenntnis nehmen. Jedenfalls ist für mich die architekturtheoretische Grundthese dieser Aufsätze kein Hindernis, sondern allererst das Tablett, auf dem zutreffende Aussagen zur ästhetischen Kompetenz der Architektur, zum Schönen, Gelingenden, Spannenden architektonischer Phantasie möglich sind – von der Liebe zu gelungener Architektur sei ein andermal die Rede.
Alles in allem hätte ich es in jedem einzelnen Falle gern besser gemacht, bin aber bereit – daß ich viele Sätze trotz der Versuchung gerade nicht gestrichen habe, beweist es –, mit den Lücken und Ärgerlichkeiten meiner Produktion zu leben: Ich bin kein vorsichtiger Autor, da entstehen schnell Ungleichgewichte, das berühmte Sich-zu-weit-Hinauslehnen, das man später gern vermieden hätte. Nur daran lernt man, lernt man sich und die Sache kennen.
Zu danken habe ich vor allem Peter Neitzke. Er hatte die Idee, meine Aufsätze zu einem Band zusammenzufassen, hat mir aber bei der Auswahl, ohne seine Vorlieben oder Bedenken zu verhehlen, freie Hand gelassen. Zu danken habe ich ferner Ulrich Conrads.

Teil 1

Über das Verhältnis von Ästhetik und Objektplanung

Produkt und Design

Es führt kein Weg zurück zur alten Architektur. Deren Einheit von technischer Herstellung und ästhetischer Verkörperung ist gesprengt – sie war auch in der bürgerlichen Baukunst nur über gigantische Brüche hinweg noch festgehalten worden. Das Ende der Baukunst wurde oft und eindringlich beschrieben. Wichtiger ist inzwischen die positive Aufgabe, nach neuen Möglichkeiten zu fragen, die sich aus dem Zerfall des traditionellen Zusammenhangs Architektur ergeben. Ich grenze hier den Fragebereich auf die ästhetische Deszendenz ein.

Es gibt ein öffentlich artikuliertes Leiden am Mangel von Architektur: Was gebaut wird, ist nicht mehr sinnfällig, auf nichts hin mehr anschaulich, weder auf körperliche noch gedankliche Bewegungen bezogen. Welche Konsequenzen können aber überhaupt zur Zeit daraus gezogen werden? Eine verbreitete Polemik fordert gegenwärtig rasche Besserung und glaubt, Ursachen nennen zu können. Aber wenn dann gesagt wird, das Gebaute sei gestaltlos, gesichtslos, ihm fehle überhaupt Menschlichkeit und architektonische Kultur, dann befindet man sich unvermittelt in jenem Zustand von Leere, Desorientiertheit und Schwindelgefühl, der die meisten Architekturdiskussionen heute beherrscht. Sprünge scheinen leicht, auch solche in die klassizistische Vergangenheit, in den Historismus und in die naive Fassadenarchitektur, alles in Berufung auf den einen großen Leidenszustand und Mangel, daß es Architektur nicht mehr gibt.

Es muß in dieser schweifenden Willkür einen harten Wirklichkeitskern geben, den es festzuhalten gilt. Zuerst aber sollte man nach der Basis fragen, von der sie sich abstößt: nach der in der Professionalisierung der Architekten, im Baurecht, in DIN-Normen, Finanzierungs- und politischen Entscheidungsformen vorgegebenen Planungsmethodik. Der gesamte professionelle Umgang mit Bauaufgaben läuft in der Form der Planung ab und hat mit Funktionen zu tun, an deren punktweise bewertbarer Berücksichtigung sich das Ergebnis legitimiert. Und Planung von Funktionen heißt, abstrakt vorzugehen. Gleich ob man sich solche Funktionen als homogen vorstellt oder ob man sie in dem Widerstreit von planungsberechtigten staatlichen und ökonomischen Instanzen und planungsbetroffenen, von der Planung ausgeschlossenen Nutzern sieht, immer handelt es sich um abstrakte Zweckbestimmungen, die quantifiziert werden müssen, damit ihnen räumliche Entsprechungen zugewiesen werden können. Zwischen den Absichten, was alles in einem Gebäude stattfinden soll, und den Daten des Raumprogramms liegt ein Nadelöhr der Umsetzung, durch das nur die völlig verflüssigten funktionalen Festlegungen hindurchschlüpfen. Was subjektiv der Planer an guten Absichten damit noch verknüpft haben mag, kommt nicht hindurch.

Hier gibt es also eine Spaltung im Arbeitsprozeß. In die gebaute Masse gehen nur solche Intentionen ein, die sich funktional ausdrücken lassen und in den individuellen Qualitäten räumlicher Lösungen zum Ausdruck kommen. Ein großer Anteil von planungsbezogenen Vorstellungen und Phantasien bleibt von dieser Verwirklichung ausgeschlossen, und dies ausgeschlossene Potential macht es verständlich, daß es möglicherweise derselbe Architekt dann ist, der das fertige Gebäude (in der Regel freilich nicht sein eigenes, das weiterhin einer schonenden narzißtischen Verklärung unterliegt, als hätte es die dem Planungsprozeß anhaftenden Phantasien auch wirklich als gebautes in sich) nicht mehr als Planungsprozeß auffaßt, sondern als Objekt ansieht und dann enttäuscht ist, wie gestaltlos und unmenschlich, wie unwohnlich und unkultiviert, verglichen mit der architektonischen Tradition, es sich unter diesem Blickwinkel ausnimmt.

An der Architektur zeigt sich dabei für ihren Teil der allgemeine Prozeß der gesellschaftlichen Auflösung des ästhetischen Erscheinungszusammenhanges: daß die Zwecke in verklärter Weise – „schön" – an den Objekten erscheinen. Die Erscheinungsfähigkeit der Zwecke ist verlorengegangen. Die Zwecke sind so übermächtig, daß sie die Hilfe der Erscheinung nicht mehr brauchen. Eine Schule, ein Bürohaus brauchen keinen ornamentalen Apparat mehr, um ihre Aufgabe zu erfüllen, sondern die einfachen Funktionsabläufe sind so gesichert, daß sie nackt präsentiert werden können – und, weil im gleichen Zuge alles Erscheinungsmäßige seine Notwendigkeit und Überzeugung verloren hat, auch so präsentiert werden müssen. Die Ausformulierung des zum Funktionieren Unumgänglichen bringt dann eine erfahrbare Leere der Objekte hervor, die sekundär gefüllt werden muß, oder besser, seit Arts and Crafts, bedeckt werden muß mit einer gesondert produzierten ästhetischen Oberfläche.

Dieses Verhältnis von *formalem Produkt* und *aufgelegtem Design* erweitert die Reichweite der Ästhetik. Das einzelne Objekt ist nur noch zufälliger Haftpunkt einer ästhetischen Selbstverständigung der Gesellschaft, die mehr mit den menschlichen Bedürfnissen als mit ihrer Fixierung an Objekte zu tun hat. Andererseits ist diese größere Reichweite dadurch erkauft, daß die Herstellung der Objekte (also z.b. die Bauplanung) nicht mehr in die ästhetische Kommunikation einbezogen ist: Diese ist buchstäblich oberflächlich, sie erspart sich den Durchgang durch die diversen Funktionen. Wir haben im Design die sich ständig steigernde Artikulation von Bedürfnissen, aber ohne Deckung durch die Objekte, und verbunden damit die Herausverlagerung des Ästhetischen in den Umgang der Menschen mit den Objekten, aber unter der Einschränkung, daß Befriedigung, obwohl sie auch für das Objekt selbst behauptet wird, einlösbar ist nur im phantasierenden (sozusagen symbolischen) Umgang mit der ästhetischen Deckschicht.

Nun unterscheidet sich ein Gebäude aber von einem Auto dadurch, daß es nicht in dem ausreichenden Maße ästhetisierbar ist. Genauer gesagt: Am Objekt Haus erweist sich der Gestaltungszugriff als unzureichend. Natürlich gibt es durchästhetisierte Bauten, solche einerseits, die additiv jedes Detail eines typologisch sonst ungeschoren belassenen Gebäudes ästhetisieren, und solche andererseits, die insgesamt, wie ein einziges hochhebbares Objekt, modelliert sind. Beidemal aber ist die Decke fühlbar kurz. Im ersten Fall ist die Ästhetisierung jeden Details zu aufdringlich, um nicht nach kurzer Zeit ermüdend und leer zu werden; im zweiten Fall provoziert ähnlich die aufgestülpte Gesamtform eine schnelle Wirkung auf den ersten Blick und eine ebenso schnelle Enttäuschung. Das ästhetisierte Detail ist nicht mehr, wie noch bei Mies, legitimiert als modulare Folgerung aus dem Formganzen, und die Modellierung des Gesamtbaus ist nicht mehr, wie noch bei Le Corbusier oder Scharoun, als von innen heraus belebter Körper glaubwürdig.

Woher diese Unzulänglichkeit des Architekturdesigns? Die Designer von Autos, Flugzeugen, Rasierapparaten, Kaffeemaschinen, Uhren usw. sind ja keineswegs als begabter anzunehmen als das durchschnittliche Architektenteam, das ein Bürohochhaus, eine Gesamtschule, einen Krankenhausbau ästhetisch überformt. Die Unzulänglichkeit betrifft offensichtlich die Methode selbst, das Design. Noch perfektes Design wird, einem Hochhaus appliziert, innerhalb der Alltagserfahrung abgelehnt. Das wäre bei keinem Auto, keinem Rasierer denkbar. Denkbar ist es dagegen bezeichnenderweise in zwei Bereichen, die der Architektur vor- bzw. eingelagert sind: der eine die Verkehrsbauten, der andere die Möbelindustrie. Bei den Verkehrsbauten ist es offensichtlich, daß selbst ein Thema mit so ehrwürdiger avantgardistisch technischer Tradition wie der Brückenbau nicht mehr zu überzeugenden ästhetischen Angeboten fähig ist, und die Kurven all der stadtviertelzerstörenden Schnellstraßensysteme werden vielleicht gerade noch von den zuständigen

Tiefbauingenieuren schön gefunden. In der Möbelindustrie hat sich die Bevölkerung ebenfalls gegen das industrielle, zugunsten eines historisierenden Design entschieden, um so überzeugender, als sie durch Kaufentscheidung hier unmittelbar eingreifen kann, und selbst in den technischsten Sektoren, Küche und Sanitär, hat ein gewisser Rückzug eingesetzt.

Es geht also in diesen Bereichen nicht um die besondere ästhetische Qualität, sondern darum, daß eine Ästhetisierung, die auf der Höhe der technischen Funktionalität der Objekte ist, als unerträglich empfunden wird. Die unmittelbar verbraucherabhängigen Industrien antworten darauf, indem sie das industrielle Design fallen lassen und durch eine regressive historisierende Ästhetisierung ersetzen. Unzulänglichkeit des Design heißt in der Architektur also nur mittelbar Architektenschelte, und alle kritischen Äußerungen (in letzter Zeit z.b. sowohl Frei wie Kleihues) sind in dieser Hinsicht auch völlig ambivalent und gehen letztendlich, wenn sie Unmenschlichkeit oder Barbarei sagen, auf diese offensichtliche Unzulänglichkeit aus.

Daß man mit dem Gebauten durch Design nicht mehr versöhnen kann, muß dann mit der Eigenart der Sache zu tun haben. Dahin deutet auch der entgegengesetzte Tatbestand, daß beim Auto, aber auch bei allen ähnlichen Fahrzeugen (Züge, Flugzeuge, Raumkapseln, Raketen, Schiffe usw.) keinerlei Designprobleme auftreten, es sich vielmehr um Modernisierungen eines zu gegebener Zeit als zureichend empfundenen Design handelt. Offensichtlich kann man aus dem Haus keine Rakete machen. Bestimmte Beschleunigungsversuche – zu große Höhe, konstruktive Leichtigkeit, Binnenentfernungen und Komplexitäten der Erschließung im Technischen, zu technische Gestaltung, zu große Maßstäbe, zu weite, durch körperliche Maße nicht mehr einschätzbare Flächen im Ästhetischen – stoßen an eine Grenze der Akzeptierungsfähigkeit. Das archaische Haus bringt sich in Erinnerung, und Haus und Fahrzeug bleiben offensichtlich gefühlsmäßig Antipoden. Auto, Flugzeug, Rakete usw. sollen Grenzen brechen, sind auch unbewußt Symbole des Durchbruchs, ekstatischer Möglichkeiten mit der damit verbundenen Flug- und Fallangst. Ganz anders das Haus: Es scheint, als seien sämtliche Bauaufgaben, auch die formalsten wie Bürohaus und Tiefgarage, aus der Konnotation des schützenden Bereichs nicht ungestraft herauszuholen, und ihre unbekümmerte technische Vervielfachung wird nur widerstrebend erduldet bzw. dort, wo es geht, abgelehnt und mangels besserer Möglichkeiten durch historischen Plüsch ersetzt.

Wenn man sich diese Sackgasse so klar macht, erhellt das das historische Recht, das in der von *Venturi* und *Scott Brown* aufgebrachten Parole „*Learning from Las Vegas*" steckt. Dieses Recht sollte auch gegen eigene Bauten Venturis festgehalten werden (bei denen es dabei bleibt, daß nur neue Oberflächen entdeckt werden, die bisher verpönt waren), es steckt nämlich unzweideutig genug in der Forderung der völligen Trennung zwischen ästhetischer *Schautafel* und ingenieursmäßig erstelltem Gebäude. Diese Schautafel ist zwar mehr ein begriffiches Konstrukt als ein Element der Architektur, aber sie kann immerhin als Bezugsgröße der zahllos existierenden wildwüchsigen Schauoperationen dienen, auf die Venturi/Scott Brown zurecht aufmerksam gemacht haben.

Diese klassischen Reklamefassaden sind nicht wirklich architektonisierbar. Aber das Konzept der Schautafel sagt etwas, was durch gebaute Architektur kaum so zu sagen ist und trotzdem in allen Versuchen neuen Fassadendesigns steckt. Der Ruinenhorror der „Site"-Gruppe, die Stellagen von Haus-Rucker-Co oder Coop Himmelblau werden zwar als sympathisch empfunden, weil da kein gestalterischer Kraftakt versucht, sondern action vorgeführt wird, aber dieses spielende Design bleibt Design, individueller Gag: Es bleibt also bei der Prämisse, daß per Design das Fassadenproblem zu lösen sei. Das Konzept der demontablen Schauwand bricht dagegen die Wechselbeziehung zwischen Objekt und ästhetischem Vorfeld wirklich ab; es behauptet nicht nur die Unerträglichkeit desjenigen Design, das die erstarrte spätbürgerliche Form des Bauhauses weiterverwertet, sondern es gibt implizit die Unfähigkeit eines jeden Design zu, den Benutzer mit dem wirklichen (funktionalen) Baukörper zu versöhnen.

Nachholdiskussion: Lebensqualität

„Learning from Las Vegas" bezeichnet den avanciertesten Punkt der Einsicht in den Stand des Architekturfortschritts. Von diesem Punkt aus bietet sich, weit davon entfernt, daß es ein Endpunkt sei, eine Reihe wichtiger Diskussionslinien an, auf die auch unbedingt eingegangen werden muß. Nun bringt es aber die doch stark hinterherhinkende deutsche Situation mit sich, daß das Gros der Diskussionen sich vor jenem Punkt abspielt. Die Schärfe des Designproblems wird unterlaufen, indem man einfach die Forderung, man könne und müsse neue Wohnformen, Stadtgestalten usw. bauen, zurücknimmt und sich an traditionellen Vorbildern orientiert, die, da sie nicht mehr verstanden werden, mit handwerklerischen Kriterien (Platzformen z.B. oder globale Elementenkataloge) und viel emotionalem Kitt (Menschlichkeit, liebevolle Planung usw.) wieder diskursiv in Umlauf gebracht werden.

Worum das Zusammengehen von neuem Antifunktionalismus mit der histo-

rischen Regression unter dem Stichwort *Stadtreparatur?* Was bedeutet in diesem Zusammenhang die Aufwertung der Ästhetik? Ich habe oben schon behauptet, daß die kulturkritische Enttäuschung an der bisherigen Architektur selber eine Funktion der Trennung von Objekt und Design ist. Was bewegt aber eine ganze Reihe ehrgeiziger Architekten dazu, sich in der Form der ästhetischen Kritik gegen die funktionalen Voraussetzungen ihrer eigenen Arbeit zu stellen?
Zum Verständnis dieses Widersinnes ist es äußerst hilfreich, sich der Situation der Bauwirtschaft zu erinnern. Deren Krise zeichnete sich schon vor Jahren ab, und es sind zunächst rein ökonomische Günde, die die Gigantitis der Bauproduktion gestoppt haben: daß riesige Bauvolumen einfach nicht mehr vermietbar waren, und daß sich die Chance der Vermietbarkeit durchaus als umgekehrt proportional zu jener Objektgröße erwies, deren ständige Steigerung bis dahin, im Zusammenhang mit immer potenteren Fertigungsanlagen, die zentrale Methode der Bauunternehmen zur Profitsteigerung war. Angesichts der sich daraus geradenwegs ergebenden Verschlechterung der Lage der Architekten ist es klar, daß von da an Leistungsangebote weit diffizilerer, sublimierterer Art nötig sind als in den Zeiten purer Expansion, um vom schrumpfenden Auftragsvolumen noch einen befriedigenden Anteil zu erlangen.
Ein paar Daten aus der Berliner Situation zur Erläuterung: Von 1970 bis 1973 verringerten sich die Beschäftigten im gesamten Baugewerbe um 8500 Personen, im ganzen Jahrzehnt von 1960 bis 1970 dagegen nur um 2000. Das Bauvolumen wuchs von 1960 bis 1970 von 1,5 auf 4,0 um 2,5 Milliarden DM, von 1970 bis Ende 1978 wird nur knapp 1 Milliarde DM Zuwachs erreicht werden, der Zuwachs ist also inzwischen nur noch der Inflation verdankt (beim Wohnungsbau, auf den die Hälfte des Berliner Bauvolumens entfällt, betrug die Inflationsrate 1977 4,8%). Das politische Problem ist deutlich, wenn man berücksichtigt, daß drei Viertel der gesamten Bautätigkeit in Berlin staatlich beeinflußt sind. (Daten nach K. Riebschläger, Stadt im Wandel, Berliner Forum 3/74 und Tagesspiegel v. 12.1.78)
Nun ist aber damit, daß die staatliche Leitplanung die Parole ausgibt, der Periode des extensiven habe nun eine intensiven, qualitativen Wachstums zu folgen, mehr behauptet, als geleistet werden kann. Qualitätsverbesserungen, gesetzt selbst den Fall, man könne sich, was in einer mit Lohnarbeit umgehende Gesellschaft undenkbar ist, darauf einigen, was wünschenswerte Qualität von Bauleistungen sei, wären nur durch eine Veränderung der Entscheidungsprozesse möglich: Es müßte also das ganze System der Umsetzung staatlich artikulierter Gesellschaftbedürfnisse in Schulen, Stadtteile, Straßensysteme usw. hinterfragt werden, was wiederum nur dann möglich und sinnvoll wäre,

wenn sich bei der Herstellung des Klassenkompromisses wirklich etwas zugunsten der betroffenen Mehrheit ändern würde. Da dies per definitionem ausgeschlossen ist, bleiben nur solche Qualitätsverbesserungen übrig, die – innerhalb der bestehenden Verfügungsstruktur – die ökonomisch ohnehin naheliegenden Umorientierungen für die angestauten antiplanerischen, antifunktionalen Affekte der Bevölkerung greifbar machen, weniger Stadtzerstörung plus mehr Stadterlebnis durch dichte innerstädtische Verkaufs- und Wohnzonen gleich mehr Lebensqualität.
Darauf sei in aller Kürze eine doppelte Probe gemacht. Zunächst die theoretische: Was kommt heraus, wenn die Planungstheorie sich der neuen Forderungen bemächtigt? Als Beispiel wähle ich den relativ frühen Vorstoß von H. Spieker/H. Scholl (Konditionsplanung, Bauwelt 1973, H. 31, 1345 ff.). „Auf die Erscheinungsformen menschlicher Grundbedürfnisse vollständiger und richtiger reagieren kann deshalb nicht heißen, mit höherem materiellem Einsatz oder größerer technischer Perfektion auf Kosten des geistigen Einsatzes bzw. der Phantasie anzubieten." (A.a.O., 1345) Die aus der Mottenkiste geholte Alternative „materieller Einsatz - geistiger Einsatz" macht zunächst stutzig, aber sie bezeichnet doch ausreichend klar das staatliche Problem der kostenneutralen Reform, das ökonomische Dilemma, bei schrumpfendem Bauvolumen die Verwertungsrate durch Angebote steigender Komplexität hochzuhalten, und den Zwang zur ästhetischen Konkurrenz der Planer und Architekten untereinander. Das Ende des Wachstums ist der Angelpunkt der Argumentation. Zwar soll richtiger reagiert werden – nicht Funktionsplanung, sondern planerische Freilegung der durch das funktionale Quantitätendenken verstellten Möglichkeiten; zwar wird argumentiert mit dem ästhetischen Ungenügen der Stapelwohnung und ihrem technischen Komfort (welchem eigentlich?); doch die Folgerung ist nun keineswegs, wie zu erwarten wäre, daß eben der Planungsvorgang dann umgeworfen werden müßte und die Betroffenen innerhalb geeigneter Assoziierungsformen selbst die Befriedigung ihrer Wohnbedürfnisse in die Hand zu nehmen hätten (wozu natürlich auch die politischen und ökonomischen Vorbedingungen zu schaffen wären). Sondern die Folgerung ist – ohne daß das leiseste Wort darüber verloren wird, daß die naheliegende Forderung in diesem Lande zur Zeit völlig unrealistisch ist und daher im Interesse der beruflichen Weiterentwicklung der Autoren auch nicht erhoben werden kann –: Man solle die Sache anders ansehen. Was ist also Konditionsplanung? „Wenn jemand ein zum Verkauf oder zur Vermietung angebotenes Haus besichtigt, so prüft er es auf die Möglichkeiten hin, die ihm dieses Haus hinsichtlich seiner Wünsche und Ziele bietet." (1347) Der Blick auf das Objekt, das da ist, der Blick, der es abtastet auf subjek-

tive Befriedigung (derer, die eben Häuser kaufen oder mieten), das ist die neue geforderte Haltung. Daß sie dann auf Neubau übertragen wird, darf da nicht täuschen: In der Tat ist diese Haltung auf Neubauten übertragbar, indem man sich zu den unveränderbaren Planungsgegebenheiten genauso als zu hinzunehmenden, auf Chancen zu prüfenden Konstanten verhält, die nun einmal da sind. Generell paßt die Haltung dazu, Vorhandenes umzunutzen, nämlich „die gegebenen Mittel vom Material angefangen bis zum fertigen Stadtteil – als ein Angebot von unausgeschöpften Möglichkeiten anzunehmen" (1347). Die besondere Ausformulierung braucht hier nicht zu interessieren. Wichtig ist an dem Beispiel, wie die vorhandene Einsicht der Mehrdeutigkeit von vornherein nur regressiv in Erwägung gebracht wird. Die Mehrdeutigkeit der Mittel zu erkennen, könnte ja grundsätzlich auch heißen zu sehen, wie sich in ihnen in verzerrter Weise Lösungen darstellen, die unter den gegebenen Verhältnissen noch ausgeschlossen sind, auf die man sich aber, wenn man innerhalb dieser Verhältnisse mit einem dezidierten politischen Willen arbeitet, berufen kann. Hier wird aber die Mehrdeutigkeit eingeengt auf die Möglichkeiten ästhetischer Befriedigung, die sich aus den vorhandenen Verfahren und Materialien gewinnen lassen („Raumqualitäten").

Bauen nach dem Modell der Ausbeutung und Vervollständigung der Vergangenheit: das ist die durchaus repräsentative rhetorische Folgerung. Die zweite praktische Probe zeigt sie in Aktion – Beispiel sei Berlin bzw. das in Berlin im Zusammenhang eines Machtwechsels innerhalb der Baubürokratie zunehmend diskussionsbestimmende Konzept der *Stadtreparatur*. Die bisherigen Bauadministrationen haben die historische Stadtsubstanz in einem Maße zerstört, das inzwischen das der Kriegszerstörungen übertrifft. Verschwundene Stadtviertel, aufgerissene Wohnbereiche, verkehrsgerecht zerstörte Plätze, Unmengen angerissener Wohnblöcke und stehengebliebener Restbebauungen prägen das Stadtbild, weit ausgedehnter als irgendwo in der Bundesrepublik Deutschland, weil in die gerissenen Lücken angesichts des wirtschaftlichen Dämmers der Stadt nur halb so viel nachdrängte und die Errichtung der großen Randsiedlungen nur möglich war, indem der entsprechende Wohnungsbedarf durch Niederlegung der Kreuzberger und Weddinger Arbeiterviertel geschaffen wurde. Inzwischen ist diese Politik zu teuer. Basis des neuen Konzepts ist die politische Vorentscheidung, den Bau weiterer, seit langem geplanter Siedlungen (Kolonie Ruhwald, Vierter Ring in Lichterfelde) einzustellen zugunsten des Wiederaufbaus der Innenstadt. Die Investitionen auf dem Bausektor nehmen in letzter Zeit zugleich auch einen anderen Weg; die Mittel des Zukunftsinvestitionsprogramms (ZIP) gehen ihren Weg zur Bauwirtschaft über den individuellen Hausbesitz, verknüpft mit der allgemeinen

Forderung der Modernisierung und der besonderen der Beseitigung der Seitenflügel von Altbauten (worüber viel zu sagen wäre), Hand in Hand mit Steuervorteilen nach dem seit 1.1.77 auch auf Altbaumodernisierung anwendbaren § 14 b des Berlin-Förderungsgesetzes und dem weiteren Anreiz, über 14 %ige Mietaufschläge die Mieter an der Finanzierung von Modernisierungen beteiligen zu können. Neue zentrale Investitionen werden aufgeschoben, und wo sie, wie beim Oberstufenprogramm, punktuell erfolgen, unter veränderten Gesichtspunkten durchgeführt. Gleichzeitig zeitigt die Kritik an Flächensanierung und Stadtzerstörung bei den großen privaten und halbstaatlichen Baugesellschaften erste Folgen und führt zu einer steigenden Neuverwertung von Altbausubstanz durch deren nur Beinahezerstörung und anschließender Neuausführung bei nach wie vor beibehaltener maximaler Beseitigung der Blockinnenbebauung, die, von Stadtkritikern unbehelligt, dann durch reguläre Neubauten ersetzt wird.

Auf dieser Grundlage erhebt sich nun eine charakteristische Architektur der Stadtreparatur und eine entsprechende städtebauliche Ästhetik. Beides ist hier nicht zu dokumentieren, sondern nur der Dimension nach zu kennzeichnen, zumal es in Berlin noch kaum zu auffallenden Ergebnissen gekommen ist. In der Planung hat es länger Zurückhaltung gegeben als anderswo. Die Entdeckung des Stadterlebnisses per Fußgängerzone war im großbürgerlichen Planungsschema der westberliner City nicht unterzubringen. Der entscheidende Prüfstein der Planung ist hier nicht so sehr, wie in den westdeutschen Großstädten, die ästhetische Wiederbelebung einer verödeten Innen- bzw. Altstadt als der Wiederaufbau der totalzerstörten innerstädtischen Viertel: westliche Luisenstadt, Friedrichstadt und Tiergartenviertel. In keinem dieser Viertel, die ein zusammenhängendes Gelände von mehreren Kilometern Ausdehnung bilden, ist es bisher zu einer realisierbaren Planung gekommen. Der Tiergartenwettbewerb führte 1974 zur Prämierung eines Entwurfs, der mit dem Blockschema des 19. Jahrhunderts arbeitete, geschlossene Straßenwände und Platzumbauungen frei nach Rob Krier aufwies sowie zwischen Eckbebauungen optisch eingehängte Blickfluchten in beliebiger Reihung; die Realisierung dieses abenteuerlich prinzipienlosen Entwurfs bzw. seiner Weiterbearbeitung scheint inzwischen ausgeschlossen. Planungen für die Friedrichstadt sind im Gange, aber zur Zeit ist davon noch nichts an die Öffentlichkeit gelangt; diese Verschwiegenheit dürfte damit zu tun haben, daß dieses Viertel erst in der noch laufenden Administration (und teils durch sie) verbaut worden ist.

In den Sanierungsgebieten ist die Lage weit eindeutiger. Nachdem die ausgewählten Wettbewerbsbeiträge zur Sanierung Klausener Platz (Charlottenburg) nicht nur an der historischen Blockbildung, sondern auch an den alten Baufluchten festgehalten hatten, die nur stellenweise auf Innenerschließungen hin geöffnet werden, sind beide Maßnahmen zur Regel geworden (z.b. Sanierung Mariannenplatz und Chamissoplatz, beide in Kreuzberg). Diese Regeln greifen inzwischen auch in kleinteiligere Bereiche ein und führen zu Vorhaben der Detailreparatur: Schließung von Blockfronten, Bebauung von Ecklagen, Einhaltung von Platzgrundrissen und Wiederherstellung von Platzräumen (Prager Platz in Wilmersdorf, Barbarossaplatz und Viktoria-Luiseplatz in Schöneberg). – Die dem entsprechenden Anpassungsbemühungen im tatsächlich Gebauten werden gegenwärtig erst feststellbar, teils als Ästhetizismen innerhalb noch jener durch die Gegend mäandernden Grundrisse der Kreuzberger Sanierungsplanung von 1972, teils als direkte Anpassungsbemühung mit dem Versuch, nicht nur Traufhöhen und Baufluchten innerhalb der strikt eingehaltenen Baublöcke, sondern auch den klassizistischen Raster der Öffnungen näherungsweise aufzunehmen, so in der Sanierung des Blocks südöstlich des Mariannenplatzes.

Wie steht es nun mit der historischen Regression? Sieht man sich die genannten Planungen Block für Block an, so fällt die Widersprüchlichkeit der historischen Anpassungen auf. Sie hängen gleichsam nur äußerlich an den wurmartigen Gebäudemassen, die dort innerhalb des historischen Rasters durch die vorher niedergewalzten Viertel gezogen werden, und das gilt auch dann, wenn Altbauten einbezogen werden und die Substitution nicht ganz so flächenweise läuft wie vor Jahren. Schon in den Umrißzeichnungen 1 : 2000 des Jahresberichtes zur Stadterneuerung (Senator Bau/Wohnen) sieht man, daß die Einpassung der Baumasse in den alten Blockraster nicht einem inneren Formprinzip gehorcht, das die Winklungen, Einziehungen, Auskragungen usw. regiert. Gegeben ist gleichsam nur die Masse, die gebaut werden soll und irgendwie so durch das Gelände geschlungen werden muß, daß sie draufpaßt. Bei völligem Fehlen irgendeiner inneren sozialen oder auch nur ästhetisch formalen Notwendigkeit (wie der einheitlichen Blockvorstellung des 19. Jahrhunderts) wird der vorhandene Straßenraster zum rettenden Tau, an dem sich die Massenverteilung entlangtastet. Das hilft aber nur für die Außenwände. Die Organisation und Bebauung der leeren Innenflächen der Blöcke bleibt undeterminiert, und hier helfen nur willkürliche Festlegungen, die entweder unbewußt ästhetisch sind (da muß eigentlich etwas hin), oder sich an naivste Symmetriebildungen klammern. Beidesmal fallen die „architektonischen" Entscheidungen willkürlich dekorativ aus, und in dieser Musterbildung versacken auch noch die einbezogenen, nichtabgerissenen Gewerbehöfe.

Die Anpassungsmaßnahmen stellen also nur eine dünne Folie dar – sie bilden jene ästhetische Auflage, die das warenästhetische Konzept im voraus vermuten ließ. Design ist aber primär – und in der Architektur insbesondere – nicht Verpackung, sondern Darstellungsversuch, der nicht mehr verfügbar hat als eben Außenhaut im Status der Auswechselbarkeit, und das zeigt sich hier: Dem Design-Konflikt wird nicht progressiv in Richtung Las Vegas begegnet, sondern regressiv ausgewichen, durch Anlehnung an enthistorisierte historische Erscheinungsbilder, was den Konflikt durch Rücknahme zudeckt. Die tatsächliche Stadtgeschichte wird bei diesem willkürlichen Designvorgang restlos, erinnerungslos verbraucht: *Das Gebaute verwendet zur eigenen Ästhetisierung die Umrisse des Verschwundenen und steht nun selbst als undurchdringliche Wand an Stelle der historischen Substanz.* Es erstickt so jeden Gedanken an das, was war, im Keime. Eben das ist der hintersinnige *Trick* der historischen Anpassung. Das Las-Vegas-Konzept zwänge dazu, Brüche offenzulegen, Willkür zuzugeben und zu verdeutlichen. Die historische Regression der Stadtreparatur ist nichts wesentlich anderes, aber sozusagen Las Vegas auf so kleiner Flamme, daß der Konflikt vergeßbar wird. Und übers Vergessen geht den deutschen Stadtbauern nichts.

Scheinlösung: die individuelle Virtuosität

Mit Absicht habe ich mich bis jetzt mit dem Durchschnitt der Stadtreparaturbewegung beschäftigt – nur der erreicht die Ebene der herrschenden Ideen und Tatsachen. Eingeläutet wurde die Ära der Stadtreparatur freilich ganz anders: nämlich durch die Forderung, es müsse wieder *Baukunst* geben. Für Baukunst sind nicht gewerkschaftseigene Baugiganten zuständig, sondern geniale Architektenpersönlichkeiten, und da, wenn man einigermaßen den internationalen Durchschnitt im Auge behält, in Deutschland solche Persönlichkeiten nicht vorkommen, ruft man sie aus dem Ausland herbei. Das ganze Vokabular der kulturkritischen Enttäuschung an der vorhandenen Architektur hat schließlich ja auch dieses letzte Schlupfloch im Hinterkopf, denn Gesichts-, Gestalt- und Kulturlosigkeit zu diagnostizieren, das heißt letztlich doch immer wieder, daß hinter allen sozialwissenschaftlichen Tarnungen die Vorstellung des Künstlerarchitekten steckt, als der nicht zuletzt auch die Kritiker sich fühlen.

Nun geht es nicht darum, die Tatsache der ästhetischen Virtuosität selbst zu leugnen. Die ästhetische Prägnanz städtebaulicher Entwürfe etwa von Stirling und R. Krier muß man nicht leugnen, um sie als Irrweg zu durchschauen, und noch eindrucksvoller finde ich die gebauten ästhetischen Essays italienischer Architekten – so Rossi, Aymonino, De Carlo. Vielmehr gilt es hier zu zeigen, daß unterschiedliche ästhetische Individualitäten zunächst einmal über den Spielraum belehren, den der Design-Konflikt der Architektur eröffnet, daß sie aber selbstverständlich nicht die Bedingungen außer Kraft setzen können, die zum Las-Vegas-Konzept einerseits, zum Reparaturkonzept andererseits führten. Die Verschiedenheiten ästhetischer Arbeit messen den möglichen anschaulichen Reichtum des Design-Konflikts aus. Je deutlicher der Konflikt begriffen ist, desto größer sind – vorausgesetzt die Kontinuität ästhetischer Schulung in einem Lande – die Chancen, ästhetische Lösungen zu finden, die ihre Stärke aus der Offenhaltung des Konflikts beziehen, die sich also nicht darin verbrauchen, daß sie den Konflikt leugnen.

Daß in Deutschland eine entsprechende Architekturtradition nicht besteht, dafür aber eine unerschütterliche Mittelmäßigkeit des Architekturdesign, die eigentlich jede Ästhetikdiskussion zu einem Anachronismus macht, das ist kein typischer Umstand der Warentatsache oder des Designcharakters des ästhetischen Eingriffs überhaupt, sondern ein besonderer historischer Fall. Wie überall sonst, sind auch in der Architektur die Folgen des Faschismus noch keineswegs überwunden: Vertreibung aller progressiven Architekten, Abbruch der von ihnen getragenen Unterrichtstradition und der theoretischen Diskussion. Letztere hat die Studentenbewegung annähernd wieder in Gang gebracht, erstere braucht offensichtlich eine noch längere Regenerationszeit. Es muß also nachgeholt, nachgelernt werden, wozu der Blick nach den USA, nach Italien und England wesentlich ist. Dieser Blick ist aber sinnlos, wenn er dazu führt, daß Leute wie Rossi, Aymonino, Stirling, Moore usw. als Design-Einkäufe behandelt werden wie in Turin in Auftrag gegebene Autokarosserien. Die Ignoranz, mit der vor Jahren das IDZ Berlin vorging und etliche der genannten Architekten für ein paar Tage zum Fassadenerfinden nach Kreuzberg holte, ist allerdings auf der Höhe der noch nicht wieder aufgehobenen Provinzialität, und sie bringt, anders als die frühen Lehrverhältnisse Ende des 17. Jahrhunderts, deshalb auch nichts ein. Um lernen zu können, muß man das Entwurfsvorgehen Rossis, Stirlings, Venturis usw. begreifen: Man darf nicht die besonderen Erscheinungsformen wieder nur als ein kopierfähiges Muster aufnotieren, als bloßes Bild und neue Variante interessanten Scheins, sondern man muß die ästhetische Logik herausarbeiten, die zu den ästhetischen Tableaus Rossis, Stirlings, Venturis führt, und man muß die Radikalität des ästhetischen Interesses versuchsweise nachvollziehen, um in den Maßnahmen der Isolierung der ästhetischen Arrangements die Bedingung ihrer Wirkung, Neuartigkeit, Prägnanz zu finden.

Alle solche Arrangements stellen individuelle Ästhetiken dar. Sie sind Ergebnisse privater Anstrengungen innerhalb weitgehend vorgegebener Planungsdeterminanten. Auch wenn zahlreiche Einzelfunktionen nach Zuordnung, Gewichtung, Komplexität durchaus veränderbar sein mögen, hat doch auch der *Entwurfsvirtuose* auf den Formalismus der Funktionen selbst keinen Einfluß: Er besitzt zur Sache keinen gesonderten, unmittelbaren, etwa durch Einfühlung vermittelten Zugang, sondern nur den einen über die Zufriedenstellung der verlangten Funktionen, in denen der Gegenstand allein gültig enthalten ist. Wenn er trotzdem sich an Vorstellungen von glücklichem Wohnen, Lernen, Arbeiten usw. orientiert, die er zu entwerfen meint, so ist bereits dies eine Ästhetisierung seines eigenen funktionalen Entwerfens, und zwar eine private Ästhetisierung. Seine Virtuosität besteht ja auch keineswegs darin, Funktionsweisen umzudefinieren, aufzubrechen, sondern diesen abweisenden, formalen Stoff der zu erstellenden funktionalen Flächen wiederzubeleben, also mithilfe seiner Vorstellung davon zu ästhetisieren.

Seine Stärke als ästhetischer Vituose liegt in der Stärke seines Ressentiments gegenüber der Tatsache, durch den Formalismus der Funktionsplanung um seine individuelle Verkörperung gebracht zu werden, und in der darausfolgenden Konsequenz bei der ästhetischen Wiederaneignung. Die per Funktion erforderlichen, als abstrakte Bestimmungen im Raumprogramm gleichsam schon existierenden Räume müssen also ästhetisch durchgearbeitet werden, bis sie individuelle Triebobjekte sind, in denen sich die individuellen Mythen aus eigener Trieb- und gesellschaftlicher Architekturgeschichte wiederfinden lassen. Aus der abstrakten Funktionsherstellung diese private Mythologie herausschlagen zu können und damit eine ästhetische Leistung gleich der des stellvertretenden Kinodarstellers zu vollbringen, das macht den ästhetischen Virtuosen aus.

Alle vorhandenen Beispiele zeigen, daß und wie dieses Virtuosentum von der Ausbeutung der Vergangenheit lebt. Die historische Leistung dieser Architekten ist auch keineswegs, Schritt für Schritt sich vorantastend die Architektur der Zukunft zu erfinden: Ihre Leistung ist vielmehr, den vorhandenen historischen Vorrat an *Formen, Gesten und Bedeutungen in die abgetrennte ästhetische Schicht des Design zu übersetzen und damit die Dialektik von funktionalem Objekt und libidinöser Schauproduktion auszuarbeiten,* bis zu dem Punkt, wo keine Verwechslung und keine Vermischung mehr möglich ist. Das Virtuosentum ist insofern die Klammer zwischen der Regression der Anpassungsarchitektur und den Forderungen des Las-Vegas-Konzepts, und es ist kein Zufall, daß etliche Virtuosen nach beiden Seiten Beziehungen unterhalten. Zugleich muß sich darin aber das Virtuosentum nicht erschöpfen. Wenn die Logik der Ästhetisierung dahin treibt, daß, damit überhaupt noch ästhetische Signifikanz zustandekommt, die ästhetischen Züge immer stärker gegenüber den bestimmenden Funktionszusammenhängen verselbständigt und aus den Objekten herausverlagert werden, dann ist der Punkt der begriffenen und anschaulichen Unverwechselbarkeit auch der Punkt, an dem die Objekte einer neuen Funktionsdiskussion unterzogen werden müssen, die all das Richtige aufnimmt, was in der kulturkritischen und historischen Regression enthalten war. Die Unerträglichkeit der Objekte ist freilich keineswegs nur ein ästhetisches Problem. Aber zur Vorarbeit für andere Verhältnisse gehört auch das Einklagen einer sinnlichen, körperlichen Welt. Wenn die Schautafel zuendegedacht und begriffen ist, ist die Bearbeitung der anderen Seite des zerspaltenen ästhetischen Zusammenhangs unabweisbar: *die Rekonstuktion der Funktionalität des Gebauten* im *eigentlichen Sinne, seines Bezugs auf Lebensverhältnisse, auf konkreten sinnlichen Gebrauch, auf das Bedürfnis nach Sinnfälligkeit, Entgegenkommen, Kooperation, der Dinge.* (Dazu ist auch von veralteten Virtuosen zu lernen, z.b. Tessenow oder, worauf Posener immer wieder hinweist, Muthesius; von den heutigen Virtuosen scheint mir De Carlo dem genannten Punkt am nächsten zu kommen.)

Die ästhetische Arbeitsteilung

Las Vegas und Stadtreparatur: Die Projektion von Massenbedürfnissen und die Regression sind beide ihrem Wesen nach Konzepte, die architektonisch nicht eingelöst, sondern in der Architektur nur plakatmäßig angezielt und verwendet werden können. Die wiederhergestellte Stadtgeschichte ist unter kapitalistischen Bedingungen so unerreichbar wie die Übersetzung des ästhetischen Anteils der Architektur in die wirkliche Massenästhetik der Reklameflächen. Eine einseitige Diskussion der Warenästhetik (W.F. Haug für die Waren allgemein, die Visuelle Kommunikation für Reklame und andere Medien) hat zwar an den Gedanken der universellen Machbarkeit des Scheins gewöhnt. Der Designkonflikt, wie er sich in der funktionalistisch genannten Ästhetik darstellte, erzwingt aber in der Architektur ohnenhin schon Brüche, und die vorangegangenen Überlegungen ergaben, daß auch konsequente Korrekturbewegungen – die Flucht nach vorne ebenso wie der historische Rückzug – den Konflikt nicht aufheben, und das ist angesichts der noch keineswegs überwundenen Resignation hinsichtlich der Machbarkeit täuschenden ästhetischen Scheins ein nicht ganz unwichtiges Ergebnis. Es verführt zu weiteren Überlegungen bzw. Konzepten subkultureller, selbstverwalteter Ästhetik, wie sie an unendlich vielen Punkten und verschiedenen Titeln (Aneignung von Stadtquartieren, Animation als massenkulturelle Erinnerungsarbeit, aber auch viel allgemeineren, vermarkteteren Erscheinungen, wie der Bastelbewegung) vorhanden sind. Daß die historische Regression nur die abgehobenen formalen Reflexe erreicht, wundert einen nicht; daß aber auch die Architektur der Schautafel ihren Zielpunkt notwendig verfehlt, scheint auf den ersten Blick nicht zwingend. Warum sollte das Design nicht auch noch die naturwüchsige ästhetische Anarchie dem kalkulierten Schein einverleiben? Im flüssigeren Stoff der Zigarettenreklame gelingt das ja auch, ebenso in der Mode. Trotzdem geht es nach beiden Seiten um denselben Sachverhalt. Was einer jeden, innerhalb der ästhetischen Deckschicht des funktionalen Entwerfens arbeitenden Virtuosität entgeht, ist der gesellschaftliche Gebrauchszusammenhang, der die historischen Formen erzeugte. Man muß auch ein anderes gesellschaftliches Beziehungsmodell zwischen dem Bebauten und den Lebensweisen und Bedürfnissen einer einigen Gesellschaft wiedererreichen, um die zerstörte Stadtgeschichte wiederaneignen zu können, auch um nur schlicht das Gewesene, aus dem Bedürfnis, die eigene Geschichte anzuschauen, wiederaufzubauen. Hier und heute steht dem die Spaltung entgegen, die Gebäude nur in funktionalen Einheiten und in der Selbstverwirklichung ästhetischer Virtuosen als „Plakate" artikulierbar sein läßt. Beide Seiten der Spaltung müßten erst historisch überwunden werden.

Die Unfähigkeit zur Geschichte ist nun auch die zur doch gewiß genug verzerrten, von Fälschungen und Zynismen gefüllten Massenkultur. Warum bleibt der Populismus Venturis bloßes Manifest, warum kann man Las Vegas nicht bauen? Der Grund ist derselbe, daß es sich auch – auch hier noch – um Lebensverhältnisse handelt, die zu den Reklameformen in einem Austausch der Entblößung, Wiedererkennung, Veränderung von Bedürfnissen stehen, wie tief auch immer dieser Austausch durch ständige systematische Enttäuschung und neues Ansetzen wiederum fruchtloser Befriedigungshoffnungen angesichts veränderter, zugespitzter Glücksversprechen entwürdigt ist. Selbst die marktwirtschaftliche Wunschproduktion kann nicht einfach nur enteignet, nur von oben verwaltet werden. Der Virtuose kommt an die Lebensprozesse, die im Reklameschein laufen, nicht heran, er kann sie schlechterdings nicht ersetzten, ohne das ganze Austauschverhältnis für die Beteiligten zu entwerten.

Nun gibt es – H. Klotz hat darauf hingewiesen – durchaus auch gebaute Massenästhetik: die Touristendörfer und ihre Reflexe im Eigenheimbau. Aber sie sind nichts anderes als die Freizeitparks mit ihrer Miniaturarchitektur, die

Fischerdörfer der Innenausstattung der Pizzerien, die altdeutschen Stuben, das englische Pub im Neubau usw. All das gehört auf die andere, die massenkulturelle Seite der ästhetischen Arbeitsteilung. Die Touristendörfer wie die Lokaleinrichtungen unterliegen dem bezeichneten Austausch. Sie sind keine erfundenen Angebote, sondern befriedigte Forderungen oder Angebote an enttäuschte, verwaiste Bedürfnisse, die auf eigene Faust befriedigt werden (es ist auch allemal der Bauherr, der dem Architekten den Tessiner Bogen abverlangt, wenn er ihn nicht gleich selber hinmauert als Leine zwischen Garage und Haus). Das ganze ist Freizeitindustrie bzw. deren ins Jahresganze verlängerter Reflex, wie auch die Bar im Keller, die Ranch in der Laubenkolonie – hier handelt es sich der Sache nach um eine private Bedürfnisbefriedigung, die sich vom Designkonflikt der Architektur emanzipiert hat. Es ist, wie Las Vegas, die andere Seite, die, auf die weder der Virtuose noch die Baugesellschaften irgend hingelangen können.

Was diese Seite ausmacht, sind auch nicht nur die buchstäblichen Travestien, die die bundesdeutsche Landschaft füllen. Die technische Ausstattung mit dem Heimwerker, den üblichen handwerklichen Geräten, die zur Innenrenovierung nötig sind, der Umgang mit Fundsachen (objets trouvés wie der Stallaterne, dem Wagenrad usw.), die technologische Routine des Laubenbaus, dies zusammen macht ja auch eine – wenn auch ökonomisch längst schon und lange noch – irrelevante Herstellungsalternative aus. Diese Selbstbautechnologie wird nun gerade fast ausschließlich von der Herstellung von ästhetischen Ausstattungen aufgesogen. Die selbstfabrizierte Kitscharchitektur stellt also ein technisches Potential von großem Ausmaß dar. Dieses Potential kann, wie sich bei Situationen wie den etlichen Bauplatzbesetzungen durch AKW-Gegner gezeigt hat, aus dem Stand in geordnete konstruktive Tätigkeiten einströmen, die man aus den selbstgebauten Objekten zuvor nicht gefolgert hätte. Es fließt auf einer bestimmten Einkommensebene in die Renovierung aufgegebener Altbauten und abbruchreifer Bauernhäuser, und führt auf einer anderen Ebene dazu, daß Landkommunen ohne große Investitionen abgewirtschaftete Höfe übernehmen können.

Dergleichen ist keinesfalls Morgenröte und wird auch nicht als solche hier zitiert. Ausbrüche und Übertragungen dieser Art können aber zeigen, daß die ästhetische Arbeitsteilung nicht nur Objekte freisetzt, die bislang für die Architekten Anathema waren, sondern auch, daß in diesen Objekten Fähigkeiten versteinert sind, die einen neuen gesellschaftlichen Schmelzprozeß brauchen, um freizukommen, schließlich, daß das Ernstnehmen des ästhetischen Scheins auch unter Bedingungen des organisierten Mißbrauchs nicht blindlings historischen Abfall produziert. In der gesellschaftlichen Produktion ausgeschlossene Triebenergien stauen sich hier, in entmutigender, läppischer Form. Aber das ändert nichts daran, daß gerade hier, soweit sich das zur Zeit sagen läßt, sich ein gut Teil der Qualifikationen und der künftigen Einheit von Befriedigung und Arbeit aufzubauen scheint, die für irgendwann einmal nicht mehr verhinderbare, alternative Produktionsformen der Gesellschaft nötig sein dürften.

Die ästhetische Arbeitsteilung bezeichnet also einen doppelten Fortschritt. Innerhalb der verzerrten Wunschwelt des Warenverbrauchs zeichnet sich die Möglichkeit ab, daß die Menschen die Verfügung über die Anteile der Architektur gewinnen, die Jahrhunderte und teils Jahrtausende ihrer Unterdrückung dienten. Die Architektur muß entsprechend ohne das Privileg kollektiven Befürfnisausdrucks auskommen, der Virtuose selber wird noch durchsichtig als Sonderfall einer alle betreffenden, von allen so oder so geleisteten Anverwandlung der unerträglichen Formalisierungen der gebauten Welt. Was die Betrogenheit der *Massenkultur* ausmacht, ist zugleich ihre Stärke: *daß sie den Schein für die Dinge nimmt und am Sichtbaren festhält, sich also da emanzipiert, wo sie es kann.* Denn auf die Dinge selbst, z.B. die Gebäudeplanung, hat der Konsumentenstandpunkt keinen Einfluß, so wenig wie die Arbeiter auf den Bau der Maschinen, die sie aussagen. Der Architektur, je konsequenter sie betrieben wird, fehlt das Sichtbare, sie wird tendenziell reif für die früher oder später auf sie zukommende Aufgabe, Freiräume für massenkulturelle Bedürfnisse bereitzustellen. Ihre heutige Aufgabe ist das sicher noch nicht. Sie hat mit dem Abbau falscher Gesten, Formalismen und Betonungen genug zu tun, von der Erfindung körperlich erträglicher Räume zu schweigen.

Quelle: ARCH⁺ 37 (1978)

Hausbau

Thema

Sind wir vielleicht einen kleinen Schritt weiter? Wer heute Hausbau sagt, meint die harten Zeiten von morgen. Notwendigerweise mitgemeint ist auch, daß es wieder um die Wohnung fürs Existenzminimum gehen könnte, und daß sogar diese in vielleicht nicht allzu ferner Zeit angesichts der Kapitalbelastung der Bauwirtschaft nicht mehr als Neubau herstellbar sein wird. Hausbau kann inzwischen weltweit eben auch sein, daß ein abrißreifes, längst abgeschriebenes Altbaupotential noch einmal – als soziales Puffer – in die Zirkulation geworfen wird. Vielleicht wird das gar zum Schlüsselfall, an dem in Zukunft Hausbau zu bestimmen (und damit neu zu begreifen) wäre.
Anders gesagt: Das Haus als Bild, Hausbau als Bildherstellung, das ist erneut einen Schritt näher am Verschwinden. An die Stelle des Bildes treten endzeitliche Eigenschaften: Wärmeschutz, Wärmetauschfähigkeit, Verbrauch vorhandener, billiger, klimatologisch günstiger oder ökologisch unverdächtiger Materialien, Verbindung mit Außenraum, Gartenbau, Übergangszonen, Klimaschalen, herumgelegt um einen allezeit heizbaren Rückzugskern: Gebrauchswerte für die Apokalypse. Das ist mehr als Mode und zeitweise Panik, bzw., was daran Mode und Panik sein mag, transportiert ein ohne dies vielleicht dem allgemeinen Bewußtsein nicht mögliches Fortschreiten. Der letzte Schrei des Hausbaus ist mit Zeichnungen und Fotos nicht mehr zu greifen: er ist z.B. in jenem unscheinbaren, krückstockartig gebogenen Rohr, das den unter dem Rasen verborgenen Atomschutzbunker anzeigt.

1. Variation

Das Thema scheint bereits widerlegt: immer noch *Tessenow*, Hausbau und kein Ende. Sagts doch gleich offen, ihr wollt wieder Häuschen bauen; erst *Bruno Taut*, dann *Schmitthenner*, Tendenzwende wie gehabt. Worin bestanden die Fortschritte der vergangenen Jahre? Doch eben darin, das, was bis zur Krise „Das Einfamilienhaus" war, Traum aller Wohnungsbauminister der Adenauer-Ära und überhaupt jedes zweiten Deutschen (wenn das mal reicht),

FRISCHE LUFT *bezieht der Friedensforscher Carl Friedrich von Weizsäcker im Konfliktfall über dieses Rohr, das aus dem neu erbauten Atomschutzbunker im Garten des Wissenschaftlers an der Söckinger Alpenstraße aus der Erde ragt. Der Schutzraum bietet 20 Personen Platz. Vermutlich dürfen auch die Nachbarn von Weizsäckers mit hinein.* Photo: Fritscher

Entnommen aus: Starnberger Neueste Nachrichten, 18.12.1981

zerlegt zu haben in lauter Einzelprobleme, die die Heim-und-Herd-Parteien bislang nicht zu greifen wissen, eben: low cost housing, Planungsmitbestimmung, Teilvorfertigung und Geschoßflächenbebauung, Finanzierung im Bauherrenmodell, traditionelle Materialien für Tragwerk wie Außenhaut, Energiesparmaßnahmen, Außenhaus, genossenschaftliches Eigentum bzw. Bauträger usw. usw. Das ist alles richtig und soll hier nicht verleugnet, sondern nur im Zusammenhang begriffen werden. Ich denke, daß sich entsprechend den realen Veränderungen die Verweismacht des Wortes Hausbau gegenwärtig rasch ändert. Ideologiekritik käme zu spät. Im Grunde geht es nicht mehr ums Eigenheim mit seinen hochgradig ästhetischen Figurationen, einem Haus als gebauter Scheinautonomie, gefüllt mit Schöner Wohnen und nichts sonst, sondern um Fluchtburgen gegen Preissteigerung, schlechte Luft, Lärm, Energiekrise, Materialverknappung, Stahlkrise, Arbeitslosigkeit bis hin wirklich zu den apokalyptischen Phantasien vom sozialen Zusammenbruch und der eigentlich fälligen Selbstversorgung. Hausbau wäre dann also erlösend, wenn das hieße: selber bauen, mit vorhandenen Materialien, für unproblematische Energiequellen, tendenziell unabhängig von Versorgungskrisen. Zum Teufel mit der Ästhetik, mit dem vorgefertigten Palladianismus der Streiff-, Okal- und Neckermann-Fertighäuser: Die Hütte muß bezahlbar und heizbar sein, und eigentlich müßte sie, ins deutsche Herz geblickt, atomar wie konventionell verteidigbar sein, gegen Russen, Nachbarn und Chaoten ebenso wie gegen General Frost und die arabische Ölliga.

2. Variation

Man kann das alles durchschauen, ideologiekritisch trainiert wie wir sind. Aber geben wir damit eine praktische Alternative vor? Jede unserer progressiven Zerlegungen des alten ideologischen „Hauses" in systemkritische Eigenschaften stellt unter ernsthaften Krisenbedingungen – und wir nähern uns solchen – eine taktische Sackgasse dar. In einer ähnlichen Sackgassentaktik haben sich nicht zufällig schon die Funktionalisten der zwanziger Jahre mattgesetzt. Als die Wohnung fürs Existenzminimum nicht mehr finanzierbar war, fiel die Wut der Massen nicht etwa über die kapitalistische Wirtschaft her, sondern über das regendurchlässige undeutsche Flachdach. Ich sage nicht, die Situation heute sei die gleiche. Vergleichbar ist nur die Gefahr, Gruben auszuheben, in denen dann nicht das System, sondern seine Kritiker sich fangen.

Einstweilen geht es vielleicht nicht einmal ums Fangen, sondern vorerst darum, daß wir uns nicht weiter und zu einem Zeitpunkt verunmündigen, zu dem so etwas gefährlich wird. Die Erkenntnis, daß eine Wärmepumpe wichtiger ist als der Tessin-Bogen oder das schmiedeeiserne Gartentor, ist für sich genommen durchaus erfreulich. Sie kommt aber nicht freiwillig, sondern folgt nur der Angst. Die Kassandra-Rufe des Club of Rome schlagen sich im deutschen Hausbaubewußtsein ebenso nieder wie die ausweglosen Prognosen der alternativen Ökologiebewegung. Das Haus aus progressiven Eigenschaften ist in Wahrheit ein Haus aus Ängsten, die in ökologischen und bauwirtschaftlichen Eigenschaften ausgedrückt sind. Wer die Wärmedämmung soweit treibt, daß er nachts an Luftmangel erstickt, handelt nach der gleichen Logik, nach der ein Volk, vor lauter Angst, Haus, Garten und Auto zu verlieren, das Land mit dem atomaren Potential vollstellt, das die Vernichtung des Lebens, dem Haus, Garten, Auto eigentlich dienen sollten, zur fast notwendigen Folge hat.

Das entlang günstiger ökologischer Eigenschaften gebaute Haus weist jedenfalls seine Gebrauchswerte aus anhand einer Zukunftsangst, in der das Leben heute, weil als Konstante vorausgesetzt, um keinen Deut mehr vorkommt als in der unmodern werdenden Ausstattungsrevue des Schöner Wohnens. Der alte Ingrimm, der einst in Verkleidungen und Kaminen gegen das ausgesparte, zerfallene eigene Leben wütete, stützt sich jetzt auf zukunftssichernde protektive Eigenschaften, Schaumstoff- und Alufolienorgien sind längst im Gange, aber auch verbreitete Anwendung von jetzt noch modellhaften Sachen wie Lehmbau, schalenförmige Raumschichtung, eigener Wärmekreislauf usw. würden nicht grundsätzlich die Richtung ändern. Je kritischer die Zukunftsaussichten, desto mehr wird sich der Hausbau in divergierende modellhafte Eigenschaftsoptimierungen zersplittern. Die Konkurrenz der Teilgebrauchswerte wird zunehmen: billiger, oder natürlicher, oder energiesparender, oder kommunikativer. Was heißt da Hausbau?

3. Variation

Die durchaus vorhandene Gebrauchswertverschiebung steigert sicherlich die praktischen Eigenschaften, entlastet das Hausbauen aber nicht von jenem alles verzerrenden und fälschenden Druck, daß eigentlich etwas anderes gemeint ist. In Abwesenheit des Verdrängten werden die nützlichsten Eigenschaften zu Symptomen einer Störung. Wir blicken zur Zeit auf eine ganze Reihe von Jahren zurück, in denen mit viel Optimismus – Ökologie war neu

– neue Eigenschaften entwickelt, neue Verfahrensweisen modellhaft ausprobiert wurden. Die dritte Welt stand in vielen Fällen Pate, aber auch die zwanziger Jahre, das traditionelle regionale Bauen und die Architekturethnologie. Inzwischen reicht das nicht mehr, als Modell existiert alles schon, jetzt fragts sich, ob das alles überhaupt zu einer neuen Qualität von Hausbau zusammenschießen kann. Wer braucht eigentlich das Haus aus Fachwerk, aus Lehm, das Billig-Modell, die Verbindung von Vorfabrikation und Selbstbau, den geschlossenen Wärmekreislauf und was es alles so gibt?

Soweit ich sehe, ist jedes dieser Modelle in dem bisher üblichen Sinn, wie man Modelle erstellt hat – als Prototypen –, nicht brauchbar. Nichts davon kann oder – politisch geurteilt – dürfte überhaupt in Serie gehen. Das ist ein großer Unterschied gegenüber der Situation der zwanziger Jahre. Jedes dieser Modellhäuser entwickelt in der Regel eine bevorzugte zukunftsrelevante Eigenschaft. Diese muß anderen Eigenschaften nicht unbedingt im Wege stehen; aber jener richtige Standpunkt, wo aufgrund der Richtigkeit des Ansatzes die verschiedenen Eigenschaften sich fast wie von selbst zusammenschließen und gegenseitig verstärken, dieser Standpunkt steht noch aus, und er ist über die experimentelle Ausformung von Eigenschaften auch nicht zu finden. Alle die bislang experimentell erhärteten Eigenschaften müssen aus dem Hausmodell, zu dem sie vorschnell geronnen sind, wieder herausgeschmolzen werden, um in ein wirkliches Handlungsmodell – eben einen neuen Schlüsselfall von Haus, ein neues Paradigma – Eingang finden zu können. Jedes Modell eines neuen Hausbaus müßte, denke ich, erstmal im Klartext gelesen werden als eine subjektive Aussage über die Zukunft des Bauens, der Bauindustrie und nicht zuletzt über die Zukunft des Entwerfens selbst. Wo die Anregungen herkommen, wo angesetzt wird, das sagt zunächst einmal etwas aus über die Ängste und Bedürfnisse der Autoren. Als solche sind die Vorschläge und Modelle zukunftsweisend: Sie sind die Transformation der Ängste, die die kleinen Bauherren und Wohnungsausbauer bestimmen, auf einer professionellen Ebene. Die Realisierungen sind ihrerseits zwangsläufig Einzelfälle, Modelle ihrer selbst. Nicht nur, daß überhaupt die Zeiten für jenes Planerdenken vorüber sind, wo man meinte, nur erst die richtige Lösung vorproduzieren zu müssen, damit der Staat, oder eine politische Teilkraft, oder die Macht des Marktes das gefundene Vernünftige massenhaft durchsetzte – für eine massenhafte Anwendung fehlen einfach entsprechend breite Voraussetzungen. Die Bedingungen und Voraussetzungen müssen erst hergestellt werden, und dieser Prozeß ihrer Herstellung vorerst ist es bestenfalls, in den alle die Modellversuche eingreifen.

4. Variation

Als Tessenow sein Hausbau-Buch veröffentlichte (1916), diente die umfassende Rekapitulation des Hauses als „Haus" einer untergehenden Lebensweise. Faktisch zwar setzte Tessenow gegen die aufkommende Wohnmaschine aus lauter Funktionen, zu deren formalistischem Design der Hausbau werden würde, nur seinerseits Design; erscheinende Einfachheit, Sparsamkeit, mit versteckten biedermeierlichen Heimlichkeiten im Detail. Aber eigentlich versuchte er in seiner Zeichnung von Hauseingängen, Wandflächen, Stühlen usw. eben nichts anderes als die untergehenden Lebensverhältnisse fortzusetzen. Seine Häuser sind, genau wie seine Buchzeichnungen, Abbildungen. Daher waren sie wiedererkennbar (sie waren auch bewohnbar, da Tessenow besser als die Funktionalisten wußte, was eigentlich räumliche Alltäglichkeit und Leben der kleinen Leute war); sie konnten aber natürlich nie das sein, was sie eigentlich sein sollten: die lebendige Gegenwart des Dargestellten.

Zur Zeit werden, bereits bis in die Kleinstädte hinein, allenthalben Häuser gebaut, die ihrerseits wiederum so etwas wie Abbildungen des Tessenowschen Abbildungshauses sind, Fassadenbilder einer untergegangenen Vorstellung des Hauses als Bild. Der Unterschied zu Tessenow ist vor allem der: Die von den heutigen Formalisten gespiegelte Vergangenheit ist keine von irgendwelchen, sei es untergegangenen, Lebensverhältnissen, sondern eine des historischen Papiers, historischer Abbildlichkeit.

Funktional gesehen, sind diese Häuser daher leer. Der neue Formalismus ist eine reine Todesarchitektur, und am liebsten würden sie – ob *Leon Krier*, der es offen zugegeben hat, oder *Aldo Rossi*, der damit berühmt geworden ist, oder *Stirling*, der es in Berlin am Wissenschaftszentrum Berlin nachzuholen gedenkt – nur leere Grabbauten errichten (wie schon *Boullée*, wie auch noch *Speer, Kreis* u.a.). Will man eine zeitgenössische Sensibilität unterstellen – und das muß man bei Rossi wie bei Leon Krier sicherlich –, dann kann sie gar nicht vergangenen Lebensverhältnissen, sondern nur zukünftigen Katastrophen gelten. Der neue Formalismus ist insoweit ein Teilprodukt der allgemeinen Architekturapokalypse, einer Krisenarchitektur, die vorausformuliert, was es in Zukunft alles nicht mehr geben könnte. Die apokalyptische Bildproduktion der Formalisten steht als subjektive Bedürfnisaussage: als Katalog von Ängsten, also durchaus in Zusammenhang mit all jenen Krisenmodellen, die den Hausbau in zukunftssicheren Gebrauchswerten kodieren. Die Formalisten stellen sich nur anders dazu ein – sie wollen gar nicht überleben. Wenn die Kunst bleibt (und das garantiert die Neutronenbombe ja immerhin), was brauchte es da noch Lebensverhältnisse?

5. Variation

Was wir finden müssen, ist ein neuer Nenner. Ist es dann nicht lächerlich, immer noch mit dem altfränkischen Wort Hausbau zu hantieren? Mag sein. Aber auch chemische Prozesse finden nicht einfach anarchisch statt, sondern brauchen unter Umständen Katalysatoren – um wie viel mehr komplizierte soziale Findungsprozesse. Was ich ablaufen sehe, ist die Verselbständigung der Eigenschaften. Nach rückwärts, als kritische Auflösung des reaktionären Hausbildes, mit dem der Nationalsozialismus Politik gemacht hat ebenso wie die CDU der Restaurationsphase, ist das sehr erfreulich. Aber was gewinnen wir für die Zukunft? Der Eigenschaftssuche fehlt der soziale Mittelpunkt, von dem aus die Eigenschaften erst in ein Gleichgewicht gebracht werden könnten. Für wen werden Häuser gebaut? Da stehen wir mit Antworten aus dem vorigen Jahrhundert da: Die Masse wird für die Kleinfamilie gebaut, das Modell für einzelne interessierte Bauherren oder gar für den Entwerfer selber. Deshalb ist, obwohl wir uns objektiv zweifellos auf lausige Zeiten zubewegen, die jeweilige Bevorzugung von Eigenschaften willkürlich. Kategorisiert, habe ich die Wahl zwischen drei Eigenschaftsklassen: günstige finanzielle Eigenschaften; zukunftsorientierte ökologische Eigenschaften; private ästhetische Eigenschaften.
Solange nicht geklärt ist, für wen gebaut werden soll, lassen sich für jede Eigenschaftsklasse gut Gründe beibringen. Für wen gebaut werden soll, ist freihändig aber nicht mehr zu sagen. Wenn die Neue Heimat am Villen- und Zweitwohnungsbau pleite geht und der Staat den Sozialen Wohnungsbau quasi einstellt, dann ist z.B. schon einmal der alte Wunsch (falls es ihn noch geben sollte), für die Arbeiterklasse, oder für die Lohnabhängigen, oder die sozial Schwächeren zu bauen, seiner wichtigsten Vermittler beraubt. Wer heute etwas dergleichen will, muß erst mal die Wege dazu schaffen. Zu sagen, für wen gebaut werden soll, setzt also mindestens eine Politik voraus, die damit rechnet, wo überhaupt das Geld ist, welche sozialen Potenzen vorhanden sind, ob und wie schnell der Zerfall der bisher den Baumarkt beherrschenden Kräfte vor sich gehen wird und welche Chancen alternative Ansätze angesichts dessen überhaupt haben können, heute und, da die Dinge voll im Flusse sind, in näherer Zukunft.
Wenn man das begriffen hat, dann ist man erst mal dankbar für jedes Haus (oder fast jedes), das schon steht. Es stellt sich dann die Frage, was – unter einem bestimmten politischen Gesichtspunkt – zusätzlich gebraucht wird: wo also anzusetzen ist, z.B. um Wohnungsnot zu verhindern angesichts der Tatsache, daß die Baupreise Neubauwohnungen in Zukunft für immer grö-

ßere Bevölkerungsteile (die dann durch Arbeitslosigkeit etc. zu „Randgruppen" werden) unbezahlbar machen werden. Für wen wir dabei bauen sollten, weiß man dabei aber immer noch nicht. Es schält sich dabei nur heraus, auf welchem Markt Entwerfer arbeiten können. Der traditionelle Markt privater, staatlicher und gemischter Wohnungsbauunternehmen kommt ja sowieso ohne Fragen aus: Er bewegt sich blind entlang der Nachfrage, produziert jeweils die Wohneinheiten für Kleinfamilien, die gerade am günstigsten sind, und nimmt aus Marktgründen aus dem neuen experimentellen Angebot jeweils die ökologischen oder finanziellen oder ästhetischen Eigenschaften auf, die noch am ehesten den Abnehmer dazu bringen könnten, die horrend steigenden Preise noch zu schlucken. Von diesem Standpunkt aus sind alle Eigenschaften gleichbereichtigt, vorausgesetzt, sie zahlen sich aus, ob nun Öko oder Aldo Rossi.

6. Variation

Die Suche nach dem sozialen Kern ist also noch im Gange, und sie ist in keinem bislang existierenden Modell schon wirklich beantwortet. Ausgangspunkt für jede mögliche Vorgehensweise ist aber, daß das nur gegen den herrschenden Markt geschehen kann. Das herrschende Marktsystem ist es aber gerade, dem die einzelnen angelieferten Architekturmodelle zuarbeiten. Die Isolierung ästhetischer, finanzieller oder ökologischer Eigenschaften liefert das Produzierte, das eigentliche Material eines gegenläufigen, alternativen Reflexions- und Experimentierbewegung sein sollte, dem Markt nämlich gerade in der genau ihm entsprechenden Form (was natürlich vom Überlebensinteresse der Autoren her verständlich ist). Jede modellhaft beantwortete Zukunftsangst, Sorge um Rohstoffknappheit, Energieverknappung, um das illusorisch werdende Kostenniveau der Baubranche, ist bereits wieder ein krisenüberwindender Marktanreiz, eine neue Rettungsplanke.
Wer das nicht will, muß sich selbst daran machen, Bedingungen einer alternativen Bautätigkeit aufzusuchen und herzustellen. Dann verändert sich die Frage, für wen zu bauen sei, ganz erheblich. Dann ist nämlich für genau die Leute zu bauen, mit denen man beim Aufsuchen und Herstellen etwas zu tun bekommt. Im konkreten Zusammenhang von Initiativen, Zweck- und Zeitbündnissen mit bestimmten Leuten, bestimmten Lebensbedingungen und finanziellen Ressourcen, kulturellen Prägungen und mitgebrachten Fähigkeiten, kurz, in einer konkreten kulturellen Situation ist dann überhaupt erst die ganze Bandbreite der Frage zu diskutieren: was bauen – für wen – wie – für

welche Zeiträume – mit welchen Erwartungen und Prioritäten – mit welchem Entwicklungsspielraum, welchen Lernprozessen usw. Dieser Prozeß wird alle feststehenden, modellhaft erhärteten Aussagen zu Finanzierung, Ästhetik und Ökologie gründlich durcheinanderschütteln und neu ordnen. Aller bisherigen Erfahrung nach sind solche Prozesse, wenn sie erst einmal in Gang kommen, kaum noch kontrollierbare Auflösungsprozesse, für alle Teile. Die bisherigen Verfahren einer Planungsbeteiligung gehen an den Speck ja nie ran: Die Bewohner lassen ihre Lebensverhältnisse draußen, die Architekten ihre Berufskompetenz; fürs Verfahren stehen als Spielraum dann wirklich nur Gebäudeeigenschaften zur Verfügung, es kann neutral angeboten und ausgewählt werden. Sowie die Frage nach den Lebensverhältnissen, um die herum ein Haus gebaut werden müßte, gestellt wird, muß z.B. auch über den Zerfall der eigenen Familie diskutiert werden und dann darüber, welche Funktion dem Bauen oder dem Erwerb einer Wohnung insgeheim zugeschrieben wird. In Bewegung gerät aber noch weit mehr: Was bedeutet Eigentum unter den heutigen Verhältnissen? Wie verhalten sich im Architekten Dienstleistung und Eigenbedarf zueinander? Wie verändern sich Kalkulation und Zeitbudgets unter dem Einfluß längerfristiger Arbeitslosigkeit beider Seiten? Halten wir im Grunde unseres Herzens diese Form des Wohnens und des Hauses, für die bisher gebaut, kreditiert und Lobbypolitik gemacht wird, überhaupt noch aus? Oder ertappt man sich, einmal am Diskutieren und Zulassen unangenehmer Fragen, am Ende dabei, im Namen von Sehnsüchten und Zukunftsängsten den sozialen Käfig, in dem wir eh stecken, endgültig zu perfektionieren? Und was dann?

7. Variation

Wenn das so ist, dann wäre es verantwortungslos, sich getrost und blindlings in solche Prozesse hineinzustürzen: die meisten werden das einfach nicht aushalten. Ein konservatives Gegengewicht ist nötig, etwas, was vielleicht wieder dem Tessenowschen Abbild entspricht, aber nach vorne offen ist. Offen, das hieße: nicht regressiv auf mein-eigen festgelegt, auf Abschließung privaten Lebens, einer im Zerbröckeln der Verhältnisse erstarrenden Kleinfamilie, sondern gerade dezentralisiert, etwas, was beruhigt und ordnet, weil es gerade nicht mein ist, nicht auf jedes meiner Bedürfnisse reagiert, für viele da ist und noch lange da sein wird. Im Innersten ist ein Haus eine Metapher, so gut wie ein Baum, wie Himmel, wie Kinder. Es ist ein Stück primärer Absicherung und Verständigung: Schale, shelter, Behausung. Wer jetzt kein Haus hat, baut sich keines mehr – noch immer ist Rilkes Zeile treffendster Ausdruck für die Heraufkunft lausiger Zeiten. Es wäre Selbstmord, auf die Hoffnung zu verzichten, die das Wort Haus in jedem von uns anspricht, durch Kriegszerstörung, Massen- und Fertigteilproduktion, Spekulantenabriß und Abschreibungsarchitektur hindurch. Was es meint, ist das Gegenteil von allen Zukunfts- und Verlustängsten, nämlich: daß es weitergeht.

Dieses Haus im Hinterkopf, kann man das denn auch bauen? Ich denke, daß man damit immerhin einmal anfangen sollte. Wenn vorhin von den Lebensverhältnissen als dem Kern die Rede war, um den herum Häuser zu bauen seien, dann war das nicht funktionalistisch gedacht, als wüßten wir, aus welchen Erfordernissen diese Lebensverhältnisse bestünden, um sie getreu zu verräumlichen. Die wirklichen Lebensverhältnisse sind die des Familienzerfalls, der Ausgliederung und der Verbindung zu neuen Formen des Zusammenlebens. Dieses Programm ist in seiner historischen Abwicklung einfach zu widersprüchlich und langandauernd, als daß ihm funktionalistisch durch angepaßte Räumlichkeit zu entsprechen wäre. Es ist vielmehr die endgültige Kritik der Ideologie der Raumanpassung, als müßte alles auf dieser kleinen Erde seinen Raum finden und als dürften gigantische Fehlentwicklungen wie unsere modernen privatistischen Raumansprüche nicht durch entsprechend rasante Engpaßsituationen bestraft werden, wie wir sie z.B. in Deutschland im Anteil zubetonierten Landes haben, bei wachsender subjektiver Wohnungsnot.

Ein Haus, das Zukunft haben und bieten soll, darf gar nicht auf jeden unserer Wünsche offen sein, es muß dieser Wunschinflation gegenüber provisorisch bleiben bzw. den Infantilismus der zu vielen Wünsche provisorisch werden lassen; es muß das Zuviel, das wir von Häusern und Wohnsituationen (Stadt wie Land) verlangen, gerade verweigern, es muß provozieren zu sozialen Lösungen, es muß von sich weg verweisen. Ein Haus, das in moderner Verwertungsmanier bis auf den letzten Kubikzentimeter unserer Nutzung offen entgegenkommt, ist kein rechtes Haus. Kinder, Tiere, alte Klamotten haben da keine Platz; wo jeder Raum zugänglich ist, wird er auch wärmegedämmt sein bis unter den letzten Dachsparren, also heizbar und voll genutzt, also zu teuer, um irgendwelche Großzügigkeiten zuzulassen. Ein Haus soll dagegen offen sein auf das, was nicht Haus ist: Stadtraum, Landschaft; auf Hof und Garten, auf Schuppen und Werkstatt, in vergangenen Häuserbildern ausgedrückt. Man muß dem Haus anmerken, daß drei Viertel des Lebens außerhalb seiner stattfindet.
(...)

8. Variation

Die unterschiedlichen (nicht nur, aber vor allem genossenschaftlichen) Selbsthilfeprojekte der zwanziger Jahre lebten noch von einem historischen Rest an Selbstversorgung und selbstverständlicher Selbsthilfe, an existierender Zweitökonomie: Die Welt war noch nicht so weit durchkapitalisiert – auch in Mitteleuropa eben nicht –, daß der Gebrauch eigener Zeit und vorhandener Materialien, wie Holz, Stroh, Lehm, Haustein sich voll am Verwertungsniveau der ersten, herrschenden Ökonomie hätten messen müssen. Heute gehen wir auf Öffnungen dieser Art überhaupt erst wieder zu und können sie uns nur vorstellen im Blick auf die Dritte Welt und als Hereinnahme von Verhältnissen der Dritten Welt, z.b. der funktionierenden Elendsproduktion der lateinamerikanischen wilden Vorstädte.

Natürlich hat diese Aussicht ihr Schreckendes, und es besteht ja auch Aussicht, daß wir noch auf weitreichende Ressourcen zählen können, die zur Zeit das Erreichen des Niveaus der Elendsproduktion in Mitteleuropa unwahrscheinlich machen. Aber die Kosten für den Versuch, alternativ zu bauen, d.h., sich ökonomisch, technologisch, typologisch auf eigene Beine zu stellen, müssen, wie in anderen Alternativbetrieben (Landkommunen, Handwerkskollektiven usw.) auch, ausprobiert werden. Wo kommt der Spielraum her und wie verändert er sich, im Augenblick sprunghaft ansteigender Arbeitslosigkeit gerade in den Zentren industrieller Großproduktion? Insofern ist die Dritte Welt in der Tat eine Perspektive. Wir können uns mit dem altlinken, meist aus der SPD und der Gewerkschaft kommenden Argument, wir dürften den Staat nicht aus der Verantwortung entlassen, nicht länger zufriedengeben. Welchen praktischen Sinn hat es, vom Staat etwas zu fordern, wovon wir genau wissen, daß er das gar nicht mehr leisten kann? Vielmehr wird es, wie schon jetzt in präzisen Fällen in Berlin, auf eine harte Auseinandersetzung ankommen, in der Entlastung gewährt oder zugewiesen wird gegen ein Mehr an Rechten, das Zugeständnis neuer Träger-, Finanzierungs- und Verwaltungsformen.

(...)

Coda

Was ist aus dem alten Hausbild geworden, was aus dem Bauen, dieser Urtatsache des arbeitslos werdenden Architektenherzens? Im Grunde eine Wachstumsbewegung, unübersichtlich, neuen Ordnungsmustern gehorchend, hin zu etwas, was man sich vorstellen kann, wenn man die Katastrophenphantasien verweigert, aber die Gefahren und Umwälzungen ernst nimmt, was jedoch noch keineswegs greifbar ist. Ich stelle mir Hausbau vor als den behütenden Anteil an den laufenden Veränderungen der Lebensverhältnisse. Weil er mit diesen nie identisch werden darf, sondern ihnen in einem gezielten Zuwenig gegenübersteht, zu ihnen Distanz bewahrt, wird er die behütende Aufgabe erst erfüllen können. Dieses Zuwenig hätte die notwendig uns bevorstehenden Verluste voraus zu beantworten: nicht als Abbau von Standards, die sozialstaatsmäßig, obwohl sie irrsinnig sind, zu verteidigen wären, noch als jenes sozialdemokratische Minimum, das in den zwanziger Jahren das Höchste und zum Schluß trotzdem nicht mehr baubar war. Ich stelle mir als Zukunft des Hausbaus alle jene neuen ökologischen Züge, genossenschaftlichen Formen, Selbstbau und Basteleigenschaften vor, gezügelt, geordnet durch ein gewolltes Zuwenig, das uns für anderes als das bewußtlose Hocken in Häusern freisetzt, und als Mehr an Leben erfahrbar ist.

Quelle: ARCH⁺ 65 (1982)

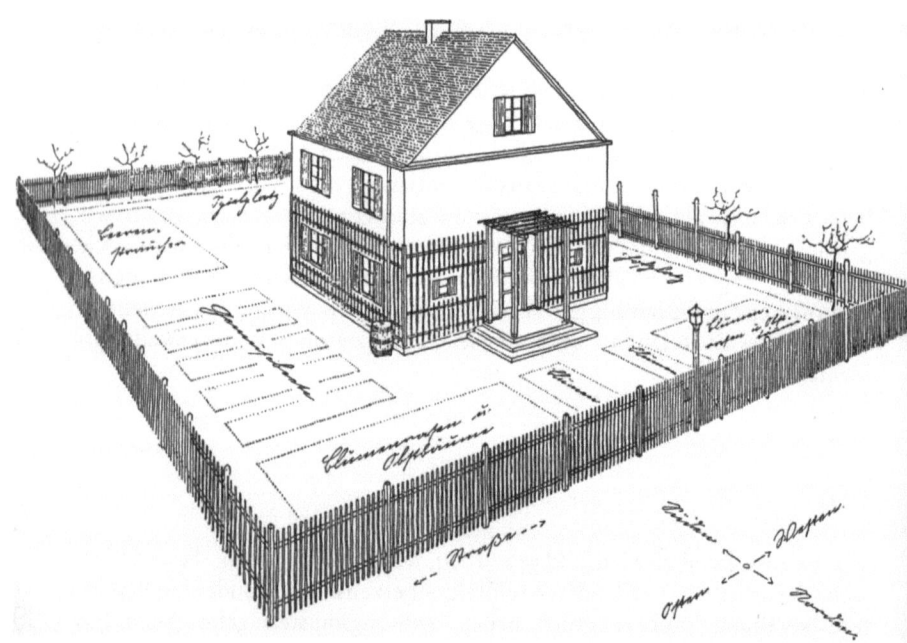

Vom Hausbau zum Stadtbau und zurück

Nichts ist heutzutage seltener als das Konkrete. Wenn man von Hausbau reden hört, diesem Inbegriff des Heimlichen, Begrenzten, Genauen, dann kann man sicher sein, daß es sich nur um die neueste Verkleidung des Abstrakten handelt, die jeweils neueste Abstraktion gescheiterten Städtebaus. – Da gibt es ein zerstörtes Stadtgebiet, Krieg, Sanierung, Mauerbau, Genzübergang und Sozialer Wohnungsbau: der Berliner Moritzplatz. Ein Wettbewerb wird ausgeschrieben, um Ideen für die Wiedergewinnung eines Stadtviertels zu sammeln, ein Wettbewerb für den Nachwuchs, die „Jungen". Und was ist drin, was kommt heraus aus den jungen Köpfen? Es ist zum Teil entsetzlich, flächenmäßig neuestes Design aus Wien oder Berlin oder Dortmund oder ... (aber hat diese Art, Architektur zu zeichnen statt zu bauen, überhaupt einen Ort?), und darein verpackt, nicht gerade mehrheitlich, aber schlicht und einfach zu oft, beängstigend oft, die Allmachtsphantasien von vorgestern, die eigentlich nur noch den Führer und obersten kriegsführenden Städtebauer brauchen, der sie im Maßstab 1:1 zu bauen befiehlt, aus reiner Liebe zur Architektur. Das ist Planungswahn, flächendeckende Verfügung über Stadtteile von oben herab – aber nach rückwärts ausgedrückt, in Hausbauform, Hausbau freilich für niemanden, für verwaltete unsichtbare Massen, für Tote, fürs bloße Dastehen und den schönen Verfall (Wiener Autoren – der Handschrift nach zu urteilen – haben es wenigstens offen gezeichnet).
Ja, und was setzen wir dem entgegen? Sind wir denn jene Liebhaber des Konkreten, die das erlösende Gegenwort wüßten, das Lösungswort eines Bauens für Menschen? Handeln auch wir nicht mit Abstraktionen? Was läßt sich dem Postfaschismus im Kopf oder der mit Foucault getränkten (aber bitte, lassen wir Foucault selber da aus dem Spiel, es gibt hier nur so verdammt viele, die eine so verdammt deutsche Stimmung daraus machen) Ruinensehnsucht und Fassadengröße entgegensetzen? Die behutsame Erneuerung? Wer einmal das Glück hatte, das Konkrete, irgendwo (z.B. am Moritzplatz) am Schopf oder Schwanz zu packen, der weiß, daß auch da mit Abstraktionen gehandelt wird, wenn auch sympathischeren, der Realität ähnlicheren. Aber nehmen wir wenigstens die Hausbauvokabel des neuesten Städtebaus beim Worte und testen wir sie durch – es wird kein ganz kurzer Weg sein, aber vielleicht kommen wir im Kopf einen Schritt weiter.

Stadtbau und dergleichen

Stadtbau, das ist der alte Wunsch, aus Häusern eine Stadt zu machen. Wenn man weiß, daß es ein Wunsch ist und daß wir das Scheitern immer schon hinter uns haben, dann läßt sich mit Gewinn daüber reden, dann läßt sich vor allem auch das, was an diesem Wunsch richtig, hilfreich und unter Bedingungen sogar zuweilen realistisch ist, ohne Angst zur Geltung bringen. Dieses „ohne Angst" ist wichtig, denn wenn man das, was in der Stadtbauvorstellung als blanker lockender Kern drinsteckt, immer erst einmal abschwächen und mit Absicherungen verhängen muß, aus Angst, mißverstanden zu werden, Ideologie zu verbreiten, jenem anderen, existierenden und nicht mehr durch Wünschen erst herbeizubringenden Stadtbau das Wort zu reden, dann ist die Kraft weg und die Wünschbarkeit auch.

Eine Stadt kann man nicht bauen. Davon sollte man als einsichtiger, als erwachsener Mensch erst einmal ausgegen. Stadtbau im wörtlichen Sinne, als Vorstellung, eine Stadt hinzusetzen, wo noch keine ist, oder Stadtbaukunst, wo Chaos und planierte Grundstücke vorhanden sind, das geht nicht, auch unter günstigsten politischen und finanziellen Bedingungen nicht. Es mag einer (z.B. Rob Krier) noch so überzeugt auf seine Blätter das Leben zeichnen, das er sich für seine Stadtbaukunst vorstellt, in der Wirklichkeit, auch und erst recht, wenn alles so gebaut wird, wie geplant, erzeugt Architektur kein soziales Leben, eher das Gegenteil. Zum Stadtbau gehört der Mißerfolg wie das Amen zur Kirche. Deshalb ist das Stadtbauen ein so erfolgreiches Kinderspiel, mit einem Baukasten aus Häusern, oder mit Ausschneidebögen, mit Tannenzapfen und Holzstückchen, im Sand oder auch als kooperatives Spiel in Schule und Kindergarten, wo die Kinder die Bausteine sind, wie in Hindemiths Kantate „Wir bauen eine Stadt". Der größte Stadtzerstörer der deutschen Geschichte, Adolf Hitler, war nicht umsonst Deutschlands fanatischster Modellbau- und Hobbyarchitekt; je schlimmer sein (und unser) Krieg die Städte (und nicht nur die deutschen) zerstörte, desto tiefer verkroch er sich in die Stadtmodelle seines Kriegsorganisationsministers, des Generalbauinspektors für die Reichshauptstadt.

Braucht es da weitere Evidenz? Die Stadtgründer, deren Initiative wir die meisten deutschen Städte verdanken, begnügten sich mit Landausstattung und der Berufserfahrung ihrer Lokatoren. Was dagegen aus den Stadtbauplänen der barocken Territorialfürsten wurde, ist wenig ermutigend. Sie waren immerhin die letzten, die es sich leisten konnten, das Gesellschaftsspiel „Wir bauen eine Stadt" im Maßstab 1:1 zu spielen. Sie drohten und schmeichelten, erpreßten oder bezahlten gleich aus eigener Tasche, um dieses Spielzeug einer selbstgebauten Stadt zustandezubringen. Und welch eine jämmerliche Bastelei war es, ob Ludwig XIV. oder der Herzog von Mecklenburg-Neustrelitz. Die meisten blieben im Sande stecken. Eine Stadt besteht eben nicht aus Häusern, und eine Hofgesellschaft, zusammengepfercht mit einem Bauerndorf, das wurde auch niemals eine Stadtgesellschaft, ob Venaria Reale oder Neustadt an der Dosse. Erfolge wurden nur die Städte, wo das reale Leben sofort die staatliche Planung über den Haufen warf, Livorno, Triest etwa. Die Hugenottenstädte, die sich in Deutschland immerhin bis zu Kriegs- und Sanierungszerstörungen dieses Jahrhunderts als Form lebendig hielten, lebten von dem mitgebrachten Leben der Einwohner, nicht vom Stadtplan. Zahllos ist dagegen, was an Stadtbaukunst, obwohl nach allen Regeln der Kunst gebaut, verkümmerte, verdörflichte, versandete, verschlammte, von Palma Nova über Richelieu bis Vechta und Landskrona. Das alles ist faszinierend zu untersuchen, aber eine Ermunterung für Stadtbaukunst gibt das nicht her.

Nun wird natürlich sofort jeder überzeugte Stadtbaukünstler einen kleinen eleganten Schritt zurück tun und uns mit gewinnendem Lächeln, siegessicher, folgende Frage stellen: Wenn ohnehin gebaut wird, ist es dann nicht besser, der kommerziellen Baumasse eine künstlerische Foram zu geben, statt die Spekulanten weiter Chaos produzieren zu lassen? Kein Zweifel, daß das, seit Camillo Sitte, die Basis der modernen Stadtbaukunst ist. Daß der Staat sich nicht mehr für schöne Plätze und Achseneffekte interessierte, das hatten die Architekten während des 19. Jahrhunderts begreifen müssen. Der Staat war erwachsen geworden, er spielte nicht mehr mit Häusern, sondern sah zu, wie er mit seinen Aufgaben, Straßenbau etc., so billig wie möglich wegkam. Wem man dagegen noch Spieltrieb zutraute, war der Terrainspekulant. Der wollte Parzellen verkaufen, und um diese Parzellen günstig loszuwerden, mußte er eine Szene mitliefern, Wohnen am Park, am Crescent, am Boulevard, am Wasser, Geschäftshaus in günstiger Lage, im zukünftigen Nebenzentrum. Die Ehrgeizigen unter den Architekten, die Stadtbauer, begannen – der Wettbewerb Groß-Berlin von 1910 (Möhring, Schmitz, Jansen) bewies es –, selber wie Spekulanten zu denken und den Staat, dem sie eine neue monumentale Stadt bauen wollten, zur Spekulation großen Stils mit aufgelassenen Bahngeländen anzustiften. Wiederum: Erst Speer und sein oberster Feld- und Stadtherr nahmen es sich zu Herzen, mit der Republik war da nichts anzufangen. Daß die Ehe Spekulation/Stadtbaukunst zeitweilig funktioniert hat, ist nicht zu leugnen, es fragt sich immer nur, wie hoch man die Kriterien ansetzt. Nach den großen Wohnplätzen der Terrainspekulanten um 1900 (in Berlin z.B. Georg Haberland, der König von Schöneberg) lecken sich die Leute heute die Finger, nicht zuletzt die mickrigen Spekulantenenkel, die ihrerseits die Cou-

45

rage zu solcherlei stadtbaukünstlerischer Investition nicht mehr haben, sondern lieber die ihrer Vorfahren noch einmal auslutschen möchten. Aber das Prinzip Vorderhaus-Hinterhaus galt natürlich auch hier. Wo an vermögende oder zumindest zum Gehabe des Vermögenden gesellschaftlich verpflichtete Abnehmer nicht zu denken war, da fehlt in eklatanter Weise auch die Stadtbaukunst. Erst Genossenschaften, Erbbauvereine usw. bezogen um 1900 den Stadtanspruch auch auf das, was hinter den Fassaden war. Für diese Aufgabe waren aber die Vorstellungen der Stadtbaukünstler denkbar ungeeignet. Denn deren Vorstellungen verdankten sich dem Tourismus in die Vergangenheit. Es versteht sich von selbst, daß die Übertragung historischer Lösungen, die der Tourist um 1890 als beglückend erfuhr, nicht Stadtfunktionen, sondern nur Stadtbilder übertragen konnte, eben das, was Stift und Fotoapparat so fähig sind, aus solchen Reisesituationen mitzunehmen. Das extrahierte Bild konnte dann, selbst wenn der Spekulant sich fand, der es bauen wollte, eben nur als Bild gebaut werden, als inszenierte Oberfläche einer im übrigen völlig modernen Investition. In die Tiefe war mit solchen Mitteln per definitionem nicht zu gehen, das hätte die Investition nämlich gestört, und wo man eine Investition fand, die noch die Tiefe erforderlich machte – die Passage –, da wurde das ökonomisch garantiert eine Pleite, abgesehen davon, daß die Passagentiefe auch nur die Verlängerung des Scheins war, nicht die Ausbreitung des Stadtbildes auf die Verwertungszonen hinter der Fassade. Das Stadtbild war der Sache nach als Mittel begrenzt auf den Bereich der investitionsbegleitenden Kosmetik.

Eben das ist nun aber bis heute der springende Punkt: Stadtbaukunst ist nur dann, und gerade dann, möglich, wenn auf soziale Rücksichten weitgehend verzichtet wird. Die Reflexion darauf, wie zwei Baukörper zueinander eine bestimmte Räumlichkeit entfalten, welche Höhe, erscheinende Masse, welche modularen oder ornamentalen oder materialmäßigen Entsprechungscharaktere den gewünschten Stadtraum ergeben, ist von sich aus schon nur unter – möglicherweise nicht als solcher gewollter – Abstraktion von konkreten Lebensverhältnissen möglich. Genau diese Selbstvergessenheit der Kunst brauchen natürlich auch die Spekulanten, die auf Stadtbildlichkeit erpichten Banken, Versicherungen usw. Nur diese sind, zumindest wenn anders der Umsatz nicht mehr zu forcieren ist, geneigt und in der Lage, für Stadtbaukunst Geld auszugeben. Da ohnehin so gut wie ausschließlich mit gehobenen Angeboten spekuliert wird (der Massenwohnungsbau verbleibt ungeneidet bei den kommunalen und genossenschaftlichen Trägern), sind die Allianzen vorgezeichnet. Die ästhetisch erforderliche Modellierung der Stadtbauelemente ist einerseits strukturell dem spekulativen Zugriff auf das Terrain gleichgestaltig, und sie braucht, um sich realisieren zu können, als ökonomische Basis eine diktatorische Verfügung über die Situation, die politische, Bewohner- oder Denkmalspflegeansprüche so weit wie möglich ausschließt. Alles andere würde den Schöpfungsakt der Stadtbaukunst beschränken, es hieße zudem, daß andere schon gebaut hätten, daß Mitschaffende zu akzeptieren wären: das Vorhandene, die Ideen derer, die schon da sind, die Geschichte des Ortes als zumeist destruktive, alles das in Kürze, was von sich aus schon die Stadtsituation interessant machen, also die Kunst im Stadtbau überflüssig machen könnte. Aus dieser Logik ist, so wie die Ökonomie der Städte heute nun einmal ist, nicht herauszukommen. Herauszukommen ist nur durch den Verzicht auf Stadt, durch Herausgehen. Und was wir dann bekommen, sind Varianten von Port Grimaud (aber das ist ein anderes, auf ein andermal zu verschiebendes Thema).

Stattbau statt Stadtbau

Es gibt gegenüber der Linie des altehrwürdigen Bündnisses von Stadtbaukunst und Spekulation eine jüngere Linie der Opposition. Nicht Staat oder Spekulation sollten in dieser Linie die Häuser der Arbeiter bauen, sondern die assozziierten Produzenten selbst. Ob das eine Stadt werden würde, war nicht die Sorge. Die frühen paternalistischen Siedlungsunternehmen griffen alle nach nichtstädtischen Formen, sei es, daß man sich an den Mustersiedlungen der Herrnhuter orientierte, am Versailles Ludwigs XIV. oder an den ländlichen Kolonistensiedlungen. Demokratische Wurzeln hatten diese Formen nur zum Teil aufzuweisen, prägender war das Nichtstädtische ihrer Ordnungsmuster. Es wurde auch das ganze 19. Jahrhundert hindurch, ob in Stadt oder Land, nur für die Arbeiter gebaut, nicht durch sie. Erst die politische und gewerkschaftliche Konsolidierung der Arbeiterbewegung und die in den neunziger Jahren beginnende bürgerliche Wohnungs- und Bodenrechtsbewegung besorgten die Voraussetzungen für eine genossenschaftliche Selbstorganisierung des Wohnungsbaus, wobei Angestellten- und Beamtenvereinigungen den Weg parallel gingen.
Die Unsicherheit, wie und wo zu bauen sei, war der oppositionellen Linie daher von Anfang an in die Wiege gelegt, und herauszufinden, wer denn nun das Subjekt des Bauens war und welche neuen Formen ihm zukämen, dazu blieb historisch keine Zeit. Denn kaum begannen die jungen Wohnungsbaugenossenschaften sich auf breiter Front zu regen, da wurden sie von einer neuen Welle überholt, die die traditionellen Ansätze bürgerlicher Arbeiterwoh-

nungsfürsorge und die neuen Genossenschaften gleichsam zusammenfassend beerbte. Gemeint ist der kommunale Wohnungsbau der zwanziger Jahre. War städtisches Bauen zuvor Domäne der Beamtengenossenschaften und Erbbauvereine gewesen, so traten die sozialdemokratischen Stadtverwaltungen in Wien, Frankfurt, Berlin mit dem Anspruch auf, Arbeiterwohnungsbau in Stadtform zu schaffen. In Berlin trat 1925 an die Stelle von Ludwig Hoffmann, einem sich ganz als Stadtbaukünstler verstehenden Stadtbaurat, der ein Leben lang die Stadt mit öffentlichen Monumenten (Schulen, Krankenhäusern, Feuerwachen usw.) aufgefüllt hatte, ein Architekt, der Städtebau als Wohnungspolitik verstand: Martin Wagner. Eine der Stützen der Stadtbaukunst, das Stadtbauamt, wechselte die Partei. Der kommunale Anspruch, Stadt zu bauen, veränderte dabei aber auch den Typus Siedlung. Die Wiener Höfe reagierten auf die Stadt, sie propagierten sich lauthals als neue Versionen des prägenden Wiener Stadtelements, des Palastes. Ebenso ist in der Römerstadt oder in Britz das städtische Vokabular unübersehbar: Es wird in Mauern, Torsituationen, Zentralfiguren geredet, beide Siedlungen sind im Maßstab ihres Stadtgebietes gebaut, nicht als Modell 1:1 eines Kleinstadtbildes. Bildlichkeit wie Maßstäblichkeit weisen über die Siedlung hinaus, während gegenläufig der soziale Körper der Siedlung kleingegliedert und in gewissem Maße bereits auch anonymisiert wurde.

Was schließlich ist heute von der Opponentenrolle noch übrig? Die alten gewerkschaftlichen, städtischen und genossenschaftlichen Bauträger existieren alle noch, städtische und gewerkschaftliche haben sich zu Monsterunternehmen aufgebläht und blicken in der Bundesrepublik auf zwanzig fette Jahre großflächig betriebenen „gemeinnützigen" Wohnungsbaus zurück, nach denen sie, was Umgang mit Stadt und Menschen angeht, von den alten Terraingesellschaften sich nur durch die Unfähigkeit zu bürgerlichen Formen unterscheiden. Was sie geleistet haben, ist schlichtweg Stadtbau im affirmativsten Sinne, unter Anwendung von Stadtbaukunst zur Placierung von Baumassen. Es war allein der progagierte Typ von Stadt – die Stadtrandsiedlung bzw. das innerstädtische Wohnquartier aus isolierten Hochhäusern und Großwohnanlagen, der einen Platz freigelassen hat für die allmähliche Rückkehr der alten Sitteschen Stadtbaukunst; die Privaten haben das etwas früher entdeckt, aber die großen Wohnungsbaugesellschaften, besonders die, die ökonomisch unter Druck stehen, sind inzwischen auch schon auf der Fährte.

Der im sozialen Wohnungsbau einst enthaltene Protest gerade gegen eine auf Spekulation basierende Stadtbaukunst hat sich heute also noch weiter zurückgezogen. Nachdem die Modelle des Stadtbaus von unten vor lauter Städtebau von denen des Stadtbaus von oben nicht mehr zu unterscheiden sind, spricht sich der Protest heute als negative Stadtbaukunst aus: als Ästhetik der Behutsamkeit. Ich will hier meine Parteilichkeit und Sympathie keineswegs verhehlen. Diese da berufene Behutsamkeit ist an sich eine seltene und nicht genug zu pflegende Pflanze: der Versuch, nach den wahnsinnigen Zerstörungen durch Autobahnbau, öffentlichen Wohnungs- und Schulbau, Besetzung der Stadtzentren durch Kaufhäuser, Versicherungen, Banken, Eigentumswohnanlagen usw. vorsichtig zu werden, hinzusehen, was da ist, um zu nutzen statt abzureißen.

Wenn es bei dieser Behutsamkeit bleiben könnte, die sich in Formeln wie behutsame Stadterneuerung oder im Wortspiel Stattbau ausdrückte, gäbe es hier nichts einzuwenden. Das Problem ist nur, daß auch jetzt der soziale Widerspruch eben nicht in konkreten Situationen spricht, sondern in einer merkwürdigen, offensichtlich seit Morris unverrückbar zur linken Bewegung dazugehörenden Ästhetisierung. Lieber nichts als etwas, heißt die Grundformel, und sie allein wäre immerhin, wenn auch politisch falsch, so nach dem Gewesenen aber verständlich. „Stattbau" und „behutsame Erneuerung" – zufällige Namen an zufälligen Orten für eine ganz und gar nicht zufällige Verhaltensweise – meinen aber eine typische Architektenäußerung, eine negative Stadtbaukunst: die Verschönerung des Nichtbauens.

Über Nichtbauen und Nichtbebauung von Terrains kann man reden. Die Ästhetisierung degegen entzieht das Problem. Eine innerstädtische Freifläche soll frei bleiben, eine wilheminische Ecke soll nicht bebaut werden, eine Blocksituation soll nicht neu determiniert werden durch raumgreifende Nutzungen: Alles das ist verständlich, hat vieles für sich, im Einzelfall auch vieles gegen sich, aber damit ließe sich leben. Die Ästhetisierung des Nichtbauens argumentiert dagegen mit der Verschönerung eines Zustandes, der vielleicht richtig, aber jedenfalls nicht schön ist. Die Ästhetisierung, das städtebauliche Element, wird bloß vorgeschoben, damit man an das Problem in seiner Härte so schnell nicht herankommt. Statt die Härte des Widerspruches zuzugeben, wird gesagt, es wäre schöner. Die Farbe eines Hauses wird z.B. plötzlich wichtiger als die Frage, ob gegenüber eine Lücke zugebaut werden soll. Die Zierlichkeit eines Gartenhauses soll Raumansprüche begründen. Die Ornamentalisierung einer Freifläche soll eine Vorhaltung befürworten. Die Ausweisung klassizistischer Baukanten soll der Zerstückelung eines Geländes durch Straßenbau zuvorkommen usw.

Woher diese Unfreiheit des Protestes? Es geht sicher nicht, oder nicht nur, um Taktik. Es geht um eine grundsätzliche Krankheit, an der der Protest selber leidet: das ungelöste Verhältnis zur Stadtbaukunst. Es ist im Grunde diese Linie indirekter Ästhetisierung, die mit Unwin endgültig begann, und die bei

Bruno Taut und Martin Wagner ihren Höhepunkt hatte. Es wurde damals politisch geredet und ästhetisch gedacht und gebaut. Heute ist es nicht viel besser, aber beinahe umgekehrt: Es wird eher ästhetisch geredet, aber politisch gedacht und gebaut (oder nicht gebaut). Beides ist double bind, oder zumindest verwirrt, und beidemal geht es um das ungeklärte Verhältnis von Ästhetik und Politik. Das, was dem Stadtbaukünstler in den Schoß fällt, nämlich, daß seine von den Menschen abstrahierende Ästhetik mit der Ökonomie des Baumarktes so gut zusammenstimmt, das wird dem linken Architekten aus Prinzip verweigert, er muß sich Stimmigkeit erst hart erkämpfen, nämlich, die wirkliche Einheit von ästhetischer und politischer Aussage, Verhaltensform, Erscheinung. Ästhetik ist zu wichtig, um Verkleidung zu sein, wenn man es begriffen hat, ist sie die politische Aussageform schlechthin. Das setzt aber ästhetische und politische Furchtlosigkeit voraus. Die behutsamen Architekten und Planer haben Angst vor ihren eigenen Realisierungen, sie fürchten sich im Grunde vor sich selbst, vor der Macht der Architekten zur Veränderung, aber auch zur Vergewaltigung von Situationen, der sie, wenn die isolierte Objekte planen, offenbar erlegen sind.

Wenn das so sein sollte, kann man ihrer Weigerung nicht trauen. Die Ästhetisierung des Nichtbauens bleibt auf einem mittleren Abstraktionsniveau, wo man an die Knackpunkte der einzelnen Situation gar nicht herankommt. Die Ästhetisierung verdeckt also auch politisch eine mittlere Abstraktion, eine Haltung auf halbem Wege zwischen der Perspektive von oben, die der Stadtbaukunst wie der Sanierung zueigen ist und der wirklichen Ausgesetztheit im Einzelfall, dem Zugeben der Gemeinheiten vor Ort. Der Einzelfall aber ist eine Instanz, der die Beschönigungen, wie sie der Ausdruck Behutsamkeit so gut betreibt wie die angedeuteten Ästhetisierungen, nicht zuläßt, will man nicht in ein Reden mit doppelter Zunge kommen, ins Rechtfertigen von nicht Rechtfertigbarem, in die Verschönerung von politischer Unentschlossenheit, Taktik, Ideenlosigkeit oder von egoistischen Flächenansprüchen. Und mit all dem hat man es in der Stadtplanung und Stadterneuerung schließlich alle Tage und allenthalben zu tun. Die Weigerung, sich an einem gegebenen Punkt aus freiem Willen voll architektonisch zu angagieren, bleibt immer im Zwielicht, sie könnte richtig sein, sie könnte aber auch nur einen der genannten Gründe verstecken. In vielen, wenn nicht in den meisten Fällen, entzieht sich die Behutsamkeit schlicht der unmißverständlichen und konsequenzenreichen Vergegenständlichung dessen, was man wirklich will. Vielleicht ist das taktisch sinnvoll? Ich kanns nicht glauben.

„Stadtbau der Piraten"

Stadtbau und Sozialplan, das ginge noch. Aber die Dinge sind inzwischen verführerischer: Zwischen Stadtbaukunst und ästhetisiertem Sozialplan, das ist es, wo wir hindurch finden müssen. Hindurch kommt nur, wer seine eigene Form zu ändern weiß, beweglich ist, in die Standardisierungen der Zwickmühle nicht hineinpaßt und also dem ökonomisch mächtigen, aber kurzsichtig genormten Zugriff entkommt. Man muß raus aus der ganzen Situation, Lösungen für die Ebene mittlerer Abstraktion zu finden. Man muß sich dem Zwang entziehen, in Gesamtlösungen zu denken, in einer, sei es noch so zartfühlend, dem kleinen Bewohner auf den Pelz rückenden Perspektive von oben, des Heils, der großen Heilung. Wer das begriffen hat, übernimmt zwar Verantwortung für das Ganze, aber er spielt nicht Regierung, er denkt nicht in Gesamtmodellen, sondern in kritischen Einzelfällen, die das Ganze in ihrer Einzelheit greifbar machen.

Eine Vokabel dafür kann der Hausbau sein. In der heute erreichten Homogenität städtischer Baustruktur wäre so etwas wie Hausbau von vornherein der kritische Grenzfall. In Hausbauzeiten gab es kritische Entsprechungen auf mehreren Ebenen, Budenarchitekturen vor den Häusern, überall, wo öffentlicher Raum dazu die minimale Grundfläche bot, und Schuppenarchitekturen hinter den Häusern, in ständigem Kampf mit der Baupolizei, heimlich aufgeführt, jahrelang zäh verteidigt, gelegentlich abgerissen und alsbald wieder aufgebaut und wieder jahrelang verteidigt usw. Heute sind diese kritischen Korrelate praktisch ausgemerzt, jede Currybude sieht schon von weitem nach sanitären Standards und DIN-Normen aus, Schuppen existieren nur noch als um Feuerlöscher herumgebaute Eternitwände. Das Provisorische wird vertilgt wie eine Unkrautart. Dazu kommt die innere Homogenisierung des Hausbestandes zu normgleichen Wohnanlagen, die das emsige mietensteigernde Modernisieren besorgt: Da werden nicht Bequemlichkeiten einer alten Form eingefügt – dagegen wäre, wer's so will, nichts zu sagen –, sondern es werden Normen angeglichen, es werden die bloßen Kennzeichen von Standards und facilities eingebaut (und an ihnen, nicht etwa an einem Mehr an Gebrauchswert, orientiert sich ja auch die Mietsteigerung).

Diese Homogenisierung läuft über eine Interessenallianz vor aller Architektur, in der industrielle Normer, staatliche Überwacher, Baufirmen und Hausbesitzer ihren gemeinsamen Vorteil finden. Die architektonischen Individualisierungsbemühungen der Stadtbaukunst kommen an diese Ebene gar nicht heran. Die Methode der Behutsamkeit dagegen, die ja eigentlich den Substandard verteidigt, verteidigt ihn nicht als Gebrauchswert, sondern als sozialpoli-

tischen Freiraum – sie muß also, um die Altsubstanz konkurrenzfähig zu machen, so viele Angleichungszeichen hereinnehmen wie möglich, ohne den sozialen Spielraum damit aufzuheben. Im prekären Kontinuum zwischen Instandsetzung und Modernisierung wären erscheinende Inhomogenitäten nur ein politisches Risiko, in das jeder hineinstieße, der dem anderen was will, egal welche Seite. Die Markierung eines Bruches, einer Aufhebung der sich weiter durchsetzenden und steigernden Homogenität der Baumassen und Bewohneransprüche kann nur als ein eigenes, für sich selbst gesetztes Projekt erfolgen. Es braucht eigene Träger, eigene Konzepte, eigene Lobby. Denn darüber sollte man sich keineswegs täuschen: Die Homogenisierung läuft nicht nur in den Gebäuden, sondern auch in den Köpfen und Verhaltensweisen. Die Standardfrage ist das innerste Credo der schweigenden Mehrheit und macht diese zur verläßlichen Basis der Homogenisierung, und daran werden auch horrende Mietsteigerungen vorerst nichts ändern, denn da steht mehr auf dem Spiel als der Geldbeutel, da geht es um die sozialen Grundwerte, mit denen man sich gegen historische Rückfallängste, gegen die eigene Vergangenheit, gegen die Russen, Asozialen und die arbeitslose Zukunft verteidigt. Für diesen Deichbau gegen die Angst ist auf längere Sicht kein Mietgeld zu teuer.
Hat dann ein unabhängiger Hausbau überhaupt eine Chance? Ist dafür politisch Platz in den Städten? Das wird herauszufinden sein. Die Homogenisierungsfront scheint dergleichen von vornherein auszuschließen. Man darf aber nicht übersehen, welche Kräfte diese Front bindet. Da wird zwar durchaus sozialer Beton gebaut, und je deutlicher werden sollte, daß sich eine Minderheit nicht mehr an den Konsens halten will, je mehr andererseits das Durchhalten von Standards Einschränkungen fordern wird, desto mehr ist Haß auf Spielverderber zu erwarten. Aus dem gleichen Grunde – daß es ums Heiligste geht und alle Kräfte aufgeboten werden müssen – wird die öffentliche Hand nicht umhin können, an peripheren Punkten Lockerungen herzustellen, sich durch Ausnahmeregelungen zu entlasten. Wie das aussehen kann, brauche ich nicht weiter zu skizzieren: Die Ingredienzien werden ja – Arbeitslosigkeit, Rezession im Baugewerbe, Untergang der kleinen Firmen, arbeitslose Architekten, Jugendausbildungsprojekte, ökologisches Bauen mit einfachen Technologien usw. – seit Jahren diskutiert mit wachsender Annäherung an die Wirklichkeit. Ich will das hier aufgreifen nur unter dem Winkel der Frage, was das Denkelement Hausbau für das Umgehen mit der Stadt an Perspektiven beitragen kann.
Hausbau ist der kritische Grenzfall einer Stadt, in der – ob nun Pariser Agglomeration, Londoner New Town, Darmstadt Neu-Kranichstein, Albertslund bei Kopenhagen oder Gropiusstadt in Berlin – ganze Stadtviertel von einer

Baugesellschaft errichtet und verwaltet werden, von einem einzigen Fernheizsystem abhängig sind und von wenigen, deshalb hochzentralisierten Einrichtungen versorgt werden. Der alte kleinbürgerliche Hausbau ist da so vollständig erdrückt, daß wir ihn getrost als abgewöhnt betrachten können, ohne allzu ungenau zu sein. Kleinbürgerlichkeit im alten Sinne ist in unseren Städten nur noch ästhetische Verweisschicht oder ökonomische Sicherung an ganz quer dazu strukturierten Objekten, das kleinbürgerliche Eigentumsstreben tummelt sich in Neu- und modernisiertem Altbau als Eigentumswohnungsbesitz, im Reihenhausverbund, der in einst großbürgerliche Vorortparzellen hineingeklemmt wurde, oder es wandert ganz aus der Stadt aus und sucht die stadtnahen Dörfer grausig heim. Die Figur des Hausbaus würde in der heutigen Lage ein Stück vorwärtsgewandter Sehnsucht nach identifizierbarer Örtlichkeit, nach der Erkennbarkeit sozialer Situationen als Voraussetzung des Zuhauseseins. Man sollte sich das nicht zu friedlich vorstellen: Nur mit Idyllik funktionierte das nämlich nicht. Ein Beispiel sind eher die besetzten Häuser in den Großstädten, ein Beispiel wohlgemerkt, kein Modell, weil auch sie als Spaltpilze in der pasteurisierten und homogenisierten Milch der frommen Denkungsart überhaupt erst wirken.

An Hausbau ist zu denken als an einen Hebel, mit dem in einer bewegungslosen, zubetonierten Stadtsituation möglicherweise noch etwas zu bewegen ist, nach den ästhetischen Hebelgesetzen einer dialektischen, d.h. in Widersprüchen arbeitenden Stadtbaukunst, die nicht von oben aus dem Stadtbaukasten heraus komponiert, Häusermassen verteilt, Plätze und Piazzettas sät und Bäume symmetrisch vom Himmel regnen läßt, sondern die mit Provokationen arbeitet, gezielt angreift, Reaktionen hervorlockt, die den taubstummen Massen der spekulativen Stadt ihre unterdrückte Sprache vorhält. Der Hausbau dieses Sinnes hat Besseres zu tun als Lücken zu füllen, aber dazu muß er die Lücken erst einmal akzeptieren, denn mehr als Lücken werden für Experimente nicht zur Verfügung sein. Aus den spekulativen Defiziten dieser Lücken heraus kann dann angegriffen werden, getreu der Maxime, nicht Lücken zu füllen, sondern Schlüsselfälle zu bilden. Der Hausbau braucht den Unterdruck der Lücken, um daraus aggressiv hervorzuschnellen als eine Stadtfigur, die einen Bruch im Kontinuum darstellt, ein Widerspruchselement in der geronnenen Gewalt einer Blockrandumbauung, ein Stück Unheimlichkeit in der Glätte der Straßenfront – aber ebenso auch ein Stück Wärme und Heimlichkeit, und ein Vermittlungsangebot im vermittlungslosen Beieinander in der Gegend verlorener Baumassen, ein Versöhnungsversuch in Bruchsituationen zwischen Alt- und Neubaukanten, zwischen sozial unvermittelten feindlichen Baumassen.

Um das zu leisten, sind viele Einzelzüge nötig, kein einmaliges ästhetisches Konzept. Was Hausbau sein könnte in solcher Funktion der Grenzbildung und Grenzvermittlung, des Bruchs und der Versöhnung, das läßt sich erst an der einzelnen konkret gefaßten Situation herausfinden und nur nach vollbrachter Arbeit vollständig und überzeugend sagen. Man muß freilich diese Situationen aufzufinden wissen. Es ist in der Regel keineswegs schon der Fall, daß ein Ereignis sie markiert hätte, eine Besetzung etwa oder ein unangenehmes Baugesuch eines ortsbekannten Spekulanten. So etwas kann auch Falle sein, nämlich gerade nicht die Situation, aus der erfolgreich und mit dem nötigen Überzeugungsvorrat zu handeln wäre. Nach meiner Erfahrung mit Berliner IBA-Projekten in Neu- wie Altbaugebieten enthält aber jede komplexe Aufgabe jene Lückensituation, die, wenn man dank der genauen Durcharbeitung der Aufgabe sie aufgedeckt und aufgefunden hat, sich als Schlüsselsituation erweist, als Schlüssel einer die divergierenden Stränge vermittelnden Lösung.

Erst in der Situation stellt sich dann auch die Frage eines bestimmten kritischen Haustyps. In einer fünfgeschossigen steinernen Bauordnungsstadt wie Berlin wäre ein zweigeschossiger, in Selbsthilfe erstellter Fachwerkbau bereits der Inbegriff des kritischen Grenzfalls. Aber die Bedingungen der kritischen Besonderheit gehen natürlich in jedem einzelnen Fall viel weiter und in unterschiedliche Richtungen. Welche soziale Identität hat ein solcher kritischer Hausbau? Das kann nicht genau genug ausformuliert werden. Wollen Jugendliche beim Hausbau eine Grundausbildung erwerben, oder gar im Lebenszusammenhang des Hauses ein Handwerk erlernen, eine Werkstatt aufbauen, ihren Lebensunterhalt verdienen? Oder wollen kinderreiche Familien den Rahmen eines auf veränderte Weise arbeitsteiligen sozialen Lebens aufbauen, mit Kinderladen, Gemeinschaftsküche, Spiel- und Basteleinrichtungen bis zur Selbsthilfewerkstatt? Oder will eine Wohngemeinschaft weitere Schritte der Selbstversorgung in der Stadt unternehmen mit flächenintensivem Gemüseanbau im Gewächshaus und begrenzter Tierhaltung? Es gibt viele Vorstellungen – auf dem Papier ist das alles austauschbar und gratis, wozu also weiter aufzählen. Die Bedingungen der Durchsetzung wären interessant.

Zu diesen Bedingungen gehört all das, was zur Zeit international ausprobiert wird. Kann eine alternative Trägerschaft politisch toleriert werden – was ja die Voraussetzung wäre, um mit den nötigen öffentlichen Zuschüssen in Situationen zu bauen, die für die Verwertungsbedingungen der hochgerüsteten Wohnungsbaudinosaurier nicht mehr genug hergeben? Ist Selbsthilfe als soziales Modell in der relevanten Größenordnung überhaupt praktizierbar, und wenn, mit welchen Gruppen? Welche Spielräume für einfache Technologien, Standardunterschreitungen, funktionale Vermischungen (Gewerbe, Tierhaltung, dauernder Aufenthalt von Menschen) werden politisch und folglich bauaufsichtlich toleriert werden? Welche Vorstellungen und welche Praxis einer neuen Sparsamkeit und Verantwortlichkeit im Umgang mit Raum, gesellschaftlicher Arbeit und individuellen Objektansprüchen werden wir zustandebringen? Was von alledem, was möglich ist, ist bei genügend vielen wirklicher Wunsch und damit Basis realer Veränderung? Die Chancen sind natürlich von Ort zu Ort verschieden, und sie entwickeln sich mit der monoton sich verbreitenden Arbeitslosigkeit und der Aussicht auf deren Verewigung. Dazu ist hier nicht zu orakeln – es kam auf den Hinweis an, daß, bevor entsprechende Chancen abgewartet und ergriffen werden, wir begrifflich auf der Höhe dessen sein müssen, was dann zu leisten ist. Hausbau ist eine Denkfigur dafür.

Quelle: ARCH+ 68 (1983)

Dialektik des Regionalismus

1

Daß man sich keine Illusionen mache: Das regionale Bauen ist tot. Was uns jetzt beschäftigt, ist nicht die Leiche, die Möglichkeit, sie zu konservieren und lebendig aussehen zu lassen, sondern die Erinnerung an das, was einmal lebendig da war, der Mißbrauch, der vom Nationalsozialismus damit, als es schon tot war, getrieben werden konnte, und die neuen Wünsche, Hoffnungen, Begehrlichkeiten, die sich heute wieder daran heften. Das entscheidende also ist, sich das wirklich klar zu machen, wovon man redet, wenn man vom Regionalismus redet.

Was uns vom noch lebendigen regionalen Bauen heute trennt, ist vor allem der Nationalsozialismus. Das ist eine spezifische deutsche Situation, anderswo ist der Regionalismus friedlicher untergegangen. Auch in Deutschland natürlich wäre eine lange Untergangsgeschichte nachzuzeichnen, die in einigen Bereichen schon um 1800 begann, so in Preußen z.B. mit David Gillys Buch über die Landarchitektur. Es war überall nur eine Frage der Zeit, wie lange in einer sich industrialisierenden Gesellschaft, bei zunehmender Verwissenschaftlichung und Verstaatlichung der Ausbildung, beides der Landwirte wie der Baumeister, sich noch auf das Generationsüberlieferung gestützte regionale Bauen halten konnte. Alles in allem war es zäher als manches andere: Als längst die wirkliche Tradition regionaler Sagen, Feste, Tänze, Lieder, Bräuche erloschen war, hielten sich Bauformen und vorkapitalistische Wirtschaftsweisen dank mancher Ungleichzeitigkeiten der Entwicklung auf dem Lande noch aufrecht. Nur die Trachten hatten längeres Leben.

Der Nationalsozialismus ist die historische Trennwand für uns, weil er – Blut und Boden – noch einmal versprach, das alles wiederherstellen zu können, zu einem Zeitpunkt, als das Leiden am Verlust bereits so viel Macht über die Menschen hatte, daß sich damit, und in monströsem Ausmaße, Politik machen ließ. Es wäre ein Irrtum, deswegen anzunehmen, der Nationalsozialismus hätte viel mit regionalem Bauen zu tun gehabt. So perfekt die Inszenierung eines spezifischen Blu-Bo-Geruches gelang – in Jugendherbergen, Schulbauten, Autobahnraststätten und dergleichen konnte man das in meiner Kindheit noch überall original nacherleben –, so wenig hatte das jene unerbittliche Genauigkeit des Hergebrachten und Gewohnten, das allererst das Regionale ausmacht. Der Heimatstil riecht nicht nach Ackererde, sondern stinkt nach Juchtenstiefeln. Daß diese Ausbeutung der Trauer um das Verlorene das Verlorene derart tiefgreifend und bis heute denunzieren konnte, hat vielmehr damit zu tun, daß in der Tat die Deutschen sich massenhaft betrügen ließen. Im Nationasozialismus trennt uns vom wirklichen regionalen Bauen nicht der Mißbrauch, den die Nazis davon machten, sondern der Verrat, den die Deutschen am wirklich Regionalen begingen zugunsten eines am UFA-Film orientierten Surrogats, das in fast allen Fällen so abstrakt war wie die ästhetischen Abstraktionen des Neuen Bauens, die es vergessen machten sollte. Das wirklich Regionale ist weder intolerant noch auf nationale Grenzen fixiert, es ist eine Sache von Kulturlandschaften. Kulturlandschaften sind vorpolitisch. Heute, wo nicht nur die Industriegesellschaft des 19. Jahrhunderts am Untergehen ist, sondern auch die politische Form, die sie sich gab, wird das Vorpolitische des Regionalismus zum Versprechen nachpolitischer Identitätsbestimmungen. Das Regionale sitzt nicht im Kopf, in nationalen Bestimmungen, in Staatserziehung und Pflichtgefühl. Es sitzt in den Lebensverhältnissen. Mit diesen, als sie nicht mehr aufrechtzuerhalten waren, ging es unter. Wenn heute wieder die Lebensverhältnisse gegen abstrakte Politik gekehrt werden, in der Öko-Bewegung, in der Friedensbewegung, in der Alternativkultur insgesamt, dann wird das vergangene Regionale zur Sprachschule. Nichts davon kann wiederholt werden, aber man kann an der Präsenz der Sache – als Spurenensemble im sozialen Leben wie als Wunschprojekt – erfahren, wes Geistes eine dezentrale Kultur, auch Baukultur, sein könnte.

2

Den Tod des Regionalen bezeichnen am deutlichsten die Versuche, es zu retten, die im Rückblick noch fast geglückt erscheinen. Auch diese Versuche sind heute nur Anschauungsmaterial, kein Modell. Letzteres zu sein, hindert sie zweierlei: Das eine ist, daß sie ohne den Schatten des Nationalsozialismus nicht denkbar sind. Ich kann mir nicht vorstellen, daß es ein genaueres Erfassen regionalen Bauens gibt, als wir das in den Arbeiten *Emil Steffanns* vor uns haben. Wenige Striche genügen. Einfachste Dachformen, traditioneller Umgang mit Stein als Gewißheit, daß nicht Formen mit Materialien dargestellt werden, sondern in ihnen zu sich kommen, daß Zwecke nicht nachgebaut, sondern erfüllt werden. Trotzdem ist das alles nur Wahrnehmungsrealität, nicht die Sache selbst. Wir sehen das Wesen des lothringischen Hauses, aber mit einer Deutlichkeit, die uns klarmacht, daß wir eben nur sehen, aber nie wieder wohnen und arbeiten werden aus diesem Wesen. Eben dies, das wir nur noch wahrnehmen können, was da ist, zeigt, daß das Wesen des Hauses tot ist. Nur weil man nie wieder darin arbeiten und wohnen würde, gab es die Geduld, den Abstand, die phänomenologische Aufmerksamkeit und Zurückhaltung, aus der sich erfahren ließ, was das Wesen des regionalen Hauses wirklich ist. Wer so aufmerksam ist, hat die Gegenwart bereits aufgegeben. Wenn er dann nicht begreift, daß er das tut, wartet er auf Fügungen, auf die Macht der Wiederkehr. Er hat dann, im phänomenologischen Blick versunken, nicht mehr die Schärfe des Empfindens, die Mächte zu unterscheiden. Wenn der NS-Staat Blut und Boden bauen will, so weiß der Phänomenologe, was Blut und Boden wirklich ist (und dieses Wissen an sich ist nicht korrupt, sondern nur blind), und fühlt sich gefordert mitzumachen, zu bauen. So zeichnet er Häuser aus Herzblut und Heimaterde für einen Staat, dessen einzige Tätigkeit die bürokratische Vernichtung des Gemeinten ist, die reale Zerstörung des Bodens und das reale Blutvergießen.

Es geht hier nicht um Beschuldigungen, sondern um Einsicht. Die Lothringische Baufibel ist nicht schlecht, weil sie im Dienst des Nationalsozialismus steht. Sie hat nur einen grundlegenden Fehler, den, nicht durchsichtig zu sein auf das, was sie tut und was es mit ihrem Gegenstand auf sich hat. Unter veränderten Haltungen und Verhältnissen hätte sie antifaschistische Zielsetzungen haben können; man denke an *Eislers* Umgang mit der musikalischen Tradition nach 1945. Was Eislers Umgang mit der Volksmusik wahr macht, ist das klare Bewußtsein, jenseits eines tödlichen Untergangs zu stehen und dem verratenen Material unter Bedingungen des Neuanfangs wieder eine Heimat zu geben. Steffann glaubte – oder er handelte so –, daß schon der Nationalsozialismus dieser Neuanfang sei, und das heißt nur, daß er überhaupt keine Klarheit besaß über das, was er tat, wenn er das Wesen des lothringischen Hauses bauen wollte. Steffanns Irrtum ist mit dem Heideggers und vieler anderer vergleichbar. Aber Heidegger muß man immerhin zugutehalten, daß er jene Rede vom Wesen des Kunstwerks, die sich wie eine Paraphrase zu Steffanns Genauigkeit des Regionalen liest, genau zu dem Zeitpunkt schrieb, wo ihm klar wurde, daß er durch seine zweijährige Nazi-Anhängerschaft seine eigene Sache, die Philosophie, verraten hatte. Sein neues Projekt war die „Kehre", die nicht nur eine Abkehr von der Metaphysik, von der Transzendentalphilosophie, sondern auch eine Umkehr war, freiwilliger Verzicht auf die verratene Philosophie und Hinwendung auf den heimatlosen Weg des Denkens. Die Aufsätze, mit denen Heidegger seinen Weg neuorientierte, erschienen später unter dem Titel „Holzwege".

Aus Steffanns Vorgehen in der Baufibel ist die Wahrheit dessen, was er tat, nur indirekt zu ersehen. Nicht, daß er eine lothringische Baufibel schrieb, war das Falsche, sondern der Zusammenhang. Unter dem Gesichtspunkt einer regionalen Kultur konnte sich Steffann in Lothringen zu Hause fühlen: Kulturell hingen einmal Lothringen und das Rheinland zusammen, was nirgendwo dichter zu finden war als auf der untersten Ebene des Bauens, der dörflichen Bauformen – mit gleichem Recht hat Steffann nach dem Krieg im Rheinland gebaut. Aber schon Bismarcks Heim-ins-Reich-Politik hatte den regionlen Zusammenhang zerschlagen, und Steffann berief sich auf diesen kulturellen Zusammenhang in einer Situation, die das genaue Gegenteil betraf, die Eroberung Lothringens durch deutsche Soldaten im verbrecherischsten Krieg der deutschen Geschichte. Diese Truppen zerstörten das Land, das sie heim ins Reich holen wollten, und Steffanns Aufgabe war, den Wiederaufbau des Eroberten und Zerstörten vorzubereiten. Daß er in diese Situation hineinging, das, was er retten wollte, im Zusammenhang seiner Zerstörung aus seinem Wesen heraus neu zu formulieren, das macht das Falsche seines Vorgehens aus. Nichts könnte aber auch deutlicher von außen die Unwahrheit des Vorhabens vorführen. Wenn die Rettung des Wesens erst zum Zuge kommt, wenn man das wirklich Vorhandene bereits zerstört hat, dann erweist sich das, was man über sein wirkliches Vorhandensein hinaus retten will, in der Tat als tot.

Steffann hat erst nach dem Krieg das Bauen und Wiederaufbauen mit den regionalen Kriterien der Armut und Einfachheit zu einer Umkehr- und Trauerarbeit gemacht. Die Kölner Franziskanerkirche z.B. hat genau jene Genauigkeit des Umgangs, jenes Wesentliche, das die Fibel programmierte. Die Trauerarbeit bekam jetzt ihren richtigen gesellschaftlichen Ort. Trotzdem war sie wiederum am falschen Platz, denn die Restaurationsgesellschaft wollte um das Verlorene nicht trauern. Sie wollte das Neue. *Rudolf Schwarz*, der den Bruch thematisierte, war der Mann der Stunde – bis die Gesellschaft auch vom Bruch nichts mehr hören, sondern eine voraussetzungslose Architektur gezeigt bekommen wollte, in der Trauer wie Verzicht nicht mehr vorkamen. Heute, wo wir auf Steffann wie Schwarz gleicherweise als auf Verlierer zurückblicken, gewinnt Steffanns Haltung wieder an Faszination, gerade weil an seinem Bauen das ganze Ausmaß von Vergeblichkeit zu erfahren ist, mit dem er zu tun hatte. Die Franziskanerkirche ist zum Nachschein von etwas geworden, was die Deutschen nicht verstanden hatten zu bewahren. Heute, wo man sich darüber keinen Illusionen hingeben kann, wird über diese Brechung das Gemeinte um so anrührender. Sehe zu, wer dem gegenüber gleichgültig bleiben kann. Die Trauerarbeit, die in aller konservativen Architektur steckte, auch schon bei Tessenow, hat hier ihre volle gesellschaftliche Wahrheit erhalten, im nachhinein, wo sie endgültig verloren hat und unmißverständlich dasteht als der vergebliche Versuch, etwas in seinem Wesen wiederzubauen, was so nie bestanden hat. Der Kontext, in dem Steffanns Versuch wahr werden konnte, ist erst heute da.

3

Wir müssen und können vom Regionalen heute anders reden. Die Bindung ans Wesen ist nicht mehr ausdrückbar. Wir können überhaupt nicht auf Regionales zugehen als Gegenstand. Die phänomenologische Einsicht, daß es die Lebensverhältnisse sind, die eine Sache wahr machen, reicht gerade hin, um vor den neuen Methoden regionaler Ausbeutung zu warnen, die aus den Häusern von Tessiner Bauern einen Katalog von Entwurfsfloskeln abstrahieren. Wenn es um die Lebensverhältnisse geht, dann beginnt jede neue Beschäftigung mit dem Abfragen der Grenzen und Gräben.
Das beginnt beim begrifflichen Instrumentarium. Die italienischen Versuche scheitern schon daran, daß sie regionale Formen und Typologie verwechseln. Die Typologie ist eine Methode, ein Verfahren, um den Lebenssinn von Häusern abzuklären. Dieses Verfahren ist nur dort sinnvoll, wo das Bauen und Wohnen einer Gesellschaftsbewegung unterworfen ist, die im Formbegriff mehr oder minder aufgeht. Der ideale Anwendungsbereich typologischer Betrachtungsweise sind nicht umsonst das Bürgerhaus und der Arbeiterwohnungsbau. Zur Typologie gehört die Klassenstruktur. Der Haustyp ist Klassenzuweisung, ist als Form gebaute Politik, mithin auch soziologisch faßbar als eine politische Reglementierung des Lebens unter einen rationalen Formenkanon.
Will man mit dem Werkzeug mehr greifen als das, dann muß man akzeptieren, daß man damit zu einem allgemeinen Begriff des Typos hinkommt, im Sinne gebauter gesellschaftlicher Symbolformen, wo Regelförmigkeit die Bedingung kultischer Richtigkeit oder politischer Legitimation ist. Es sind diese Formen, an denen sich die große Architektur der Vergangenheit abgearbeitet hat: Tempel, Grabkuppeln, Königshalle usw. Ihre Anverwandlung und schrittweise Entmythologisierung macht die Formengeschichte der Architektur aus. Typologisch greifbar werden diese Typen erst an dem Punkt, wo ihre kultische Bindekraft erschöpft ist – im Augenblick der bürgerlichen Revolution – und sich nur noch als kommunikatives Moment der Anschaulichkeit sekundär aus den Elementen des Entwerfens rekonstruieren läßt, wie das

z.B. klassisch Schinkel mit der Neuen Wache von 1818 getan hat, oder Labrouste mit der Bibilothèque Ste. Geneviève.
Das Regionale unterscheidet sich von beidem. Mit den großen Formen hat es nichts gemein, weil es nicht in den Bereich der Architektur fällt. Architektur ist das Errichten eben der gesellschaftlichen Formen. Haus und Stall des Bauern sind demgegenüber keine subversive Gegengeschichte, sondern beziehen sich sehr wohl auf diese großen Formen gesellschaftlichen Konsenses, aber gerade in der Weise, daß sie von sich weg auf die gebauten Typen als ihren synthetisierenden Zusammenhang verweisen. Umgekehrt erhalten in dieser Wechselbeziehung die Konsensbauten ihren Anteil an Regionalität, an ortsgebundenen Eigenheiten.
Eben deshalb unterscheidet sich erst recht das Regionale von den typologisch faßbaren Architekturen. Regionales Bauen ist klassenunspezifisch. Es kann nur da fortbestehen, wo der Konsens noch nicht gebrochen ist. Daß das ein Konsens der Unterwerfung unter traditionelle Herrschaft ist, ist demnach selbstverständlich. Die Typologie ist darum genauso ein Angriff aufs Regionale wie auf die sakralen Bautypen, denn beides bedingt sich. Nur wo die Herrschaft der Schlüsselformen unangefochten ist, funktioniert jenes Ineinander von Austausch mit diesen großen historischen Formen und in sich ruhender handwerklicher, in der Zirkularität des Alltags ruhender Weitergabe des Gleichen. Wo die Klassenverhältnisse beginnen, das Bauen zu bestimmen, geht das Regionale unter. Als Palladio als erster eine bürokratisierte typologische Entwurfsmethode erstellte, griff er folgerichtig auch beides an, die sakralen Bautypen wie die regionalen Einbindungen. Wenn Gutshaus und Wirtschaftsgebäude als abgeleitete Bauformen von außen, im Zusammenhang einer Neuordnung der Agrarverhältnisse, in die Landschaft gesetzt werden, dann schneidet das – ob terra ferma oder preußische Domänen – die regionalen Kontinuitäten ab.
Das Regionale ist bäurisch, unbeweglich, thematisiert den unverkäuflichen, jedenfalls nicht einfach umwälzbaren Boden, die Ressourcen der Umgegend, die generationenalte Knappheit oder Überfülle an Holz, Haustein und dergleichen. Es hat mit dem Ruhen des Gebauten auf der Erde zu tun, und damit dem Ruhen der Bauformen in der Landschaft, einer ebenso unbewußten wie ausdrücklichen Mimesis zwischen Land und Gebautem. Über die großen Formen, Kirche, Burg, Schloß schneien in diesen Wohnraum mehr oder minder häufig fremde, neue Formen ein, die den historischen Prozeß reflektieren. Einiges davon wird angenommen, einiges verworfen. Was angenommen wird, wird anverwandelt, vereinfacht, mitunter verabsolutiert und zu etwas seinerseits Neuem gemacht, was in den Kanon der Überlieferung eingeht und für die

nächste Generation schon das Uralte ist. Bestimmte Züge werden mit fassungsloser Leidenschaft aufgenommen. Zwiebeltürme oder bestimmte Giebelformen, Bemalungen, Torformen und Türornamente usw.
Die Instanz des Regionalen ist der einzelne Ort. Jedes Feststellen von Gebieten für bestimmte Vorlieben und Eigenheiten ist nur ein Notbehelf. Geht man den einzelnen Merkmalen nach, dann hat jedes irgendwo sein Zentrum. Die besondere Synthese aller Einflüsse und lokalen Gewohnheiten ist aber nur als Übung jeweils dieses einen Dorfes, dieser einen Stadt zu beschreiben. Das ist das genaue Gegenteil der preußischen staatlichen Bauverwaltung, die dann im 18. und 19. Jahrhundert überall die nach gleichen Prinzipien entworfenen Rathäuser, Zollhäuser, Wirtschaftsgebäude, Gefängnisse, Kasernen aufstellt, oder der unverkennbar gleichen Bahnhofsarchitekturen einer quer durch die Regionen ihren Schienenstrang bauenden Bahngesellschaft.
Erst recht ist der Regionalismus kein Schlüssel zum Arbeiterwohnungsbau. Die Fabriksiedlungen des Ruhrgebietes brachen noch viel fremder als Palladios Villen in ein traditionelles regionales Gefüge ein. Die Werkssiedlungen von Recklinghausen oder Dorsten haben mit der uralten regionalen Tradition des Vests Recklinghausen, die sich neben ihnen in gewissen Zügen bis heute wenigstens in Erinnerung gehalten hat, nichts zu tun. Man kann sie mit Siedlungen im ehemals bergischen Mühlheim oder märkischen Oberhausen vergleichen, aber nur in bezug auf typologische Differenzen, die mit regionalen Einflüssen weniger zu schaffen haben als mit einem internationalen Erfahrungskreislauf von Spezialisten des Werksiedlungsbaus.
Es gibt hier kein Ruhen in der Landschaft. Häuser wie Menschen sind flüchtig: Die Landschaft wird zur Halde, der Boden ist zugeschüttet und zugleich ausgehöhlt. Die Menschen leben, arbeiten, fahren tief unter wie hoch über der Erdoberfläche. Die industrielle Stadt hat die Substanz abgeschafft, aus der das Regionale herauswächst. Die Lebensverhältnisse werden zur Zweitwirklichkeit, die sich gegen die industriell produzierten Räume zusammenschließt.

4

Man kann darüber trauern. Man kann es inzwischen auch tröstlich finden, das sich in dieser Härte bewußt zu halten, nämlich dann, wenn der neue Pseudoregionalismus zuschlägt: die Restaurierung der Dörfer mit den Bausparverträgen der Städter, die den vorhandenen regionalspezifischen Bauten mit der Doppeldrohung zu Leibe rückten, sie merkmalsmäßig zu restaurieren und typologisch zu rekonstruieren, als gäbe es dafür nicht das Fertigteilfachwerk-

haus; oder die bewußtlose Perpetuierung von Fachwerk, Reeddach usw. unter absurden Bedingungen, so, wenn im Sauerland Dorf für Dorf die Fachwerkbauten mit Wärmedämmung umkleidet werden, die man in eine vor das alte Fachwerk geschraubte, original hölzerne Fachwerkattrappe hineinstopft, hinter der das alte Fachwerk endlich mangels gewohnter Belüftung verfaulen kann.
Was machen wir also mit der regionalen Vergangenheit? Solange wir nicht über Lebensverhältnisse verfügen, die auf einer höheren Ebene an den untergegangenen Regionalismus anzuknüpfen erlauben, kann es nur um Teilmomente und Versuche gehen. Wenn die Sache vergangen ist, dann bleibt davon heute zweierlei: ein Erbe an Materialgewohnheiten, ökologischen Anpassungen und Optimierungen, handwerklichen Technologien einerseits, und unsere Formwünsche andererseits. Wie das heute zusammenzubringen sein sollte, ist nicht absehbar, es gibt gegen dieses Zerfallensein kein Heilmittel und damit für eine buchstäbliche Wahrheit des Regionalen keine unmittelbare Aussicht.

Man kann diese Trennung gerade an den Bauten durchexerzieren, die einem am liebsten sind. Sowie man Erhaltungswünsche hinterfragt, treten die beiden Seiten auseinander. Warum ist uns etwas lieb? Nicht mehr, weil wir damit noch wirklich lebten und arbeiteten, z.b. in jenem ostfriesischen Bauernhaus am Großen Meer, in das ich als Intellektueller nur meine Schreibmaschine hereinbringen kann wie in jeden Raum sonst vom Fabriksaal bis zur Zelle. Der fränkische Sandstein ist, obwohl alle jene wunderschönen Scheunen und Bauernhäuser des Aischgrundes, des Steigerwalds usw. daraus gebaut sind, ökologisch durchaus fragwürdig. Das für die neuen Wohnbegriffe und Platzbedürfnisse einer vierköpfigen Familie umgebaute niedersächsische Bauernhaus schrumpft innen wie außen zum Eigenheim, von der langen dunklen Tenne, der Ferne der von oben hereinblickenden seitlichen Stuben bleibt nichts mehr übrig. Anders als der Berliner Miethausbestand aus beliebigen Jahrzehnten des vorigen Jahrhunderts, ist regionale Bausubstanz nicht umfunktionierbar, ohne genau das zu verlieren, was das Regionale ausmachte. Zurückbleiben in jedem Falle nur isolierte Bestandteile des Zusammenhangs. Nur der allergrößte Verzicht, erhaltendes Nichtbewohnen, könnte allenfalls das Verlorene als Verlorenes erfahrbar halten.
Wenn die eigenen Wünsche trotzdem nicht locker lassen, dann heißt es andere Wege zu finden, andere Ebenen, wesentlich freier mit der Erinnerung des Regionalen umzugehen. Wer heißt uns, mit unseren Wünschen die Dörfer, Weinberge, Waldtäler und Marschen heimzusuchen? Was treibt uns, Wünsche zu verwechseln mit dem Besitz einer Datscha? Wozu Wohnverhältnisse

verwechseln mit Sehwünschen? Wozu sind die Wünsche im historischen Prozeß abgespalten worden von der mehr oder minder ökologisch optimierten Bausubstanz? Wozu sind sie flügge?

5

Die mißlingende Aneignung ist die Konsequenz einer Fixierung an die konservative Rettungsgeschichte des Regionalen. Wer woanders hin will, muß sich erst einmal von dieser Geschichte freimachen und einen anderen Weg heraus aus dem Untergang des Regionalen suchen. Einer könnte der folgende sein: nach dem Regionalismus der Avantgarde zu fragen.
Neues Bauen, auch Funktionalismus genannt, und regionales Bauen scheinen einander auszuschließen. Auf der Ebene der historischen Diskussion der Auflösung von Regionalismen durch den transzendentalen Idealismus des modernen Entwerfens seit Durand ist das sicherlich wahr. Das Neue Bauen ist heute aber seinerseits vergangen und damit auf seine eigenen Voraussetzungen durchsichtig, als Ende dessen, was mit den präexistenten geometrischen Entwurfsprinzipien der Renaissance begann. Die Frage, ob es nicht die von ihm vernichteten regionalen Momente als aufgehobene an sich trage, gleichsam unkenntlich geworden in der Form von Charakterzügen, diese Frage ist an das Neue Bauen bislang meines Wissens nicht gestellt worden. Man hat ihm die unbewiesene Behauptung geglaubt, es sei wirklich so neu und voraussetzungslos, wie es sich gab.
Um das verständlich zu machen, weiche ich geographisch etwas aus. Daß das neue Bauen der zwanziger Jahre keineswegs überall in Widerspruch stand zu den konservativen Sehnsüchten und Strömungen der Zeit, hat sich inzwischen herausgestellt; in Italien konnten die Funktionalisten den Fascismus für sich reklamieren, und keineswegs nur aus taktischen Gründen und unter gröblicher Selbsttäuschung; es ging keineswegs einfach um die reine Form, sondern ebenso um eine in dieser Form ausgesprochene nationale Leidenschaft und allgemeiner um die Rückkehr zu regionaler Einfachheit, Prägnanz. Der Funktionalismus war hier die Voraussetzung allererst, die Einfachheit und Prägnanz ländlicher Baukörper überhaupt zu sehen. Von Terragni zu Aldo Rossi führt also nicht einfach nur die auf der Hand liegende formale klassizistische Linie, sondern auch ein Begründungszusammenhang, der avantgardistische Formvorstellung am einfachen volkstümlichen Bauen rechtfertigt.
In dieser Übersetzung tritt Regionales als solches natürlich nicht mehr auf, es wird im Prozeß der emotionalen Aufladung der reinen avantgardistischen

Form verbraucht. Die erzielte Einfachheit ist dann elitär und volkstümlich zugleich, gerade weil die Form nicht einfach folkloristisch kostümiert wird. Weder Terragnis noch Rossis Architektur spricht Dialekt. Die Knappheit, der Verzicht auf alles unnötige Ornament greift vielmehr viel weiter zurück, als jedes ornamentale Zitat das tun könnte, es redet von der geradezu prähistorischen Armut und Einfachheit des Lebens auf den Latifundien der Ebene oder in den Gebirgsdörfern. Dieser zugrunde liegende Regionalismus ist eine zweite Gesellschaft unter der herrschenden offiziellen. Beide Kulturen hatten sich seit tausend Jahren nicht mehr berührt. An Rossis Bauteil innerhalb der mit Aymonino erbauten Anlage am Rande von Gallaratese in Mailand kann man sich eine Reagrarisierung durchaus noch vorstellen, und die Zeichen des einfachen Lebens, volle Wäscheleinen, Hühner, Katzen und dergleichen, würden diese Architektur nie beeinträchtigen oder gar lächerlich machen, ganz im Gegenteil. Ganz tief innen ist diese Architektur Rossis mit einem uralten regionalen Weltbild solidarisch. Akademisch kalt und tot sind erst die nordischen Nachahmungen, die diesen geheimen Inhalt nicht begreifen und nicht mitbauen.

Was da versteckt ist, hat durchaus auch mit jener Wärme zu tun, die Bruno Taut so intensiv in der Architektur seiner Zeit vermißte. Dem Funktionalismus und seinen Berliner Polarisierungen von Heimat und Aufklärung, Reaktion und Fortschritt war das aber nicht verständlich zu machen. Bruno Taut mußte im Grunde moderner, funktionalistischer bauen, als er inhaltlich wollte, schon, um mit der konservativen Konkurrenzarchitektur nicht verwechselt zu werden. In Britz steht beides gegenüber, und Taut hat in den Siedlungsmemoiren seine Aufgabe angesichts dieser Konfrontation deutlich gemacht. Er wollte Heimat bauen – das Hufeisen sagte es jedem, der es sehen wollte. Die Formen der mütterlichen Bergung, die Einfachheit der Anlage, das redete vom verlorenen Heimatlichen, Regionalen, so wie schon vom Namen her in Reinickendorf der Schollenhof. Wie es gesellschaftlich keine Basis dafür gab, die Heimatwünsche für eine sozialistische Republik zu retten, sondern nur das abschneidende Entweder-Oder zweier Lager, das die Nazis zu ihren Gunsten ausbeuten konnten, so scheiterte Taut ästhetisch bei dem Versuch, das verlorene Regionale im Arbeiterwohnungsbau, der politisch sein Gegenteil und historisch sein Untergang war, versöhnend wieder zum Tragen zu bringen. Die Farbigkeit seiner Bauten muß daher, denke ich, als Nachtrag jener Wärme gesehen werden, um die es ihm ging, die er als Form aber nicht ausdrücken konnte. Wo die Form selbst das ausdrücken sollte, wurde es symbolisch und ging architektonisch daneben.

Der Wunsch nach Heimat ist eben zu schwach. In der Abstraktheit des Heimatwunsches schlägt die Abstraktion durch, die das Regionale ausschließt. Den Heimatwunsch kann man symbolisieren, auch wenn das dann zwangsläufig schief geht – das Regionale nie. Der Transfer, der das Verlorene doch auf der neuen gesellschaftlichen Ebene wieder sichtbar im Herzen bewegt, ist nur möglich, wenn real die Verständigung möglich ist und der Architekt sich auf die Gegenwart des Regionalen wenigstens in den Menschen beziehen kann. Das Regionale in Rossis Architektur und Gallaratese ist weder symbolisch noch konservative Phänomenologie wie bei Steffann. Der Kontext, in dem es schwimmt, ist antiregional schlechthin, die palladianische Tradition der Formenbürokratie. Aber Rossi kann sich auf die Ungleichzeitigkeiten der italienischen Gesellschaft stützen, in der das Regionale noch so weit vorhanden ist, daß von ihm intellektuell, ob als Film (Bertolucci, Pasolini), Roman (Carlo Levi), oder Architektur, in den fünfziger Jahren geredet werden konnte.

Das Regionale erscheint hier also intellektuell verallgemeinert, als Klage um den Verlust der Einfachheit, als Protest gegen Kulturindustrie, Amerikanisierung, die Belanglosigkeit und Äußerlichkeit der modernen Lebensverhältnisse. Sein Verlust ist dabei genauso Voraussetzung wie in der phänomenologischen Beschwörung. Es ist nicht mehr dieser besondere Ort, Einheit von Boden und Haus und Bewohnern, Spiegelung zwischen Lebensverhältnissen und bewohnter, bearbeiteter Landschaft. In den Dörfern des Tessin abgehoben, lösen sich die aufgezeichneten Formen, eben weil sie zu Formen auf dem Papier geworden sind, aus jedem konkreten Kontext und werden so städtisch wie die Kolonnaden Piacentinis in der Turiner Via Roma. Auf dieser Ebene, der trostlosen Orientierungslosigkeit z.B. des Vorstadtackers von Gallaratese, kann aber mit ihnen zu den Bewohnern noch vom Verlorenen geredet werden, in der Weise, daß sich zwei Abstraktionen zusammenfügen: die uralte Geschichtslosigkeit des italienischen Landproletariats, der Landarbeiter, Halbpächter und Kleinbauern, und die Abstraktionen der intellektuellen Trauer um das verlorene Leben der Formen.

Noch einen Schritt weiter, auf diesem Umweg, doch in größere geographische und soziale Nähe zu unseren mitteleuropäischen Verhältnissen: das Beispiel des dänischen Funktionalismus. *Arne Jacobsens* Rathaus in Rödovre von 1956 ist auf den ersten Blick, wie die gleichzeitigen Geschäftshäuser in der Kopenhagener Innenstadt (vor allem das SAS-Hochhaus am Hauptbahnhof), ein Beitrag zur Chicagoschule, ein Skelettbau mit fein detaillierten Vorhangfassaden. Diesem Bürocontainer ist irgendwelche traditionelle Körperlichkeit nicht nachzusagen, nichts stört die Abstraktheit der Form. Daß dieser langgestreckte liegende Baukörper keineswegs so voraussetzungslos ist, wie er sich

gibt, erhellt weder aus den Details noch aus der Konstruktion noch aus dem Gebäudekonzept, sondern aus einem in den fachlichen Kategorien nicht mitgesagten kulturellen Zusammenhang.
Wo also steckt das Nicht-Mitgesagte, die regionale Sprache, das Familienzeichen? Es steckt in einer gleichsam ethnischen Formvorstellung, die anhand der internationalen Containerform zur Darstellung gebracht wird. Diese Formvorstellung hat offensichtlich – sonst könnte sie nicht von einer so prononciert internationalen Architektur transportiert werden – auf alles bodengebunden Konkrete verzichtet: den dänischen Rohziegelbau, die leuchtenden Erdfarben des Anstrichs, die Allgegenwart von Holz. Von der Tradition eines formal vollendeten großstädtischen Massenwohnungsbaus in Fachwerk ist nur die kongeniale Umgangsweise mit der Chicagoer Detailraffinesse geblieben. Diese Feinheit der Profile, die Kleinteiligkeit der Fassadensegmente, die dadurch erreichte gebrochene Flächigkeit, in der die überwiegenden Glasflächen nicht zu einem gläsernen Gesamtkörper zusammenfließen, sondern additiv zur Geltung kommen, das alles ist dänische Bautradition. In der gesamten erhaltenen dänischen Hausbautradition sind die Glasfenster, die in den Fachwerkhäusern oft Fach für Fach ausfüllen, das bestimmende Element, und schon um 1600 schrieben Festlandreisende, die nach Seeland kamen, die Dänen wohnten in gläsernen Häusern.
Zur unterliegenden Formvorstellung trägt nun aber auch die Containerform selber bei, der langgestreckte dreigeschossige Bau. Sieht man sich an Ort und Stelle um, dann entdeckt man, über das seit 1969 dem Rathaus gegenüberliegende, ebenfalls von Jacobsen erbaute Bibliotheksgebäude hinweg, die Kongruenz mit vorhandenen Siedlungsstrukturen: eine ganze Reihe parallel zum Rathaus verlaufender Zeilenbauten aus den dreißiger Jahren, dreigeschossige Ziegelbauten und, ihnen neuerdings vorangestellt, die Übersetzung dieses Typs ins internationale Formenidiom, wo nun, mit Flachdach und der fensterlosen Betonscheibe der Schmalseiten, der Zusammenhang mit dem Rathaus zwingend wird. Wiederum steckt in dieser Tiefenerstreckung, der Reihung in die Tiefe, der Dominanz des Liegens, eine uralte dänische Tradition, die quer durch die gesamte dänische Architektur zu verfolgen ist. Zugrunde liegt das dänische Bauernhaus, das seinerseits relativ ungebrochen das germanische Langhaus fortsetzt. Daß eine nationale Leidenschaft in dieser Bauform liegt, zeigte die neoklassizistische Wohnungsarchitektur der zwanziger Jahre, *Kai Fiskers* endlose Reihungen, die den Spitznamen Kilometerstil einbrachten (wobei die Länge schon der Fünfgeschossigkeit wegen nötig war) einerseits, die eingeschossigen Häuser der Hügelhäusersiedlung von Bentsen und Henningsen (1922) in Kopenhagen-Bellahöj andererseits. Gebäude dieser Art wird

Nyboder, Kopenhagen, 1631

Kopenhagen, Bebauung im „Kilometerstil" in der Struenseegade

Rathaus Rödovre

Reihenhaus in Herfolge bei Köge, Seeland

man überall entdecken, ihre Vorgänger aus dem 16. Jahrhundert prägen noch heute dänische Kleinstädte. Landschaftsschlösser, Militärbauten, Ökonomiegebäude des 17. und 18. Jahrhunderts markieren diese Linie. Wie die dänische Gesellschaft die Ablösung von der Agrargesellschaft und ihren Bewußtseinsformen nie so radikal und endgültig vollzogen hat wie die deutsche, sondern im Rückbezug auf die Agrarbasis eigentlich bis heute ihr Konsensprinzip behalten hat, so sind diese ursprünglichen Formvorstellungen des Hauses auch im Verstaatlichungsprozeß des 17. Jahrhunderts und danach durch die holländischen, italienischen, französischen und deutschen Einflüsse, durch Planungsmethodik und Geometrie nie vernichtet, sondern nur überformt oder schlimmstenfalls beiseitegedrängt worden. Die Bauten des ersten und für alle Zeit danach entscheidenden Verstaatlichers, Christians IV., sind geradezu Prototypen eines solchen gebauten Konsenses: die langen eingeschossigen Wohnhäuser der Marinesiedlung Nyboder, der langgestreckte zweigeschossige Bau der Börse (1619 – 1624), das 156 m lange zweigeschossige Zeughaus von 1600, und selbst das ab 1606 nach eigenen Entwürfen sukzessiv aufgebaute Lustschloß Rosenholm, das mit seinen vier Geschossen ohne die seitlich angeschobenen Türme nichts als ein schmaler Langbau ist.

Hier hat also historisch eine Brechung des Regionalen stattgefunden, die nicht auf seine Vernichtung abzielte, sondern darauf, es auf einer neuen Ebene fortzusetzen. Zu einem Entweder-Oder ist es in der dänischen Architektur denn auch bis heute nicht gekommen, das Regionale selbst, statt das Uralte, Unablösbare, fest an den Lebensverhältnissen Haftende zu bleiben, wurde historisierbar, beweglich, vermittlungsfähig in solchem Maße, daß es, zur nationalen Tradition verallgemeinert, formbestimmende Macht bleiben konnte. Was im Rathaus von Rödovre natürlich vor allem naheliegt, ist die von Christian IV. herrührende staatliche Umprägung der Tradition zum öffentlichen Haus. Jacobsens Rathaus von Sölleröd, 1940 – 1942 gebaut, verwendete schon die gleiche Raumform des dreigeschossigen Langhauses, wenn auch gebrochen.

Daß der Rückbezug bewußt erfolgt sei, ist dabei weder zu fordern noch überhaupt zu erwarten: Bewußtes Aufgreifen setzt, verglichen mit einer im Formgefühl des Architekten unbemerkt sich durchsetzenden regionalen Tradition, im Grunde den Tod dessen voraus, was aufgegriffen wird.

Es ist genau diese selbstverständliche konstitutionelle Anwesenheit der Tradition, die das dänische Beispiel ausmacht. Weiter als bis zu Christian IV., also dem Zeitpunkt der Verstaatlichung, wird man von dieser Form der Anwesenheit nicht zurückgehen dürfen. Die wirkliche Archäologie, die uns belehren könnte, daß schon die alten Häuptlingsberatungen in dreischiffigen Langhäusern stattfand (das Rödovrer Rathaus hat zwei innere Stützenreihen), die man mittig von der Langseite her betrat, verfehlte die Ebene der Überlieferung; will man überhaupt typologisch denken, dann liegen die Landschlösser des 18. Jahrhunderts auf Seeland und Fünen viel näher. Warum es geht, ist der Schulfall eines Regionalismus, der immer schon verallgemeinert und mit seinem Gegenteil vermittelt ist und sich deshalb noch in der internationalistischen Formanstrengung ausdrückt, für eine die Sache zerreißende Spaltung zwischen Fortschritt und Reaktion nicht greifbar.

7

Die überraschende Lehre des dänischen Beispiels ist, daß noch der strengste Formalismus regional sein kann, wider eigenen Willen. Daß das möglich ist, ist bisher freilich nur für Dänemark angenommen, ein Land, wo der Bezug zum regionalen Mutterboden – Landwirtschaft – nie wirklich abgebrochen ist, wo auch politischer Fortschritt, in der von F.N.S. Grundtvig initiierten Bewegung der Landvolkshochschulen, sich agrarisch ausdrückte und dem später kommenden industriellen Sozialismus seinen Stempel aufprägte, während in Deutschland das agrarische Problem von der alles unter sich begrabenden Industrialisierung abgespalten und damit aus jeder gesellschaftlichen Vermittlungsarbeit herauskatapultiert wurde. Ist also eine Anwendbarkeit des dänischen Modells auf deutsche Verhältnisse überhaupt zu erwarten? Auf dieser Ebene der Einrechnung der politischen Grundlagen geht das sicherlich nicht. Wenn wir für das Verständnis der deutschen Verhältnisse aus dem dänischen, aber auch dem italienischen Beispiel etwas lernen wollen, müssen wir in der Arbeit des Beweglichmachens unseres Regionalismusbegriffs noch einen nächsten Schritt tun. Bisher habe ich die deutsche Situation als einheitlich unterstellt und damit den Begriff Regionalismus an gesamtdeutschen Begebenheiten orientiert. Vielleicht liegt schon hier eine Blindheit vor, auf die der italienische Weg einerseits, der dänische andererseits, aufmerksam machen können.
Daß Deutschland zwischen beiden Lösungen eine Mitte bildet, so wie es geographisch dazwischen liegt, muß nicht heißen, daß es in Deutschland wirklich zu einer Vermittlung zwischen Nord und Süd gekommen sei. Die deutsche Geschichte läßt eher das Gegenteil vermuten. Da gab es immer das Scheitern an den gestellten Vermittlungsaufgaben und das Bewältigen des Scheiterns über Abspaltungen. So trennten sich Teile des alten Reiches ab: Schweiz, Niederlande, Österreich. Die Deutschen spalteten sich in Katholiken und Protestanten. Längs der Mainlinie schieden sich Nord- und Süddeutschland wie

verschiedene, ungleichzeitige Kulturen. Heute haben wir die deutsche Teilung noch auf der ebenfalls gescheiterten Vermittlungsachse zwischen West und Ost. Wie sollte bei der Bestimmung des Regionalen ohne Spaltungen auszukommen sein?

Es scheint mir nach alldem, als sei jener Regionalismus, den ich im Hinblick auf Steffann beschrieben habe, nur ein Teil unseres Problems. Unser Begriff von Region ist eine positive Gegenidentifikation gegen unsere eigene Lebenssituation, die Stadt. Positiv deshalb, weil wir das, was wir heute Region nennen, früher Provinz geschimpft hätten. Diese positive Seite trauen wir andererseits keineswegs allem zu, was zur Zeit noch so ähnlich wie Landschaft aussieht. In der Landkarte der regionalen Sehnsüchte kommt Norddeutschland kaum vor. Der Regionalismus beginnt südlich des Mains. Daß das Ansatzpunkte in der Wirklichkeit hat, ist bereits angedeutet. Das eigentliche Problem dabei ist eine emotionale Geographie, die im Norden den Staat ansiedelt, im Süden die Heimat. Was wir als Regionalismus beschreiben, könnte sich also bei näherem Zusehen auf eine süddeutsche Teilsituation reduzieren, die nur in trauter Zusammenarbeit süd- und norddeutscher Vorurteile (Projektion, Selbsthaß, Trotz) zum Ganzen stilisiert wird. Seit Goethe und Hölderlin, Schelling und Hegel wandern die Begriffe nach Norden, die Sehnsüchte nach Süden.

Eine erste vorsichtige Folgerung wäre, daß die deutsche Situation nicht nur zwischen dem archaischen Regionalismus Italiens und dem aufgeklärten nationalen Regionalismus der nordischen Länder vermittelt, sondern auch zwischen diesen beiden Positionen, ohne deshalb ihnen in den abgespaltenen Hälften gleichzukommen, zerrissen, hin und hergerissen ist. An diesem Punkt freilich wird das Nachdenken tastend und provisorisch. Es wäre jetzt ja allererst der Unterschied des norddeutschen Regionalen zu bestimmen, also auch zu sagen, worin ein solcher Regionalismus mehr wäre als bloße Mangelsituation. Daß das Regionale in den süddeutschen Verhältnissen aufgehoben ist, das wissen wir ja bis zur Selbstquälerei: Dort ist Wärme, wächst der Wein, bauen die Menschen ihre Häuser aus dem Stein der Berge, unter einem Himmel, der Italien viel näher ist, das Dasein hat Platz für den Luxus der Anmut und des Prallen. Wirkliche Fülle ist im Norden nicht drin, dieses Zuviel des Überschwangs, das Barocke: Geradlinigkeit und Ernst regieren stattdessen. Nüchternheit noch dort, wo es behäbig wird, viel Inwendigkeit unter den riesigen düsteren Wolkenhimmeln und Stürmen.

Eine positive Aussagefähigkeit für die norddeutsche Situation ist seit dem Beginn der Neuzeit schon nicht mehr gegeben: Seit das Niederdeutsche als Hoch- und Schriftsprache ausschied, zugunsten des sächsischen Kanzleideutschs. Das hat zwar nicht die Bautradition, wohl aber das Bewußtsein von ihr gebrochen. Die Elemente eines norddeutschen Regionalismus müssen wir uns heute aus den Scherbenhaufen herauslesen. Als Ersatz für alles gilt seit je das niedersächsische Bauernhaus. Daß es zur Mutter aller Häuser, auch der Stadthäuser der norddeutschen Städte, geworden ist, steht außer Zweifel, aber bei dieser typologischen Nachweisung fällt die Hauptsache durch den Rost hindurch. Die Hauptsache ist, welches Verhältnis von Landschaft und sie bearbeitenden Bewohnern dieses für eine ganze Kultur stellvertretende Haus darstellt.

Das norddeutsche Haus ruht nicht in der Landschaft, nicht auf dem Boden. Da alle natürlichen Gesteine unter diluvianischem Geröll verschüttet sind, war hier kein Anlaß zu gewachsenen Verhältnissen und latenten Übergängen zwischen bodenständigem Stein und daraus gebautem Haus. Das Haus ist seinen Materialien nach Stück für Stück herbeigeschleppt und an ausgewählter Stelle willentlich erbaut. Das wissen die Bewohner. Es gab keine Täler, in denen man sich den natürlichen Platz zum Anbauen suchte. Die Ebene ist oft so flach, daß erst der Hausbau einen Anhaltspunkt schafft und damit den Ansatz von Raum, als Raum um das Haus. Erst das Pflanzen von Hecken und Bäumen, die Verdoppelung des Hauses durch Mauern, Katen, Scheunen schuf hier einen umschlossenen Raum, Raum zwischen etwas, statt der unendlichen Weite des Himmels und der Erde. Holz, Lehm und Stroh waren die Materialien, erst in der Neuzeit Backstein. Statt im Gefüge der Landschaft zu ruhen, müssen diese Häuser sich gegen den Wind behaupten, sie sind deshalb breit, schwer, wie festgepflockt. Die Grundform ist der Solitär: das allseitig freistehende Allhaus. Das drückt die Raumfunktion aus (in Süd- und Mitteldeutschland, wo die Gebirge den Raum vorgeben, wiederholen die Häuser die Vorgabe in der fränkischen Hofform). Die Häuser sind erst die eigentlichen Taktgeber und müssen die Landschaft zur Reaktion zwingen. Die Ordnung der Ebene ist eine Ordnung der Wege von Haus zu Haus, so wie das heute in Westfalen noch zu erlaufen ist. Heimatlichkeit entsteht aus der Ausbreitung des Hauses, aus dem Häuslichwerden der Landschaft, nicht, wie im Süden, aus der Landschaftlichkeit des Hauses.

Eine Traditionslinie wie in Dänemark ist in Norddeutschland, der anderen Verhältnisse wegen, nicht zu erwarten. Trotzdem hat sich eine verwandte Hausvorstellung durch alle historischen Umwälzungen in den Bauvorstellungen erhalten und wäre, wenngleich auf einer noch luftigeren Ebene der Vermittlung des Regionalen als im dänischen Modell, an zahllosen Einzelbauten nachzuweisen, in regionalen Einzeltraditionen Mecklenburgs, Holsteins, Frieslands, der Ostseeküste usw. Das kann hier nicht die Absicht sein. Es soll

Speicher in Norden/Ostfriesland, 1808

Siemensstadt, Otto Bartning

Alte Schule in Wismar, 15. Jahrhundert

hier nur nahegelegt werden, daß das Formproblem des Neuen Bauens sich recht anders ausnimmt, wenn man es nicht als Widerspruch gegen regionales Bauen am gleichen Ort betrachtet, sondern auf dem Hintergrund eines gescheiterten, aber latent in den Bauvorstellungen vorhandenen norddeutschen Regionalismus.

Wo der süddeutsche Regionalismus unabhängig von den verschiedenen Haustypen einzelner Regionen, das Haus in Kontinuität und Kooperation mit der Landschaft baut, ist das Thema des norddeutschen Hauses auf der allgemeinsten Vorstellungsebene die Autonomie gegenüber der Ebene. Dieses Haus, das einerseits nicht im niedersächsischen Typ aufgeht, nicht einmal in deutschen Haustypen, sondern vom friesischen Krüselwark bis zum wendischen Blockhaus reicht und sich in zahlreichen Regionen spezifisch nach Landschafts- und Klimabedingungen wie nach Eigentums- und Erbfolgeverhältnissen ausgebildet hat von der Urerfahrung aus, sich das Haften am Boden, Windschutz, Kleinräumlichkeit, Binnenraum, alles das, was in Gebirgsgegenden dem Bewohner bereits fertig vorliegt, selber schaffen zu müssen. Nur auf diesem Traditionsboden war die Autonomie der Form mit der Schärfe zu denken, wie das J.J.P. Oud und Mies van der Rohe getan haben. Nur hier, weil hier beides zusammenkam, eine uralte Autonomieerfahrung, der das Haus das erste ist und nicht die Antwort auf Vorhandenes, und zugleich die Brechung der regionalien Kontinuität durch ein äußerstes Maß an Verstaatlichung der Bautradition, an Verselbständigung gegenüber dem traditionellen Haften am Boden.

So gesehen, hat der Autonomieanspruch des norddeutschen Hauses den Untergang des Regionalismus norddeutscher Prägung geradezu programmiert. Noch die barocken Haustypen der diversen Staatsarchitekturen gingen mit der alten Hausmasse um, produzierten die Sekundärgebirge des neuzeitlichen Speicherdaches, dank dessen bzw. der zugrunde liegenden Erfindung des Dachstuhls jene Voluminosität allererst entstand, die wir heute leichtfertig mit dem Bild des niedersächsischen Hauses assoziieren. Tatsächlich ist dieses Volumen bereits ein Untergangszeichen: einerseits ökonomische Expansion aufgrund verbesserter landwirtschaftlicher Methoden, andererseits Aufnahme städtischer Massigkeit und Formenfülle. Daß sich *Schlaun*, der so viele Adelssitze entworfen oder modernisiert hatte, ein Landhaus gerade in dieser Form des modernen voluminösen Bauernhauses baute, ist keine Kuriosität, sondern die authentischste Aussage über die Dialektik des Regionalismus, die ich im gesamten norddeutschen Raum zu nennen wüßte.

Woher andererseits wäre die Leidenschaft verständlich, mit der Schinkel das voluminöse, quasi gebirgige barocke Dach verfolgte und aus dem Bild der Architektur für ein Jahrhundert verbannte, wenn nicht damit etwas auszudrücken gewesen wäre von der alten Bedingungslosigkeit und Absolutheit des norddeutschen Bauideals? Schinkels Kreuzzug gegen das gewalmte Dach verbannte mit dem Barock gleichsam auch den eingedrungenen Süden aus dem Baugesicht des Nordens. Nur so ist verständlich, wie seine Parole befolgt oder gar, wie in Dänemark, vorweggenommen wurde. Wenn man heute die nordischen Städte besichtigt, so gab es nur zwei genuine Zeiten: die Gotik und den Klassizismus. Nur das traf den Nerv. Im Klassizismus gingen der Unabhängigkeitscharakter des norddeutschen Bauernhauses und die abstrakte intellektuelle Leidenschaft der Verstaatlichung (der preußische Staat als vorhandenes Absolutes allem voran) zusammen, um eine sekundäre Tradition von einzigartiger Konsistenz und Heftigkeit der Durchsetzung zu bilden.

Aus dieser Tradition, besser gesagt: aus dieser komplizierten Geschichte von Bruch und Kontinuität, kommt das Neue Bauen, besonders in seinen dogmatischen Formen, zugespitzt im Werk Mies van der Rohes. Daß Mies über Peter Behrens seine Bauvorstellungen an Schinkel ausbildete, wundert einen dann keinen Augenblick. Es wundert einen ebenso wenig, wie Mies, nachdem er das Prinzip ortsungebundener Hochhäuser durchgespielt hatte, sich mit den Zeilenbauten der Afrikanischen Straße in Berlin-Wedding ganz im mainstream der Berliner Siedlungsarchitektur ausdrücken konnte. Es ist dann schließlich auch nur logisch, daß Eiermann, eben der Architekt, der in der zweiten Bauhausgeneration allein die Formleidenschaft von Mies aufzubringen vermochte, in seinen Bautypen als einziger ähnliche radikale, divergierende und zugleich deutlich identifizierbare Wege ging: einerseits entlang des Typs des archaischen Langhauses, andererseits hin zu einer absoluten punktuellen Form. Beides ist nordeuropäisch regionale Tradition – auf der äußersten möglichen Ebene ihrer Abstraktion.

8

Vom Handgreiflichen süddeutscher Regionalismen sind wir damit weit entfernt, und schon Schmitthenner hat es ja immer gewußt, besonders 1933, daß die Norddeutschen es nie begreifen werden, was Wein und Gesang des Südens sind. Im Namen des süddeutschen Regionalismus konnte der Nationalsozialismus mit Schmitthenners und anderer Kriegsgewinnler Unterstützung, leicht die Abstraktionsarchitektur des Neuen Bauens aufrollen. Daß Tessenow dabei nicht mitspielte, ist ein aufschlußreiches Detail: Tessenow war selber viel zu sehr Norddeutscher, um solchen Parolen zu folgen. Formal scheint er Schmitthenner nahe; auf die regionale Formleidenschaft gesehen, war er Mies unvergleichlich näher, und das ist allen seinen Bauten anzusehen. Ebenso weit weg sind wir von der ökologischen Begründung der Hausformen. Das ist hier nicht zu rechtfertigen: Hier ist von Darstellungswünschen die Rede, nicht von ökologischen Notwendigkeiten. Die ökologischen Notwendigkeiten sind zwar ihrerseits auf ihren Spielraum abzufragen – inwieweit veränderte Produktionsbedingungen ein traditionelles Gefüge von Bauform und klimatischen und Arbeitsbedingungen neu zu formulieren zwingen –, aber jeweils geht es dabei eben um Zwingendes, darum, wie man Kälte, Nässe, Wind (und heute mehr noch künstlicher Aufhitzung, Luftstillstand, Smog) begegnet. Daß hier die Härte der Notwendigkeit in einer in den bislang gehabten Wohlstandszeiten unbedachter Verschwendung von Ressourcen in ganz neuer Weise auf uns zukommen wird, haben die meisten noch gar nicht begriffen. Seine eigentliche Gewalt entfaltet das Regionale zur Zeit noch nicht auf diesem Feld ökologischer Notwendigkeit, sondern auf der anderen Seite eines gespaltenen Fortlebens: im Hunger nach traditionellen Zeichen.

Die Wunschebene ist die politisch zur Zeit daher eigentlich brisante Ebene. Mit diesen Wünschen muß ja umgegangen werden, sie dürfen nicht noch einmal der Reaktion überlassen bleiben. Politisch betrifft das das Projekt der Grünen, den wertkonservativen Anteil der CDU/CSU-Wählerschaft aus der Einzementierung im politischen Konservativismus – in der rechten Technokratie – herauszuberechen. Daß das kurzfristig und parteipolitisch möglich sein sollte, halte ich für ausgeschlossen. Die Notwendigkeit einer solchen Politik ist aber, angesichts steigender atomarer Kriegsgefahr und sich zuspitzender ökonomischer Krise, überhaupt nicht zu leugnen – sie braucht bloß unglaublich viel Zeit und wirklich die Ebene, auf der allein etwas zu machen ist, die der konkreten Lebensverhältnisse. Hier ist der politische Ort dafür, von der flüchtigen, der Wunschseite her, am Regionalismusproblem mit den Mitteln des Planens und Bauens zu arbeiten.
Weiterzukommen ist hier nur über konkrete Angebote. Die Heimatwünsche müssen auf eine Weise gebaut werden, daß sie nicht nach der falschen Seite losgehen. Was diese falsche Seite ausmacht, das sehen wir landauf, landab. Der Wunsch nach Heimat wird beliefert, bis zum Überdruß, aber mit gefälschten Zeichen. Die Menschen sind durch wachsende Arbeitslosigkeit und Krisen im ökologischen und politischen Gefüge gründlich verunsichert, mit den alten Gespenstern der Massenarbeitslosigkeit, der Entwertung des Erworbenen alleingelassen, stürzen sich dabei auf alles, was alt und traditionell zu sein verspricht, um kulturell wenigstens die Zukunftsangst zu tarieren. Dabei lassen

sie sich jämmerlich betrügen durch bloße Verkleidungen, Umhüllungen dessen, was sie nicht mehr wollen, mit Holz, Backstein, Grün etc. An diesem Punkt wie einst der Werkbund Geschmackserziehung treiben zu wollen, wäre von vornherein daneben. Übers Miesmachen läuft sowieso nichts. Das authentische Regionale, so wie es einst Steffann und andere wiederherstellen wollten, noch einmal den Menschen anzubieten, dazu ist es historisch vollauf zu spät. Dieser Versuch ist damals ein für allemal fehlgeschlagen, zum letzten Zeitpunkt, wo er ehrlicherweise und ohne Hintergedanken noch unternommen werden konnte. Damals haben sich die Deutschen für eine klare Linie der gelogenen Restauration entschieden. Soweit sie nicht gleich ganz auf den Internationalismus umschwenkten, haben sie ihre alten zerstörten Gebäude, zumal in Süddeutschland, auf eine Art und Weise gebaut, daß darin ein weiteres Mal, nach dem Nationalsozialismus die regionale Attrappe nur die in der Gesamtorganisation der Gebäude vollzogene Rationalisierung verkleidete. Die moderne Disneylandebene, die gar nicht mehr so tut, als ginge es um alte Baukörper, sondern offen mit Versatzstücken arbeitet, ist demgegenüber ein politischer Fortschritt. Wir haben es mit Allerweltshäusern zu tun, die mit beliebigen regionalen Versatzstücken besetzt werden, Mansarddächer auf Schüttbeton, Reeddächer im Schwarzwald, alpine Dachtraufen und Holzgalerien im Ruhrgebiet usw., auf dem Stadthaussektor inzwischen nicht anders als beim Einfamilienhaus. Das ist der Durchschnitt. Oberhalb dessen haben wir längst auch Gefährlicheres: den typologischen Transfer quer durch Europa, italienische Piazzen in Norddeutschland, neobarocke Plätze und neoklassizistische Häuserfronten. Wir haben massenhaftes historisch regionalistisches trompe l'oeil, Port Grimaud in Südfrankreich und die Nachahmungen quer durch unsere Vorstädte, ob in Nürnberg-Langwasser oder Neuisenburg. Wir haben Brancas gigantische Fälschungen in Würzburg und München, wie überhaupt in Bayern (und insbesondere in der Münchener Innenstadt) den Versuch, die Zeitgrenze zwischen historischer und gegenwärtiger Bausubstanz aufzuheben und zu einem posthistorischen Stadtbilddesign zu kommen, in dem historische Orientierungen nicht mehr möglich sind; wo die vorindustriellen Bauformen, Fin de siècle, Jugendstil, Neoklassizismus, Nazi-Architektur, Nachkriegsrestauration und modernes Posthistoire einen undifferenzierten getünchten Brei ergeben, in dem die historischen Katastrophen, Brüche, Zerstörungen nicht mehr vorkommen; wo man *German Bestelmeyer* 1983 weiterbaut, als schrieben wir 1923, aber - *Döllgasts* klassische Trauerarbeit am Zerstörten an der Alten Pinakothek nicht mehr erträgt, weil sie allein noch aus dem Konsens ausschert, daß es Geschichte und Vernichtung nicht gegeben habe.

Das ist die Gewalt der gefälschten Wünsche, mit der wir zu tun haben. Ob Stadt oder Land, das Regionale ist hier zum Tourismus geworden, zum Schaubild. Die schwierige Aufgabe ist es, demgegenüber praktisch vom Regionalen zu reden unter Offenhaltung des historischen Prozesses, also im Bauen vom Untergang des Regionalen ebenso zu reden wie von den unerledigten Wünschen, von der wirklichen Genauigkeit, in der Zeitpunkt und Ort ebenso wenig beliebig sind wie die Arbeits- und Wohnverhältnisse. Dazu war der Umweg über die Präsenz des Regionalen gerade in der funktionalistischen Tradition da, in seinem scheinbaren historischen Gegenteil. Wenn man hier zu praktischen Fortschritten kommen will, muß man, meine ich, eben von dieser Gegenseite her, von der allergrößten Übersetzungsmöglichkeit her, das Wunschpaket anpacken. Dann, wenn man das tut, braucht man allerdings erneut jene Genauigkeit der Empfindung, der Sehnsucht und des Auges, die auf verlorenem, ja, falschem und zu Recht gescheitertem historischem Standpunkt einst Leute wie Steffann und Döllgast vorgemacht haben.

9

Wie das praktisch werden kann, das läßt sich nur an einem genauen Ort entwickeln. Der Ubiquität der regionalistischen Floskeln und typoligischen Muster läßt sich nicht mit einer vergleichbar ubiquitären Einsicht begegnen. Auf der Ebene des Transfers von Mitgebrachtem spielt sich gar nichts ab. Es muß Zeit dazwischengeschoben werden. Geschichte, Lebenszeit. Erkennen kann man die regionalen Wunschformen auch als Reisender oder Zugereister. Sie sich anzueignen, dazu braucht es lange Beschäftigung damit, ein Hineinwachsen, ein jahrelanges, immer tiefer greifendes Sichverwurzeln. Auch dann, wenn man am Ort aufgewachsen ist, braucht es diese Zeit. Was selbstverständlich – und damit unerkannt – in den mitgebrachten Vorstellungen von Haus und Stadt steckt, muß als anders, besonderes allererst bewußt werden. Es gehört immer neue jahrelange Aufmerksamkeit dazu, dieses in den eigenen Vorstellungen wie im gewohnten Gebauten liegende Besondere, Regionale als solches, durch die Kongruenz von beidem hindurch, wahrzunehmen, genau so, wie es diese Zeit zur Erkenntnis der eigenen Charakterzüge braucht. Die im Traditionsbestand an Gebautem wie in den eigenen Vorstellungen mitgesagte unbewußte Form des Hauses wird überhaupt erst plastisch, wo man die eigenen Sehnsüchte, Kindheitserfahrungen, unbewußt zugrunde liegende Formwünsche an sich heranläßt, an den erlernten, erarbeiteten Kriterienkatalog, an den stolz beherrschten Formalismus, an diese unglückliche aufgeklärte ästhetische Intelligenz, die sich entlang der Erfahrung des Nationalsozialismus durch ihr Unvermischtheit mit allen regionalen Bindungen auszeichnet. Man muß sich erneut verwickeln lassen mit dem Heimatproblem, der Politik der Wünsche für die eigene Straßenecke, den Baum vor der Tür, in das Ernstnehmen der eigenen kindlichen Wünsche nach Blumen, Schnittlauch und Erde zwischen den Bundesstraßen, Ampeln und Hochhäusern.

Da muß jeder von seinem Ort reden. Mein Ort ist die Großstadt in der norddeutschen Tiefebene, zugleich eine historisch so tief geprägte Stadt – Berlin –, daß Regionales da nur als Pointe des historischen Prozesses, in der Linie der funktionalen Architektur, ausdenkbar ist. Mehr Ferne, mehr Verallgemeinerung ist vermutlich nicht zusammenzubringen an einem Punkt. Gerade da fängt für mich das Wünschen an.

Das Wünschen richtet sich auf Wiedererkennbarkeit der eigenen Situation im Gebauten. Lange Zeit habe ich geglaubt, es handele sich dabei um eine ausschließlich historische Situation. Wie zu erwarten, entdecke ich, je älter ich werde, die geographischen Komponenten dieser Situation und damit das komplizierte Ineinander von Landschaft und Geschichte. Berlin ist, gerade seit es Millionenstadt wurde und durch die Kriegs- und Nachkriegszerstörungen hindurch, immer stärker durch seinen Landschaftsbezug beunruhigt worden; immer wieder bricht, durch technokratische Mißverständnisse und eine maßlose stadtplanerische Unfähigkeit hindurch, das diluvianische Fließen aus, baut Stadttäler, Abbruchkanten und zurückbleibende Findlinge auf. Bis in die Bauten hinein bilden sich aus Schutt und Mißglücktem immer wieder unter den Maschinen der Abreißer und Neuklotzer punktuelle Kistallisationen und lineare Entwicklungen aus, auf die keiner gefaßt war, am wenigsten die technokratischen Verursacher, die das Gegenteil bezweckten, ganz unabhängig davon, was dieses Gegenteil jeweils war, reinliches Zubauen oder blindwütiges Leerräumen.

Die Auseinandersetzung mit der Bautradition des Ortes führt, gerade weil so ungeheure historische Distanzen da hineinbrachen, zu Heimat- und Umlandbeziehungen: Berlin und die Mark Brandenburg. Auch hier gibt es keinen Rückgriff auf genuine regionale Bautypen, sondern ein jeweiliges lokales Anwesendsein eines zutiefst durch Verstaatlichung geprägten Bauprozesses. Die fernste zu erreichende Voraussetzung ist, daß im Dreißigjährigen Krieg die Mark die Hälfte ihrer Bewohner verlor, und daß dieser Verlust nicht nur durch Zuwanderung von Holländern, Nord- und Südfranzosen, Böhmen, Rheinländern und Bayern beantwortet wurde, sondern auch durch eine langwierige staatliche Reorganisation der gesamten, im Krieg zusammengebrochenen Bautradition. Das, was entstand, ist von großer Konsistenz gewesen, die Berliner Bauschule des 19. Jahrhunderts war bloß ein Teil davon. Die Formierungsetappen dieser Breitentradition sind ohne den Erfahrungshorizont der Mark nicht zu denken, auch wenn sie jeweils in Einzelleistungen zu großer Architektur wurden (diese Etappen im wesentlichen sind das Werk Gerlachs, Knobelsdorffs und Schinkels). Die preußische Staatsarchitektur war deshalb so lange imstande, Loyalität zu binden, weil das Märkische in ihr als Regionaltradition aufgehoben war. Erst der Wilhelminismus (stellvertretend dafür die Ersetzung des Boumannschen durch den Raschdorfschen Dom) zerschlug diese Tradition. Im selben historischen Augenblick begann, die aufgegebene Stelle neu besetzend, die Geschichte des Neuen Bauens, der absoluten (fälschlich „funktionalen") Architektur.

Diese Tradition hängt auch am Berliner Stadtgebiet, steht darin teils gar noch aufrecht, in Form von alten Seitenflügeln, Straßenbildern oder des Knobelsdorffbaus in Charlottenburg. Radikaler als je muß sich das Bauen heute in Berlin wieder auf Landschaftlichkeit, auf Vorhandenes beziehen, so wie es hineinzugehen hat in die Sekundärebene historischer Zerstörung. Der Formalismus ist tot: der der zwanziger Jahre als historisch gewordenes Schlußkapitel sowieso, der neue, konservative wurde gleich tot geboren; das Regionale als Wunschform des Ortes will weiter gebaut werden.

Wie? Das läßt sich nicht als Ideal entwickeln, nicht aus vorausentwickelten Typologien ableiten. Es wird für dieses regionale Wiedererkennungsmoment auch in Zukunft keine typologischen Baukästen und keine modularen Verfahrensregelungen geben. Das Regionale kommt in Sicht, wo Bauten und Landschaft Spiegelverhältnisse eingehen. Das muß viel freier, viel beweglicher, viel ruppiger sein, als alle geometrischen Raumordnungen anbieten können. Da will auf Stadtkanten, Fließräume, auf ungeheure Zumutungen an Weite und weitgreifenden Zusammenhang reagiert werden. Dazu braucht es Bauten, die eben diese Weite, dieses Fließen, dieses unruhige nimmersatte Dehnen ebenso in sich haben wie die lineare, im Kleinen genaue, Grenzen, Trennlinien herstellende Überlieferung. In diese Dialektik von Geographie und Eigentumsformen, von Ort und Geschichte, hat das Regionale sich als in seinen letzten Zufluchtsort geflüchtet.

Quelle: ARCH+ 72 (1983)

Typologie und Populismus. Versuch einer Übersicht

Eines Tages, nachdem ich mich Jahr und Tag mit den Kreuzberger Häusern im Sanierungsgebiet der Luisenstadt oder SO 36 beschäftigt und herausgefunden hatte, daß die Sanierung im Grunde ihr Ziel verfehlte, weil sie, in Verlängerung der zwanziger Jahre und unter dem Druck des Abrißsanierungsprogramms, in reinem Mietwohnraum dachte und den aus einer völlig anderen Welt herkommenden Charakter der Häuser übersah, also das, was mit dem Oberbegriff Kreuzberger Mischung gemeint ist, da wurde mir unvermittelt klar, daß das, was ich da betrieb, im neuarchitektonischen Sprachgebrauch eine Typologie war. Warum so spät? Auch das mitzuteilen kann klarmachen helfen, worum es in diesem Aufsatz gehen soll: Ich hatte das ganze Reden von Typos und Typologie auf die Architektur Aldo Rossis oder der Kriers bezogen und damit, weil ich es für eine Tautologie hielt, auf sich beruhen lassen. Inzwischen ist mir klar, wie wenig beides miteinander zu tun hat, und daß doch eines beidem gemeinsam ist: die von Verlust und Trauer gekennzeichnete Beziehung auf die Vergangenheit. Was ich hier darstellen möchte, ist der Weg, auf dem mir diese Gemeinsamkeit klargeworden ist: anhand der Auseinandersetzung mit der in den Nationalsozialismus verwickelten deutschen Tradition eben jener Sache, die auch bei uns neuerdings (wieder) Typologie heißt. In dem, was unter diesem Titel nebeneinandersteht: einerseits die Analyse der alltäglichen Bausubstanz der historischen Stadt, Haus-, Hof-, Parzellen-, Quartiers- usw. -formen, eine Archäologie des Bestehenden, die Geschichte in Grundrißformen formuliert, andererseits das Entwerfen palladianischer Würfel, eine Wiederfindung der Vergangenheit in Form gereinigter Erinnerungsformen innerhalb trostlos zerrissener Städte – in diesem doppelten Überleben des Vergangenen steckt die ganze Geschichte des Zerreißens der Architektur zwischen beschworenem Erscheinungstyp und funktionalistischer Typisierung in der ersten Hälfte dieses Jahrhunderts, und wenn auch nur ein winziges Stück Zukunft auch noch drinstecken sollte, dann sicher nur um den Preis, die Vorgeschichte sich wieder zuzumuten. Sonst genügte es, direkt in demokratischere Traditionen der typologischen Aufmerksamkeit, englische, holländische, dänische, umzusteigen.

1 Gestalt und Typenprodukt

Ich beginne bei der Gebrauchsgeschichte. Es ist ausgesprochen auffällig, daß der ganze Sprachkomplex erst aus dem Italienischen übersetzt werden mußte, also entsprechend jung ist, das Material allerdings eine verdächtige, langeingeübte Vertrautheit besitzt. Ohne die Übersetzung war offensichtlich das Material nicht zugänglich, sondern im Stande der Verdrängung: Es war da, wurde aber nicht gesehen, benutzt, aber nicht benannt, und es bedurfte der inzwischen fremd klingenden, aus dem Italienischen übersetzten Paßwörter, um dieses Material neu aufzuschließen und uns, unter der internationalen Flagge der Postmoderne-Diskussion und ihrer Marktstrategien, wieder zur Verfügung zu stellen.

Aber neu ist dann natürlich weder das Material noch in Wahrheit auch der Name. Es genügt, am Typologiebegriff etwas zu rütteln, so daß er in vertraute Bestandteile auseinanderfällt: Gestalt und Typisierung, und schon finden wir uns auf einem vertrauten Schlachtfeld wieder. Der klassische Einsatzpunkt ist die Werkbund-Diskussion vor 1914: Gestaltung gegen Typisierung, handwerklich-künstlerischer Gegenstand gegen Design eines industriellen Massenprodukts. Die Diskussion war neu, weil erst die Industrien entstehen mußten, die zur Massenproduktion von Gebrauchsgütern imstande waren. In den zwanziger Jahren kam auch das Wohnhaus dazu, allerdings mehr als Ideologie denn als Tatsache. Die Typisierung der baulichen Elemente der Wohnung und des Hauses kam kaum zustande und wurde in der Regel durch eine Ästhetik der Typisierung ersetzt, also durch gebaute Ideologie vom Typ Wohnmaschine (so wie ja auch das damit verbundene Pflichtprogramm der Rationalisierung, wie Ludovica Scarpa an einem Schulfall, der Hufeisensiedlung, nachwies, nicht erfüllt, sondern nur gemimt wurde). Die Gegenseite fiel darauf auch nicht herein, sondern denunzierte das Neue Bauen als Fellachenarchitektur, also unter ihrem, dem Gestaltungsgesichtspunkt. Die Gestaltfraktion ihrerseits war natürlich genauso industriell, wie die Typisierungsfraktion vorindustriell war: Auch sie inszenierte – Julius Posener zeigte das an Tessenow – im wesentlichen die Handwerklichkeit, mit der sie bauen wollte, nur als Bild und verkaufte dieses, ohne am staatlichen Förderungswesen oder der Baustelleneinrichtung Anstoß zu nehmen, den Massenproduzenten von Wohnraum.

Das beweist, daß der Widerspruch unvergleichlich viel älter war als das bescheidene Maß technischer Entzweiung, was damals vorlag. Es war eine gefälschte Diskussion. Viel entscheidender als Handwerk oder Technik war die politische Position, die auf diese Weise ausgedrückt wurde. Zeichen dafür, daß der Ideologiekonflikt zumindest in Deutschland längst in eine katastrophale, mitten in die Vorbereitung des Nationalsozialismus verwickelte Zerstörung der öffentlichen Sprache und Verständigungsbereitschaft hineingeraten war, ohne Ausweg. Gestalt, an dieser Forderung war soviel Verlogenheit und Demagogie wie blindes Recht. Die Gestaltfraktion – Tessenow, Schmitthenner, Schultze-Naumburg – meinte nur die vergangene Gestalt, die gesellschaftlich tote, vom Fortschritt überholte. Sie leistete Trauerarbeit, aber mit einem Ressentiment und einer Blindheit, daß sie dem Nationalsozialismus nicht nur zuarbeitete, sondern (Tessenow ist eine biographische, keine politische Ausnahme) ihm auch in die Arme fiel. Diese Übermacht des Vergangenen unter den Bedingungen eines gescheiterten Nationalismus machte sie deshalb weniger aggressiv gegen alles Industrielle, als vielmehr gegen das lockere und nur von seiten der Architekten überhaupt wahrgenommene Bündnis zwischen linkem Engagement für den Massenwohnungsbau und Industrialisierung. Erst recht übersahen sie bereitwillig, daß in den Reihen ihrer Gegner durchaus die relevantere Grenze zwischen Gestalt und Typisierung lief, aber ohne die handwerklichen und volkstümelnden Scheuklappen: Wo wäre in den zwanziger Jahren inniger – blinder, was die Fußangeln der Moderne angeht – an der Gestalt gebaut worden als in der Architektur einerseits Härings, andererseits Bruno Tauts? Anders gesagt, die Konservativen taten ihr Bestes, um das, was an ihrem Projekt richtig war, ein für allemal unbrauchbar zu machen.

Wenn das so ist, dann kann man von da aus nicht einfach zu den reinen Begriffen von Gestalt und Typisierung, etwa am Beginn des 19. Jahrhunderts, zurückgehen. Eher ist, hier bei uns unter Deutschen wenigstens, zu fragen, wo denn die Verdrehung begann: wo das Beharren auf der Gestalt anfing, jene Schiefheit und Verlogenheit anzunehmen, die schließlich Gestalt, Heimat, Handwerk mit Antisemitismus, kleinbürgerlichem Ressentiment und kulturellem Denunziantentum zu einem unauflöslichen Brei verklebten. Erst von da aus darf man im Auge behalten, daß es Goethe war, der in seinem Theorem von der Metamorphose der Pflanze oder in Polemik seiner Farbenlehre gegen Newton den Gestaltbegriff gegen das zerlegende Vorgehen der Naturwissenschaft setzte oder, ein Jahrhundert früher, Leibniz, der einen qualitativen Begriff der Wahrnehmung gegen das additive Verstehensmodell von Locke behauptete. Und schon da ist, bevor das Argument in den Strudel der Romantik und des deutschen Nationalismus gerät, die nationale Auseinandersetzung – und die Verletztheit, das Verliererbewußtsein auf der deutschen Seite nicht zu überhören. Man kann von da aus bis in die Anfänge der Scholastik zurückgehen, um noch da, wenn man will, Anfangspunkte dieser Entzweiung zu finden. Erst jenseits dessen gelangt man gleichsam in die reine Philosophiegeschichte, in die der Streit hineinkam als einer zweier Schulen Athens, zwischen Platons Ideenlehre und dem immer neu und am Konkreten selbst ansetzenden und zergliedernden Gestaltbegriff des Aristoteles. Der Typus gibt sich nach althergebrachtem platonischen Verständnis nicht analytisch, sondern durch innere Anschauung: Intuition. Damit kommt man, in vorwärts schreitender Verfolgung des Fadens, gerade noch bis zu Goethe und Schelling, aber keinesfalls mehr zu Langbehn (der Typus des Rembranddeutschen, des deutschen Menschen schlechthin) oder Schultze-Naumburg.

Die Architektur konnte nur immer der getreue Ausdruck dieser deutschen Zerrissenheit sein. Die Architektur zeigt aber ganz offen, was in der Szene der Begriffe und kulturellen Gefühle ängstlich versteckt ist: daß die Zerrissenheit eine am eigenen Leibe ist. Das Böse, Technokratische, Bürokratische, das man im anderen zu sehen glaubte, hatte man immer im eigenen Hause: als Staat – und das bis hin zu jenem Höhepunkt der Selbstverkennung, daß es dem Nationalsozialismus gelang, die Deutschen als Revolte gegen Rationalisierung und internationales Kapital zu organisieren, während er für das deutsche wie internationale Kapital die Rationalisierung des Gesellschaftskörpers überhaupt erst zuwegebrachte.

Gestalt und Typisierung, das sind dann auf unterschiedlichen Ebenen Muster der deutschen Geschichte: die große Architektur des katholischen Südens gegen die formalistische, zum Klassizismus neigende Staats- und Beamtenarchitektur des Nordens, verkürzt: Wien gegen Berlin. Vor allem aber ist das die jahrhundertelange Erfahrung staatlicher Normierung und Modernisierung vorhandener Bautraditionen, durch Bauordnungen, durch Bau von Musterstädten, durch Bauzwang nach vorgegebenen Plänen, unter Durchsetzung fremder, aus dem überlegenen Welschland kommender Architekturformen und Geschmacksregeln. Was konnte man dem anders entgegensetzen als das trotzige Festhalten am eigenen, weil es das heimatlichere, das innigere war, körperlicher als alle welsche Oberfläche, lebensvoller als alle staatliche Normierung des Bauens und Wohnens der Höhen, Abstände und Normgrundrisse, gewachsen und nicht aufgesetzt, organisch wie die Pflanze und keine ausgeklügelte Geometrie, Brauch der Väter und nicht geschriebenes Gesetz der Fürsten. Und trotzdem hat sich jede Generation neu wieder der staatlichen Form und Vorschrift gebeugt und den Haß der kulturellen Vergewaltigung bis zur Unkenntlichkeit umgemünzt in die Devotion den verordneten höheren Formen gegenüber, bis Haß nach außen und Devotion nach oben zum Zwangscharakter wurden, bis in die Stilblüten der Spekulationsarchitektur der Gründerzeitbürger hinein. Vielleicht ist es nicht zu viel, darin den verdrängten Untergrund der sonst abgründig unerklärlichen Entzweiung von Gestalt und Typisierung zu sehen.

2 Die populistische Wendung

Zur Gestaltfraktion im Vorfeld des Nationalsozialismus zu zählen, bedeutete nicht unbedingt, in Volksbewegungen zu denken. Tessenow oder Schmitthenner waren davon weit entfernt, im Gegenteil, sie hatten Angst vor Massen. Aber wenn es auf sie ankäme, dann lohnte es sich auch kaum, zwischen damaliger Gestaltideologie und heutiger Typologie Fäden nachzuzeichnen. Um so mehr taten für das Entstehen des heutigen Typologiekomplexes ein paar Leute, die ihre Ideen ausdrücklich vermessen wollten und sich zu diesem Zweck im Kielwasser einer der Massenorganisationen des Nazi-Staates entfalteten, der Deutschen Arbeitsfront (DAF). Dieser Unterschied ist nicht ganz bedeutungslos: Es wird hier, im konservativen Lager, ein eigenartiges Bündnis mit der Massenproduktion eingegangen, das sich dem Nationalsozialismus nicht nur an den Hals warf, wie Schultze-Naumburgs elitärer Gestaltungskult, sondern in seiner Doppeldeutigkeit von vornherein strukturverwandt war. Diese Gruppe – zu ihr gehören Schulte-Frohlinde, Kratz, Lindner, Kükelhaus im Bereich der DAF, Feder, Exponent der „mittelständischen Sozialisten" (Sombart) in der NSdAP, Christaller und andere im Umkreis der militärischen Siedlungspolitik des „Reiches" – stellt sich nicht mehr frontal gegen Industrie, Technik, Massenproduktion, sondern interpretiert den Komplex der Moderne nach rückwärts – durch Gestaltung.

Das hat zwei einschneidende Folgen. Die erste ist die inhaltliche Verankerung der modernen Anonymität im Gestaltungsprogramm. Der Gestalter tritt aus der künstlerischen Pose zurück, die Tessenow, Schmitthenner, Schultze-Naumburg auch den kleinen Bauaufgaben gegenüber eingenommen und in Bild und Tat propagiert hatten. Er tut das in genau der Doppeldeutigkeit der populistischen Linie im Nationalsozialismus überhaupt, so, daß er einerseits voll in die Funktion des Designers eintritt, der anonyme Massenprodukte entwirft, also mit Gestaltung versieht, andererseits aber sich als solcher nicht zu erkennen gibt, sondern die Anonymität des Designers nach rückwärts vermummt in Anonymität der Tradition. Sie, der deutsche Volksgeist, die Baukultur des deutschen Ostens, ist der anonyme Künstler, der schon immer das bauliche Gesicht der deutschen Ostkolonisation prägte. Mehr braucht man nicht, um auch 1941 wieder im Osten kolonisierend tätig zu sein, wenn „die Neubesiedlung großer Teile dieses Raumes neue Bauaufgaben im Gefolge haben wird und klare Richtlinien zur gemeinsamen Arbeit verlangt" (Schulte-Frohlinde, Kratz, Lindner, Der Osten, S. 9). Gestaltung wird nicht, wie in den zwanziger Jahren, als Konsumstrategie, sondern als Volksbewegung inszeniert, und diese Inszenierung von Bewegungscharakter, von Anknüpfung am Heimatstil, an den handwerklichen Baumaterialien, an der Typologie des märkischen und neumärkischen Bauernhauses gilt es, einem ganz abstrakten, quantitativen Bauprogramm aufzuprägen, nicht ohne den Hinweis, daß diese Gestaltung kostenmäßig und funktional vollkommen unschädlich sei. Auf diese Weise wird die vom Bund für Heimatschutz und einzelnen Volkskundlern betriebene Hausforschung aufgenommen und zugleich in ihrem Stellenwert umfunktioniert: Aus einem antiquarischen Interesse wird sie durch die Verbindung mit einem Massenwohnungsbauprojekt auf Siedlungs- und Selbsthilfeebene zum Gestaltungsmaterial: zur Typologie.

Die andere Facette dieses Vorgangs, und die zweite Folge, ist die politische Präzisierung der Gestaltungsaufgabe als Staatsprojekt. Es soll eben nicht der einzelne Handwerker oder Bauer bauen, aber auch nicht die Großindustrie. Die unmögliche Sache scheint möglich durch Rekurs auf den Staat, und zwar, nach rückwärts interpretiert, natürlich auf Preußen. Da kann dann der Rückgriff auf den gesamten Traditionsstrang der staatlichen Gründungstätigkeit erfolgen, von den neuangelegten Städten und Stadterweiterungen seit dem 16. Jahrhundert bis zu den Siedlungsprogrammen Friedrichs II. im Berliner Umland, im Oderbruch und im Warthegau (nach den Annexionen der ersten polnischen Teilung). Vorbereitet von Möller van den Bruck und anderen, gerät der ganze Ideologiekomplex „Preußische Architektur" in Aktion. Aus den drei Elementen: der völkischen Siedlungsbewegung, dem Gartenstadtdesign in der ideologisch-ästhetischen Zuspitzung, die ihr Tessenow mit seinem Hellerauer Zentralgebäude und Schmitthenner mit der staatlichen Munitionsfabriksiedlung Staaken verliehen hatten, und einer durch den Heimatschutz hindurchgegangenen Rezeption der Hausforschung und der Planungsmaterialien preußischer Staatsbauten, Dorfanlagen und Stadterweiterungen, zog sich jenes fatale Konglomerat zusammen, das mit dem Wiederaufbau nach 1945 erst richtig gebaut wurde (und heute in Emden, Wesel, Düren, Jülich, Darmstadt, Hanau usw. zu besichtigen ist), eine Typologie autoritär geplanter Kleinstädte.

Das ist, anders als der heute noch stehende Wiederaufbau nahelegen könnte, kein ästhetisches Problem. Zu furchtbar sind die dahinter stehenden gesellschaftlichen Zerstörungen, die der Menschen und Städte, und die der in diesem Konglomerat angelegten besseren gesellschaftlichen Möglichkeiten. Ersteres: Der Anwendungszusammenhang macht das in der DAF-Typologie enthaltene Richtige völlig gegenstandslos. Was sind Bauformen angesichts der von der SS gesetzten Realisierungsbedingungen? Die Baumassen der geplanten Kolonisierung wurden zwar nie gebaut, aber sehr wohl die – von den Architekten beflissen gebilligten – Vorbereitungen absolviert, und das war nichts Kleineres als die Beseitigung der vorhandenen Bewohner: Ausrottung der Juden, Evakuierung der Polen. Und soweit gebaut wurde, war da von Handwerklichkeit und Siedlungstätigkeit auch nichts übrig, vielmehr bezogen sich die regionalen Baufibeln auf die oberflächliche Überformung von standardisierter Massenproduktion, und schließlich führte die Kriegswirtschaft eben jene Typisierung und Rationalisierung des Bauens durch, von der die Modernisten der zwanziger Jahre bloß geredet hatten.

Zugleich entzog, verdarb, verleumdete diese Typologie, und das reicht bis heute, alle in ihr gefälscht enthaltenen gesellschaftlichen Möglichkeiten. Das wäre natürlich nicht möglich gewesen, wenn diese Möglichkeiten ausreichend verteidigt worden wären. Das wurden sie nicht, aus dem gleichen Grunde, aus dem die Weimarer Republik nicht verteidigt wurde. Während in der DAF-Typologie sich die Elemente aus den unterschiedlichen sozialen Ressorts mit schlafwandlerischer Sicherheit zum NS-Instrument zusammenfanden, blieben die Ansätze auf der Gegenseite isoliert und wirkungslos, ohne auch nur die Chance einer Koalition. Jedes einzelne Element war hier weit authentischer vertreten: die Siedlungsbewegung auf agrargenossenschaftlicher Basis mit Hilfe des preußischen Staates, wie sie Franz Oppenheimer vertreten hatte (das Kibbuz-Modell); das Bündnis von Genossenschaft und Gartenstadtplan in einsamen Projekten wie Bruno Tauts Siedlung Am Falkenberg (Berlin-Treptow) und Wagners Siedlung Lindenhof (Berlin-Schöneberg); die Entdeckung der Staatsarchitektur und der Planungstypologien des 17. und 18. Jahrhunderts auf der Basis der Moderne, gegen den Romantizismus Sittes, durch Brinckmann. Erst heute entdecken wir wieder Schritt für Schritt diese verschütteten Ansätze, an die anzuknüpfen es längst zu spät ist, ohne die es aber nicht einmal eine zureichende Kenntnis de Schuttbergs gibt, auf dem wir stehen und weitermachen müssen.

Es ist diese Lage, die für die deutsche Architekturdiskussion den Rückgriff auf Italien unausweichlich machte. Der italienische Weg verlief gleichsam umgekehrt, von der faschistischen Bündelung zu einer freien Auseinanderdividierung, so daß er für die deutsche Amnesie als Rückweg ausgesprochen geeignet scheint. Aber was bei uns ankam, waren weniger die befreienden Momente als die Wiederkehr der eigenen Vergangenheit, die vertrauten konservativen Todesarchitekturen. Erst wenn man den Weg wirklich da weitergeht, wo er in Deutschland abbrach, kommt man zu mehr, wenn vielleicht auch nicht

wirklich zu der in Deutschland ein für allemal gescheiterten progressiven Bündelung der Elemente einer sozialen Typologie.
Der entscheidende Unterschied zur deutschen Situation ist der, daß der architektonische Populismus ebenso wie das methodische Instrument Typologie im Fascismus keine Rolle spielten, sondern nur als Elemente gleichsam am Rande erarbeitet wurden, so daß sie nach 1945 als Kristallisationspunkte des Neubeginns und in einer späteren Phase als Gegenpol zur internationalistischen Planungspraxis tauglich blieben. Es gab im Fascismus gar nicht die tiefgehende Entzweiung wie in Deutschland, die Bindung der Baukulturen an Republik oder Diktatur, und wenn eine Architekturrichtung überhaupt fähig war, sich zu einer Beziehung auf das Volk hinreißen zu lassen, dann keineswegs der regimekonforme Akademismus, sondern gerade die jungen, ebenfalls sich auf den Fascismus berufenden „Rationalisten" des MIAR. Was also an Ansätzen hervorgebracht wurde, kam zwangsläufig aus der modernen Richtung. Heute ist gerade die Anknüpfung der Neorealisten an Terragni, Libera, Pagano usw. so thematisch wie unübersehbar. Piccinato, der mit dem Plan für Sabaudia den einzig modernen Stadtgrundriß in die Neugründungen auf dem Gelände der pontinischen Sümpfe einbrachte, studierte, ausgehend von der deutschen Stadtforschung, auch als erster die Typologie der mittelalterlichen Städte Italiens. Ebenso entwarf das ehemalige MIAR-Mitglied Ridolfi das erste Projekt anonymer Architektur, einer Architektur also, in der sich der moderne Autor verleugnet zugunsten des ästhetisch produzierten Scheins einer Autorschaft von Tradition und Volksgeist. Für den Neuanfang nach dem Kriege bereitete Ridolfi zugleich eine nach deutschem Muster erarbeitete Baufibel vor, die die rigorose Typisierung der Grundrisse und Details mit der Entwicklung einer ortsspezifischen Gestaltung verband. Es wurde nach dem Kriege als Manuale dell'architetto Regierungspublikation.
Das klassische Dokument dieser Architekturauffassung, nach dem Ende des Fascismus, ist das Quartiere Tiburtino im Rom (Ridolfi, Quaroni und Mitarbeiter). Es ist eine Architektur der Gestaltung von Volkstümlichkeit, die typisierte Wohnungen zu malerischen Gebäudegruppen und Stadträumen bündelt. Sozusagen Heimatstil, nur unendlich gekonnter. Nicht außer acht bleiben darf auch, daß die dabei verwendeten Ausdrucksformen nicht annähernd so abgehoben waren von den tatsächlichen Lebensverhältnissen, wie das im Deutschland der zwanziger Jahre der Fall gewesen war. Es gab dieses Volk noch, für das gebaut wurde, die kleinen Handwerker, die in die Stadt gewanderten arbeitsuchenden Landarbeiter und verelendeten Kleinbauern. Es gab zugleich eine Kulturbewegung, die sich, seit den vierziger Jahren, ihrer annahm, den Neorealismus in Roman, Film und Malerei, und genau in dieser in-

tellektuellen antifascistischen Strömung bewegten sich die Autoren des Quartiere Tiburtino. Und nicht zuletzt gab es eine zugehörige politische Aktualität, den Populismus der damaligen Democrazia Cristiana: keine Volksbewegung, aber Volkspartei und volkstümliche Politik. Letztere nicht, ohne das Volk sie bezahlen zu lassen, das Geld, mit dem die staatliche zentrale Wohnungsorganisation INA-Casa die volkstümlichen Viertel baute, wurde den Arbeitern vom Lohn abgezogen.

Im INA-Casa-Programm selber war die Ausdruckskultur des Quartiere Tiburtino ein Sonderfall, der noch dazu der politischen Konjunktur des Populismus hinterherhinkte. Da es die Volksbewegung selber, unabhängig von ihrer politischen und kulturellen Stellvertretung, nicht gab, genügte es, daß die Nachkriegseliten sich anderen Dingen zuwandten, um das Thema der Gestaltung von Lebenswelt wieder verschwinden zu lassen. Gerade im Vergleich mit der heutigen Folkloristik regionalen Bauens ist aber der Ansatz von größerer Reichweite, als das seiner tatsächlichen historischen Geltungsdauer nach scheinen könnte. Worum es hier im nachfaschistischen Italien ging, war nicht die deutsche Erinnerungsarbeit am untergegangenen, von den technischen Verhältnissen zerstörten Bild der Welt, der Stadt, des Hauses: Hier ging es um die Heimkehr isolierter Intellektueller nach der noch vorhandenen, aber nicht beliebig rekonstruierbaren Lebenswelt der Armen, der kleinen Leute, der Helden der „Fahrraddiebe" und von „Mamma Roma". Während Tessenow und Schmitthenner Häuser bauten, deren Bewohner eigentlich schon gestorben waren und durch Wiederkehr in die ihnen nachempfundenen Häuser, Zimmer und Möblierungen nur gestört hätten, war die anonyme Architektur des Neorealismus ihren Bewohnern so gegenwärtig wie die modernen Typengrundrisse, für sie gebaut und nicht, um als isoliertes Objekt den Charme vergangener Lebensverhältnisse zu verbreiten.

Aber die Geschwindigkeit, mit der auch in Italien der Kapitalismus begann, selbst in die kleinen und kleinsten Lebensverhältnisse zerstörerisch einzufallen, erwies das als unhaltbare Halbheit. Entweder man baute einfach neue Häuser, oder man bekam es, auf der Suche nach den Lebensverhältnissen, mit der alten Stadt insgesamt zu tun, in der sie noch lesbar waren, bevor die Modernisierung mit ihren Neubauten darüber hinwegging. Dieses Lesen der Stadt als Urkunde untergehender Lebensverhältnisse ist der Ausgangs- und Kernpunkt der typologischen Methode Muratoris. Muratori unternahm es, ausgehend von seinen Erfahrungen mit dem populistischen Programm der INA-Casa-Siedlungen, die Beliebigkeit und Subjektivität des Gestalters regionaler Umwelt zu überführen in eine historisch entwickelte, objektiv vorliegende Ordnung der Dinge. Zwar ging es weiterhin ums Entwerfen, um eine

Analyse in praktischer Hinsicht, aber der Zweck des Rekurses auf Methode war es, die im wirklichen Bauen und Leben verloren gegangene Orientierung an den vorhandenen Bauformen des Zivilisationsprozesses, in die auch der Neubau wie in ein geschlossenes, auch die Zukunft noch enthaltendes Wabensystem sich einzufügen hätte, als im Bauprozeß wiederaufzufindende Eigenschaft der Wirklichkeit zu etablieren. Überflüssig zu sagen, daß ein solches Verständnis der Stadt in schneidendem Gegensatz stand sowohl zur kulturellen Ignoranz als auch zur räumlichen Beziehungslosigkeit des damals üblichen freihändigen Entwerfens von Megastrukturen.

Die typologische Methode sollte dagegen hinter die einzelnen Architekturen zurückführen und den im funktionalistischen Planungsprozeß verschütteten gesellschaftlichen Strukturfundus wieder aufdecken. In der Analyse einzelner Städte (Venedig, Rom, Como) mußte sich dann zeigen, daß die Bauformen der Stadt zugleich die Karte der historischen Umformungen waren. Entsprechend differenzierte Muratori auch nicht nur typologisch brauchbare Eigenschaften, sondern den sozialen Gebrauch, der sich in einem bestimmten Typus ausdrückte, aufgrund einer politischen Sympathie, die sich überhaupt erst einmal für die kleine Architektur und ihren Beitrag zur Stadt interessiert. Ein Populismus wiederum, aber inzwischen einer, der zurückblickte und sich, anhand der Urkunde des Gebauten, nur noch in einem als Methode verschlüsselten Heimweh nach der Gemeinsamkeit architektonischen Entwerfens mit den Lebensformen des Volkes der zerstörerischen Gegenwart entgegenzutreten traute. Es überrascht also nicht zu hören, daß Muratori sich politisch nicht auf die PCI bezog, sondern, auch er, auf die DC. Von keinerlei Bewegung getragen, konnte sich in der Praxis das Programm der typologischen Lesbarkeit selbst in Vendig kaum in Ansätzen durchsetzen. Die Bauten der INA-Casa in Mestre (Quartiere San Giuliano, Piccinato und Samona, Mitarbeit u.a. der Muratorischülerin Trincanato), weichen in ihrer Logik kaum von anderen regional angeglichenen Siedlungen ab; statt eines städtischen Gewebes aus Parzellen und öffentlichen Räumen hat man gestalteten Siedlungsraum, nur daß die Wohneinheiten teils sehr hübsch zu Hofgruppen und kleinen campi gruppiert worden sind.

Es ist verständlich, daß sich mit diesem Ansatz nicht einfach Architektur machen läßt. So spaltete sich die von Muratori in Gang gebrachte Diskussion sehr schnell in einen historisch untersuchenden und einen wieder selbstherrlich unter dem Zeichen des Typus bauenden Flügel. Letzterer hat, Muratori ausschlachtend und simplifizierend (Aymonino, Rossi, Portoghesi), die vergangenen zehn Jahre seine Konjunktur gehabt. Ersterer, die Muratorische Orthodoxie sozusagen (die Arbeiten von Caniggia und Egle Trincanato), je genauer er sein will, versinkt desto mehr im Schatten der Geschichte. Nur historische, eigentlich schon tote Lebensverhältnisse haben sich als Haustypologien niedergeschlagen – klassenneutrale, nach der Miethöhe berechnete Typenwohnungen sind im Sinne der Typologie nicht mehr lesbar. Wenn auch Caniggia nicht müde wird, die Analyse auf die Neuplanung zu beziehen, so ist das sozusagen der letzte Versuch, sich noch lesbare Gegenstände zu erhalten.

3 Archetyp und Stadterneuerung

Wohin gehört die Typologie nun also (und wem gehört sie)? Die Zuschreibung der Typologie an das Kleinbürgertum, den alten Hefeteig des populus minor, der einerseits durch Jahrhunderte Ketzerbewegung und Revolten getragen, andererseits den Inbegriff der alten Lebensverhältnisse ausgefüllt hatte, ist offensichtlich von begrenzter historischer Gültigkeit. Zum einen in historischer Hinsicht, nach rückwärts: Muratoris Begriff von Typologie bezieht sich auf die bürgerliche Stadt, in der es nur zwei Parteien gibt, Großbürger und Kleinbürger, Großkaufleute und Handwerker. Deren historische Rolle war aber schon im 15. Jahrhundert ausgespielt. Selbst die unabhängigen Stadtrepubliken mußten sich als neue Formen, als Territorialstaaten konstituieren, womit eine ganze Serie neuer Formprobleme auf sie zukam, die in Muratoris Venedig-Bild nicht vorkommen. Gegen die alte Stadt, machte sich der Staat im buchstäblichen Sinne zum Herrn der Formen. Bauordnungen und Ingenieurpläne schrieben die Gestalt der Stadt und Bauart und Aussehen jedes einzelnen Gebäudes vor. Der Typus wurde vom Oberbaudirektor vorgegeben und für die staatlichen Gebäude eigenhändig angewandt, für die privaten Gebäude erleichterten Drohungen und Subventionen die Durchsetzung. Diese Staatsarchitektur war eine der Abstufungen immer desselben Typus, des Staatshauses gleichsam, das im Schloß seine höchste Ausprägung fand und nach unten zu stufenweise vereinfacht wurde.

Was das städtische Bürgertum, als Stadtarchitekt oder Intellektueller, dem entgegenzusetzen hatte, war die aufgeklärte Pedanterie der Typenlehre. Das hat man in den Entwurfssammlungen Furtenbachs, Sturms oder Goldmanns. Formalisiert, auf der Ebene der bürgerlichen Gesellschaft, mündet diese Linie in die Schemata Durands und die Überlegungen von Quatremère de Quincy. Bei allen diesen bürgerlichen Typenlehren handelt es sich nicht mehr um Ikonographie, sondern um Standeslehren und Fragen des gesellschaftlichen Takts, d.h., sie sind die architekonischen Entsprechungen der Verhaltenslehre des Freiherrn von Knigge, ihrerseits eine aufklärerische Typologie des Benehmens. Beides nun, die staatliche Gesamtform und die bürgerliche Typenpedanterie, legten sich in der Stadt als neue Schichten auf die mittelalterliche Substanz und typologisierten sie. Ohne diesen späteren logischen Rahmen würde man in mittelalterlichen Stadtgebieten bloß nach den ältesten Hausformen und Gründungsplänen suchen, nicht nach klassenspezifischen Typologien. Es ist die nachträgliche Methodisierung der mittelalterlichen Hausformen vom 16. bis zum 19. Jahrhundert, die diese alten Materialien als Typologien erst greifbar macht – und damit ironischerweise greifen läßt in einer Perspektive, die, auf Typenserien angelegt, zur Abschaffung gerade dieses Materials führen mußte.

All das überspringt die Muratorische Typologie, indem sie die einzelne Parzelle so untersucht, wie sie heute vorzufinden ist, mit allen Anbauten, Verunklärungen, Beschädigungen der Zeit und Mängeln der Bausubstanz, also in der Gegenwartsperspektive der Stadterneuerung. Verläßt man diese Perspektive, um historisch genauer zu werden, löst sich der Begründungszusammenhang selber der Muratorischen Typologie auf. Man landet, je nach Interesse, entweder, wie Caniggia, bei einer Art Strukturalismus, einer geschichtslosen Transformationslehre städtischer Grundrisse, oder, wie Portoghesi, bei der barocken Staatsarchitektur der Kleinfürsten und ihrer Spielzeugstädte. Behält man sie aber bei, dann geht das nur in Richtung Praxis. Das ist das Beispiel Bologna, wo der Kommunist Cervellati, mit der Sanierung des Zentrums, die einzige authentische Verwirklichung der populistischen Typologie Muratoris zuwegegebracht hat. Was in Bologna allerdings wirklich gerettet worden ist, der Lebensraum der kleinen Handwerker oder das Ambiente des Touristen, ist eine andere Frage.

Muratoris Typologieverständnis, obwohl es sich in der Gegenwartsform bewegt, ist, zum andern, nach vorne, in Richtung Zukunft, ganz ungesichert. Begriffe sind situationsabhängig. Das Zusammenkleben von Typologie und Populismus ist, von der Nazifraktion sozialistischer Kleinbürger bis zum persönlichen Engagement für anonyme Architektur im Umkreis der Christdemokraten, die Begleitfigur für den Untergang des Kleinbürgertums. Sind aus unabhängigen Kleinproduzenten endgültig Angestellte, Arbeitslose und Kleinstunternehmer im Tertiärbereich geworden, ist die Haut der alten Lebensverhältnisse abgestreift, dann ist für das Volk beim besten Willen nicht mehr zu bauen. Doch für wen sonst? Die historische Alternative, Wohnungsbau für die Arbeiterklasse, hat sich durch ihre sämtlichen Niederlagen nur scheinbar durchgesetzt. Was die Arbeiter zum Siege trugen, über Niederlagen (Fascismus, Nationalsozialismus) und Restauration hinweg, waren die Ty-

Magdeburger Dom

Schloß Berlin-Buch, Taubenhaus

W. Lindner, Getreidesilo in Worms

A. Rossi, Teatro del Mondo,
Biennale Venedig 1980

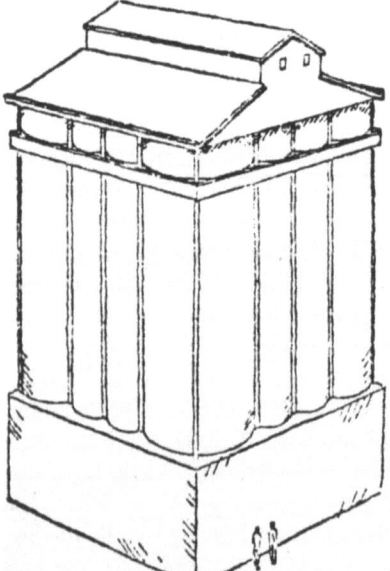

Rekonstruktionsvorschlag der 790-799 erbauten großen Kirche von Centula. Reproduziert nach W. Rave. 1937

Gartenhaus, erbaut von Schlaun 1749

Candids Kirche, Kentheim

O. M. Ungers, Turmhaus Messegelände, Frankfurt, nach D. Bartetzko, *Schauplatz Frankfurt, Reihe Campus*

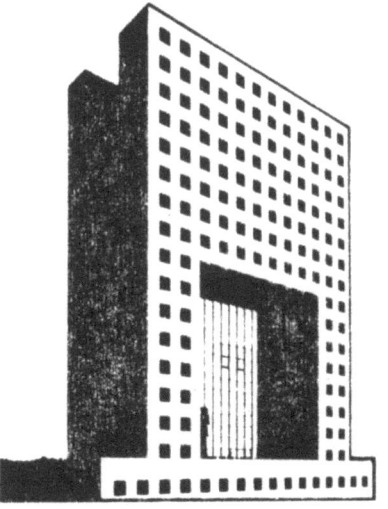

Goethes Gartenhaus

H. Tessenow, Hausbau und dergleichen

Gartenhaus Siedlung Galgebakken, Albertslund

Glückstadt, 17. Jahrhundert

pengrundrisse der Wohnungsreformer, die Rationalisierungsträume der Bauindustrie, die ästhetischen Vorstellungen der Funktionalisten von der in Wohnmaschinen aufgelösten Stadt. Die Arbeiter haben sich zumindest in Deutschland, Frankreich und in den skandinavischen Ländern bereitwillig diesen modernen Wohnidealen unterworfen, als gäbe es für sie angesichts des gesellschaftlichen Fortschritts kein Ausdrucksbedürfnis. Der typisierte Wohnungsbau ist klassenneutral, er bezieht sich auf die statistisch vereigenschaftete Figur des unabhängigen Konsumenten.
Diese Figur ist zu Volksbewegungen so unbrauchbar wie unfähig. Aber sie ist gerade deshalb brauchbar für die Zuschreibung privater Bedürfnisse nach vertrauter Umwelt, nach regionaler Wiedererkennbarkeit, nach einem Hauch ideeller historischer Spiegelung des funktionalen Wohnens. Die Wohnungen sind schludrig gebaut und für ein Drittel der Gesellschaft nicht bezahlbar, aber sie eignen sich noch dann als Träger einer Entschädigungsästhetik. Auf das, was Typologie wäre, kann sich diese Ästhetik nicht beziehen. Mit den Typengrundrissen andererseits hat sie sowieso nichts zu tun. Worauf sie sich bezieht, ist das Bild des Hauses, das der Konsument als Wunschbild möglichen Lebens im Kopf hat. Die Typologie der Wunschbilder ist aber etwas völlig Neues, das weniger in die herkömmliche Architektur als in die Wahrnehmungstheorie gehört.
Andererseits, wer das nicht will oder nicht bezahlen kann, muß versuchen, sich in den alten Vierteln zu halten. Auch diese sind nicht mehr die Dokumente der alten Lebensverhältnisse, als die sie der geübte Typologe zu lesen wüßte. Im sanierten Stadtviertel, da also, wo die Stadterneuerung erfolgreich war und der Flächenabriß verhindert werden konnte, stellt sich die gleiche bittere Erkenntnis ein wie in den neuprächtigen Neubauvierteln: Übrig geblieben sind Wahrnehmungsfiguren, Kopfbilder. Die Häuser platzen vor lauter wiederhergestellter Sichtbarkeit, als wären sie abgerissen und wieder hingemalt, sie schweben gleichsam über dem teuer gewordenen, neu vermieteten Immobilienobjekt, das seinerseits ganz unsichtbar geworden ist. Von den alten Lebensverhältnissen ist schlechterdings nichts übrig geblieben, und noch die, die sie retten und wiederaufnehmen wollten, trugen das ihre hierzu bei.
Das ist die kapitalistische Verwandlung von Miethäusern in Archetypen des Wohnens. Kopf- oder Wahrnehmungsfiguren: Zu dieser neuesten Typusausgeburt ist, um dem Bezug auf Wahrnehmung den Verdacht des Willkürlichen zu nehmen, eine kurze Erklärung nötig. Die gesamte typologische Linie im 20. Jahrhundert, so wie sie hier nachgezeichnet wurde, blickte zurück. Indessen gab es noch Anhaltspunkte in der Wirklichkeit. Daß aber die Typisierung und der Fordismus gewinnen würden, war in den zwanziger Jahren natürlich

klar. Das Aufblühen der Wahrnehmungspsychologie in den ersten drei Jahrzehnten des Jahrhunderts hatte diesen Hintergrund. Eine der Taylorisierung des Arbeitens, Wohnens und Lebens gleichzeitige Psychologie gab es nicht, sie wurde in den USA – der Behaviorismus – gerade erst aus den Windeln gehoben. Die ästhetische Moderne, interessiert an der Strukturierung von Flächen, konnte sich (wie das Beispiel Arnheim zeigt) am ehesten von der Gestaltpsychologie (Berliner Schule, Köhler, Wertheimer u.a.) vertreten fühlen. Ganz sicher vertreten war aber die Geschichte, die Gestaltfraktion, und zwar durch die andere Gestalt- oder auch Ganzheitspsychologie (Leipziger Schule, Krüger, Volkelt, Wellek u.a.), die denn auch voll sich dem Nationalsozialismus in die Arme warf und hernach bis in die sechziger Jahre die Wiederherstellung der deutschen Psychologie leitete. Wie die DAF-Architekten auf ihrem Gebiet der Gestaltung, arbeitete die Ganzheitspsychologie am Verhältnis von Form und Gefühlsbewegung (der Nationalsozialismus politisierte eben nicht nur die ästhetische Form, sondern zugleich die Gefühle, war politisierte Gefühlsbewegung). Sie meinten nicht Design, sondern gewachsene, gefühlsverbundene, organische Gestalt. Von da aus gesehen war der typologische Ansatz Schultze-Naumburgs oder Lindners, also der Heimatschützer, das genaue Wahrnehmungskorrelat im Bereich der Anwendungen: Gestalten sehen, nicht Formen. Von da aus ist auch Lindners Darstellungstechnik von Interesse. Sein Versuch, die moderne Industrie unter die Gestaltkriterien des Heimatschutzes zu bekommen, bediente sich zielsicher nicht der Grundrisse, was zweifellos schiefgegangen wäre, sondern der Optik des Modellbauers, umgesetzt in Strichzeichnung. Dieser Blick abstrahiert Gebäude auf das plastische Außenbild, auf den Massenblock. Dank seiner Abstraktionskraft verwandeln sich noch funktionale Zweckbauten in Urformen: Zylinder, Pyramide usw. Kunstgeschichtlich ist das die methodische Wendung gegen den, der Gestaltpsychologie gleichzeitigen und verwandten Strukturalismus Riegls (und, entfernter, auch Wölfflins), wie sie wenig später (1938) in den Typusstudien Lehmanns zu finden ist, der den Gestaltaufbau als heuristische Methode der Baugeschichte verwendete. Das entscheidende an dieser Optik ist, daß sie in der Wirklichkeit fast so wenig nachvollziehbar ist wie der Grundriß, sie ist die Sichtbarmachung einer Vorstellung, einer reinen Wahrnehmungsfigur. Daß es gerade diese Wahrnehmungkonsistenz ist, die die Brauchbarkeit für den Nationalsozialismus ausmachte, beweist die wiederum gleichzeitige (und personell wie methodisch zugehörige) Debatte um die karolingischen „Westwerke" als Kaiserkirchen (Fuchs, 1929), eine Debatte, die ihres politischen Sprengstoffs wegen bis heute nicht beendet ist, sondern in beiden deutschen Staaten eingemeindet wurde. Die Kaiserkirche ist, von Byzanz

über Aachen bis zu Fischer von Erlach in Wien oder Speers Siegeshallenentwurf für die Hauptstadt Germania der Inbegriff des architektonischen Archetyps, kein Typus mehr, sondern kraft seiner Gestalt schon immer jenseits aller Einschränkungen und Unterscheidungen, der Versuch einer politischen Gestalt an sich, in der das ganze Abendland als untergegangenes enthalten ist.
Man tut gut, diese Zusammenhänge nicht denunziatorisch zur Kenntnis zu nehmen, sondern als ein Gelände historischer Zweideutigkeiten, das immer auch Versagen und Niederlagen der Aufklärung mitenthält, also immer auch jenen Anteil an Wahrheit, den die Aufklärung (oder die politische Linke) gebraucht hätte, um nicht zu versagen. Ferner ist klar, daß wir mit diesen Dingen heute anders umgehen können und müssen: Sie sind nicht mehr das, was sie in den zwanziger und dreißiger Jahren noch waren, Bilder der Verführung, sondern, nach dem Ineinsfallen von Untergang des Abendlandes und der Karriere des Nationalsozialismus in Krieg, Völkermord und Zerstörung, handelt es sich nur noch um Explosionsreste, die allein im Kopf noch zusammenzubekommen sind, Erinnerungsbilder, innere, nicht mehr in geltende Wirklichkeit zu verwandelnde Wahrnehmungen.
Über Jahrzehnte und historische und politische Abgründe hinweg besteht jedenfalls zwischen diesem deutschen Komplex der zwanziger und dreißiger Jahre und dem typologischen Entwerfen Rossis und seiner Freunde eine Beziehung der Bilder wie der Optik. Die inhaltliche Beziehng hat Rossi selber im schwimmenden Teatro del Mondo der Biennale 1980 deutlich gemacht. Daß es dabei nicht um eine Ikonographie geht, sondern um die Darstellung eines Wahrnehmungsmodus, war schon aus der manieristischen Ahnenreihe deutlich. Worum es geht, ist die Gestalt an sich, jene Reduktion von Gestalt, in der das Sehen anhand der Gegenstandabstraktion nur noch sich selber ansieht. Die Benutzung des Baukörpers als Wahrnehmungsprojekt radikalisiert also auch der Darstellungsform nach Lindners Gestaltbegriff. Es ist dann nur folgerichtig, daß Scolari, der den Schritt vom Bauen weg in das bloße Entwerfen von Wahrnehmungstypologien gemacht hat, sich gerade auf Lindner bezog (und ihn in Italien bekannt machte).
Von anderen konkurrierenden Bildern unterscheiden sich die Restbilder der Typologiegeschichte nur durch die Fixiertheit auf das Vergangene. Was an Rossis Architektur des Archetyps regionaler Herkunft ist, ist durch einen so grundsätzlichen Prozeß des Abschieds, der Zerstörung und der Wiedererzeugung hindurchgegangen, daß es vollständig abstrahiert ist, nur noch das Gerüst der Erinnerung, die Wahrnehmungsform der Erinnerung selbst. Deswegen verläßt diese Erinnerungssuche auch bei jeder Gelegenheit den Bereich des Bewohnbaren. Rossis Architektur ist ihrer ganzen Ikonographie wie ihrer

Haltung nach Todesarchitektur, Form der Erinnerung – der Friedhof für Modena ist schon eine Tautologie. Immer neu zentriert sich das Erinnern nur noch in einer Figur, dem Turm, dem Archetyp schlechthin, in dem die ganze Geschichte der Babeltürme, Grabkapellen, Westwerke und Berchfriede aufgehoben ist.
Aber gibt es auf dieser Ebene eine Vergleichbarkeit mit der Banalität der Stadterneuerung? Scheinbar ist es nur die prosaischste architettura minore, wie sie die Spekulanten der vorigen Jahrhunderte eben gebaut haben. Es wiederholt sich darin trotzdem die andere Seite des einstigen Widerspruchs. Die geretteten Häuser sind die Kenotaphe des verlorenen sozialen Lebens und die Wiedergutmachung für 50 Jahre gescheiterter linker Wohnungspolitik und typisierten sozialen Wohnungsbaus. Was an ihnen vor allem zu sehen wäre, ist der Verzicht auf Architektur, zugunsten einer Erinnerung dessen, was durch Architektur im Namen der Aufklärung und des Fortschritts verdrängt wurde. Deshalb ist hier für das konkrete Interesse der Typologie, für die Lesbarkeit der Häuser als Grundrisse widersprüchlicher, klassendifferenter Lebensformen genauso wenig Raum wie in Rossis gebauten Archetypen. Wie Rossi das Verschwinden der Stadt und der regionalen Kulturen in seiner Erinnerung kondensiert, so Hämer in seinem Anspruch auf die sanierten Kreuzberger Häuser und ihre kurze Zeit niedriggehaltenen Mieten die Geschichte des Nationalsozialismus, abzuarbeiten am Flächenabriß und der Barbarei des präfabrizierten Massenwohnungsbaus.
Was bleibt von der Menschenfreundlichkeit der Typologie übrig? Der exakte historische Rückweg führte, wie gesagt, ins Gegenteil des Erwarteten, in die reglementierenden Arme des Staates. Von diesem Modell ist nichts zu hoffen. Ihre wirkliche Stärke, die Gegenwart der Aufmerksamkeit für die Stadt, wie sie war und gerade noch an diesem oder jenem Punkte ist, wird ständig vom Verschwinden ihres Gegenstandes überholt. Es ist dann zu wenig und zu billig, sich an der einen Aufgabe der Erinnerung des Gewesenen festzuhalten. Wenn schon das Vergangene interessanter ist als das, was heute gebaut wird, ist das mindeste, was vom Projekt der Typologie übrigbleibt, der Versuch der Übersetzung.
Da fällt alles weg, was an Gestalt- und Gemeinschaftswünschen der Aufmerksamkeit im Wege stand. Was heute daraus geworden ist: Zur einen Hand, Archetypen in die Stadt hineinzubauen, zur anderen, durch Nichtbauen die vorhandenen Häuser als Wohnraum zu erhalten, läßt für künftige Bewegungen allzu wenig Spielraum. Das Typologieproblem vereinfacht sich damit erheblich. Da für das meiste, was man sich heute unter veränderten Lebensbedingungen vorstellen kann, in den vorhandenen Planungsmethoden keinerlei

Ansatz zu finden ist, bleibt die historische Bausubstanz mit ihrer Lesbarkeit auf Lebensverhältnisse hin, mit ihrer Veränderbarkeit und Differenziertheit das einzige Modell, um Raumwünsche zu formulieren, die über das heutige Modell einer ästhetisch überlagerten Typenserie hinausgehen.
So wird die Typologie zur verdeckten Zukunftssprache. Je genauer man liest, desto vertrauter wird (in meinem Falle an der Kreuzberger Mischung entwickelt) die Sache: Unterschiedliche soziale Handlungsräume auf engster Fläche nebeneinandergesetzt, Klassengrenzen mitten durch Häuser hindurch, Leben und Arbeiten in Sichtweite, getrennt und trotzdem aufeinander bezogen, Flüssigkeit der Raumgrenzen unter dem Druck der krisenmäßigen Anpassungsprozesse – das sind Kategorien, in denen sich, befreit vom Ausdruckszwang, erstaunlich gut angesichts der heutigen beängstigenden gesellschaftlichen Zerstörungsvorgänge über künftige Entwicklungen nachdenken läßt, auch wenn sie in dieser Gegenwart der Zerstörung, täglich erfahrbar, keine Chance haben. Das wichtigste daran scheint mir, daran eine neue Beziehung zwischen Funktionalität und Alltagsleben zu entwickeln: sich nicht an Bildern vergangenen Lebens emporzuhangeln, sondern an der Funktionsfähigkeit der alten Stadt grundlegende menschliche Bewegungsformen wiederzuerlernen: Beziehung von Innen- und Außenraum, von Haus und Stadt, von Wohnen und Arbeit.
In einem Lande, das noch seine Tötungsfabriken im Heimatstil gebaut hat, ist das eine Anstrengung. Gerade weil wir die angepaßte KZ-Baracke hatten (und nach dem Krieg so zufällig wie bezeichnend einen Präsidenten, Lübke, der in aller Normalität seines Architektenberufs einmal solche Baracken entworfen hatte), ist da für uns noch das einfachste verdorben. Der Abschied von der Vergangenheit ist unvermeidlich, und er muß in die Funktionsfähigkeit des typologischen Denkens hineingenommen werden. *Es kommt nicht darauf an, daß die Gehäuse, die wir in Zukunft bewohnen wollen, so aussehen wie die, die wir heute noch entziffern können, sondern daß sie vergleichsweise sinnvoll, nützlich, sparsam – und in Zukunft auch menschlich – funktionieren.* Dann, neben oder sonstwie zugeordnet, mag man sich die Erinnerungsbilder oder andere Fassadenträume gerne als Film über der Stadt gefallen lassen, aber erst dann.

Literaturauswahl

(beschränkt sich auf Titel, die den zentralen Gedankengang des Aufsatzes berühren; zur allgemeinen Bibliographie zum Thema vgl. ARCH[+] 50/1980)
A. E. Brinckmann, Deutsche Stadtbaukunst in der Vergangenheit, 2. Aufl. 1921
G. Caniggia, Strutture dello spazio antropico, Florenz 1981; ders. u. L. Maffei, Il progetto nell edilizia di base, Venedig 1984

G. Conti, Saverio Muratori, Typologische Methode, Krise der Architektur, Kulturkrise. Die italienischen Vorläufer der Postmoderne, in: ARCH+ 85 (1986), S. 40 ff.

A. Fuchs, Die karolingischen Westwerke und andere Fragen der karolingischen Baukunst, Paderborn 1929

E. A. Gutkind, Form und Farbe, in: Neues Bauen, hrsg. v. E. A. Gutkind, Berlin 1919, S. 250 ff.

C. Heitz, Architecture e Liturgie à l'époque carolingienne, Paris 1963

D. Hoffmann-Axthelm, Neubau für die Mischung, in K.-H. Fiebig, D. Hoffmann-Axthelm, E. Knödler-Bunte, Kreuzberger Mischung. Die innerstädtische Verflechtung von Architektur, Kultur und Gewerbe, Berlin (IBA) 1987; ders., und L. Scarpa, Zum Tode Mario Ridolfis: Faschismus, Populismus und die Liebe zu den Steinen, in: ARCH+ 79 (1985)

F. Krüger, Zur Philosophie und Psychologie der Ganzheit, Schriften 1918–1940, hrsg. v. E. Heuß, Berlin, Göttingen, Heidelberg 1953

E. Kühn, Die kleine Stadt, in: Die kleine Stadt. Gestaltung der rheinischen Klein- und Mittelstädte, Neuß 1959

E. Lehmann, Der frühe deutsche Kirchenbau. Die Entwicklung seiner Raumanordnung bis 1080, Berlin 1938

W. Lindner, Das Denkmal als Kunstwerk, in: Heimatschutz, 1916 H. 1, S. 63 ff. (über Grabdenkmäler); ders., Landschaft und Siedlung, in: Neues Bauen, a.a.O., S. 241 ff.; ders., Bauten der Technik. Ihre Form und Wirkung, Berlin 1927; ders., Heimatschutz im neuen Reich, Leipzig 1934; ders., Brandenburgische Städtebaukunst, dargestellt an Hand von archivalischen Bild- und Textdokumenten, Brandenburgische Jahrbücher 17, Potsdam, Berlin 1941; ders. Ehrenmale. Grundsätze und Beispiele ihrer Gestaltung, Kassel, Basel 1952; ders. und B. Saal, Kleine Baukunde für Jedermann, Konstanz 1948

U. Linse, W. Lindner und die Anfänge der Industriearchäologie in Deutschland, in: ARCH+ 81 (1985), S. 43 ff.

S. Malfroy, Typologie als Methode der Interpretation, in: Werk/bauen+wohnen, H. 11, 1985, S. 59 ff.

S. Muratori, Per una operante storia urbana di Venezia. Relazione sui risultati . . ., Staatsdruckerei, Rom 1960; ders., Civiltà e territorio, Universitätsdruck, Rom 1966

J. Posener, Berlin auf dem Wege zu einer neuen Architektur. Das Zeitalter Wilhelms II., München 1979

J. Schulte-Frohlinde, W. Kratz, W. Lindner, Der Osten (Die landschaftlichen Grundlagen des deutschen Bauschaffens, Bd. III), München 1941

A. Schultze, Die Sielorte und das Problem des regionalen Typus im Bauplan der Kulturlandschaft, Göttingen 1962

M. Scolari, L'impegno tipologico, in: Casabella 509/510, 1985, S. 42 ff.

H. Sedlmayr, Die politische Bedeutung des deutschen Barock. Der „Reichsstil", in: Epochen und Werke II, Wien 1959, S. 140 ff.

E.R. Trincanato, Le forme dell'edilizia veneziana (XV – XVIII secolo), in: Dietri i palazzi. Tre secoli di architettura minore a Venezia 1492–1803, hrsg. v. G. Ghianighian u. P. Pavani, Venedig 1984

Quelle: ARCH+ 85 (1986)

Teil 2

Architektur & Krieg

1

In der Vielfalt der Fäden, die zwischen Architektur und Krieg laufen, sind die verdeckten nicht minder wichtig als die offen zutage liegenden, aber wir diskutieren inzwischen unter Zeitdruck. Die Kriegsvorbereitungen sind Dauerzustand, die zutage liegenden Fäden die näherliegenden, aktuelleren. Der Krieg ist ein mächtiger Arbeitgeber. Wer die Vorbereitungen überhaupt als Tatsache akzeptiert und an sich heranläßt, was da passiert, der tut, was er tut, bereits heute unter Vorbehalt. Nicht nur, wer heute ein Haus zu planen oder zu bauen beginnt, kann nicht sicher sein, die Schlüsselübergabe zu erleben – auch das Nachdenken hierüber und über die Verstrickung von Architektur und Kriegsplanung steht unter dem Zeitvorbehalt. Man braucht sich nicht darum zu streiten, ob das atomare Pulverfaß, auf dem wir Deutschen hocken, an seiner „friedlichen" oder an seiner kriegerischen Seite Feuer fängt – im Effekt ist eine Bombe so gut wie ein AKW. Auch ob das aus Versehen oder als Angriffskrieg passiert, kann einem egal sein. Das wesentliche Faktum ist, daß die Stationierung der neuen Mittelstreckenraketen im Herbst den Zeiger um die entscheidende Spanne vorrücken wird. Von da an ist alles möglich. Von da an ist möglich, daß es keine Architekten mehr in Europa geben wird und keine Architektur – einfach, weil es keine Menschen mehr geben wird und ein Wiederaufbau nicht stattfindet.

2

Daß dieser Fall von der Stationierung an absehbar wird, setzt eine Profitgrenze. Von bisherigen Kriegen haben die Architekten allemal noch profitiert – vorher, indem sie Kasernen, Festungen, Bunker entwarfen, nachher, indem sie freies Feld hatten, um die neuesten städtebaulichen Ideen zu verwirklichen und um Städte, Festungen, Schlösser neu zu errichten. Vom nächsten Krieg ist immerhin eines sicher: Man wird nur am ersten Teil verdienen können, am Zivilschutz, am Bau militärischer Einrichtungen jeder Art, an der Regional-

planung für den Ernstfall. Der zweite Teil, der Wiederaufbau, wird entfallen. Er wäre der weitaus lukrativere.
Die Vorbereitung ist nicht nur vom finanziellen Gesichtspunkt her mager. Selbst damit mag sich vielleicht der eine oder andere begnügen. Aber der springende Punkt ist, daß die Teilnahme an der Vorbereitung selber dazu mithilft, daß es kein Nachher geben wird. Diesmal ist nämlich das Bunkerbauen und Schutzraumherstellen nicht deshalb Kriegsvorbereitung, weil im nächsten Kriege dergleichen gebraucht würde. So kurzsichtig sind die Politiker nicht. Im nächsten Kriege werden Bunker niemanden etwas nützen, auch den wenigen nicht, die möglicherweise bei auf Null geschrumpften Vorwarnzeiten doch noch hineinkommen. Das Bunkerbauen, soweit es nicht Baugeschäft in Krisenzeit ist, ist simple Innenpolitik: Es soll beruhigen, es soll Überlebenschancen vortäuschen, wo keine sind.

3

Lassen wir den allzu offensichtlichen Faden des Geschäfts- und Bürointeresses fallen, es gibt andere Fäden, die mit einer weit schwieriger zu greifenden Macht Kriegsplanung und Architekten beisammenhalten. Näher dran am Subjekt der Architektur, an den Beweggründen des Entwerfens, ist der Wunsch nach Selbstverwirklichung. Dieser Wunsch kann merkwürdige Wege gehen. Wie wenig in den zwanziger Jahren von dem, was gedacht und geplant wurde, verwirklicht werden konnte, das ist bekannt. Der Nationalsozialismus reduzierte ab 1933 die Möglichkeiten noch weiter, insbesondere durch Berufsverbot für die Vertreter des Neuen Bauens und alle die, die, wenn nicht stilistisch, dann allgemein politisch unliebsam waren. 1939 setzte die Kriegswirtschaft dem zivilen Bauen überhaupt ein Ende. Das alles weiß man. Man weiß auch, daß es vielen, die im Nazi-Staat proskribiert waren, gelang, in der Reichswehr unterzuschlüpfen. Und trotzdem ist es ein Schock, wenn man dank dem Medium der Fotodokumentation einmal die Masse der Atlantikbunkerbauten gehäuft auf dem Tisch liegen sieht. Da haben, in den Berliner Büros der Organisation Todt, Architekten entworfen. Da ist sie, die ausgeschlossene Architektur. Das sind nicht einfach Bunker, in Serie nach rein militärischen Gesichtspunkten in die Dünen gesetzt. Das sind wiedererkennbare Architekturen, Manifeste der Strömungen der zwanziger Jahre, Mendelsohn, Organisches, Expressionisten bis Konservative. Da war das nicht Gebaute, in Bunkerform.
Deutlicher kann man architektonische Selbstverwirklichung nicht antreffen.

Was fürs Leben nicht möglich war, gut, das wurde eben für den Tod gebaut. So war es gebaut, war da, blieb nicht ungenutzt, unveröffentlicht, unverwirklicht im Entwerfer zurück. Unübersehbar ist aber auch, daß das eine vergangene Situation ist: Wäre im heutigen Militärmanagement dieser Spielraum überhaupt noch denkbar? In der Organisation Todt muß, wie überhaupt im Nationalsozialismus, noch ein Interesse am Erscheinen der Tödlichkeit militärischer Gewalt vorhanden gewesen sein, allein um dieses manifest überschüssige Ästhetische zu dulden. Wenn man sich heutige Militäranlagen anschaut, diese völlig insignifikanten Hütten, versteckten Eingänge, Hangars, denen gegenüber die Fünfziger-Jahre-Troddligkeit des NATO-Hauptquartiers in Rheindahlen bei Mönchengladbach fast noch heraldisch wirkt, dann ist der Unterschied unübersehbar. Die moderne Tötungsmaschinerie zeigt sich nicht mehr. Was Militärs und Politiker an dieser Maschinerie so geil finden, ist bestenfalls noch in den Raketen ausgedrückt (die aber erigiert ja nie zu sehen sind, sie werden liegend durchdie deutsche Landschaft gefahren oder lagern in unterirdischen Verliesen), im Grunde liegt es auf einer ganz anderen Ebene, der des mathematischen Kalküls: so und so vielfacher overkill. Was bleibt da dem Architekten noch auszudrücken? Der uralte Vertrag zwischen Militär und Architektur ist aufgekündigt. Und das ist gut so. Alle die, die immer nur über die Gesichtslosigkeit der „funktionalen", der bloßen Containerarchitektur lamentieren und dabei vergessen die historische Notwendigkeit mitzudenken, mit der die gesellschaftliche Symbolisierungskraft der Architektur unwiederbringlich den Fluß der Zeit hinabgegangen ist, sollten das stille Experiment im Kopf machen, ihr Lamento von den Kaufhäusern usw. abzulösen und auf die heute im Bau befindlichen militärischen Anlagen zu übertragen. Bleibt einem die Klage da nicht im Munde stecken? Wohlgemerkt, daß das Töten nicht mehr als solches architektonisch erscheint, ist natürlkich kein reiner Fortschritt, solange das Töten selbst weitergeht. Daß aber die Architektur aus dem Arsenal der Militärpolitik ausgesondert wurde, daß man nur noch Ingenieurqualitäten braucht, Vorfertigung, Spezialbeton, Hydraulik usw. – das zeigt zumindest eine tiefgreifende Veränderung im Verhältnis von Krieg und Architektur an, und mithin zwischen Krieg und Gesellschaft. Denn die Bildkraft der Architektur war nie neutral und beliebig. Der Krieg war der radikalste Anlaß für Architektur.

4

Ist also das Problem damit erledigt? Noch nicht ganz. Etwas ganz Wesentliches muß jetzt erst erfolgen: die Verarbeitung dieser Kündigung. Die Kündigung impliziert einen doppelten Tatbestand: Es wird militärisch weiter gebaut, und im Augenblick mehr als zuvor, aber Experten für ästhetische Sichtbarkeit werden dabei nicht mehr gebraucht. Anders als 1939. Da waren SS-Ordensburgen verlangt, ein Neubaukomplex für das OKW in Berlin. Totenburgen für alle Schlachtfelder. Natürlich war das auch schon Maskerade. Die tatsächliche Organisation des Krieges lief völlig abstrakt technokratisch ab, gerade dort, wo sie in der Hand von Architekten lag, erst Tod, dann Speer. Aber immerhin: Die Vorstellungen der Architekten von einer tödlich großen Aufgabe wurden noch bedient. Für Hitler war der ganze Krieg eine ästhetische Veranstaltung, gleichsam ein Architektentraum. Erst die Verwechslung, das Verwischen der Grenzen machte den Krieg so absolut, so monströs, wie er dann wurde, z.b. als Übertragung einer am Planpapier geübten Stadtplanertechnik auf die unmittelbare Kriegswirklichkeit: das Ausradieren von Städten. Und die Mehrheit der Planer und Architekten machte mit: Wo ausradiert wird, wird nachher neu gezeichnet, und beim Neuzeichnen und Neubauen wollten sie dabei sein. Also beide Augen zu beim Radieren.
Dieses Stück Architektenseele ist nicht damit erledigt, daß es keinen Auftraggeber mehr findet. Vieles ist sicherlich inzwischen bewußtlos ausgeschwitzt, aber mindestens ein Rest bleibt, der bewußt verarbeitet sein will, um nicht fehlzuleiten. Der Rest ist das Warten auf den großen Auftraggeber. Diese Rolle spielt der Krieg, das Militär heute nicht mehr. Kein Hitler, kein Himmler, nur die unpersönliche Organisation des Massentodes. Man vergleiche das mit den Technikern. Auch sie sind ständig auf der Suche nach dem bedingungslosen Auftraggeber.
Aber sie haben mit ihrem Gegenstand einen heute allentscheidenden Vorteil über die Architekten: Wo jene nur mit der Symbolisierung des Absoluten beschäftigt sind, stellen sie den bedingungslosen Tod platterdings direkt her. Und darüber, über direkte Vernichtungskapazitäten in Form von atomaren, chemischen und sonstigen Bomben, wird heutzutage Politik gemacht, nicht über die Symbolisierung von Vernichtungsmacht wie noch zuletzt im Nationalsozialismus.
Was aber wird dann aus dem abgewiesenen Architekturwunsch? Es ist schwer vorstellbar, daß das Architektenbewußtsein davon einfach Abschied genommen habe. Das hätte zur Voraussetzung, daß der Verlust bewußt geworden und verarbeitet worden wäre. Das war nicht der Fall. Ein Berufsbewußtsein

ist mindestens so besessen von seiner zentralen Projektion wie ein Individuum, das von einem anderen abhängig ist. Verluste in Beziehungen (durch Abweisung, Trennung, Sterben) werden von dem, der abgewiesen und verlassen wird, dadurch bewältigt, daß er unbewußt Züge dessen, an dem er hing, in sich selbst aufnimmt. Sollte es nicht auch im Architektenbewußtsein die Verinnerlichung der Abweisung und des verlorenen Auftraggebers geben?

5

Aus der Architekturgeschichte sind genügend viele Umwälzungen bekannt. Bleiben wir bei der bislang letzten: der des Neuen Bauens. Was in der Renaissance, was mit der Revolutionsarchitektur um 1780 versucht worden war, lief hier noch einmal: der Anspruch der Architektur, die Welt zu erneuern, indem man sie mit einer neuen kompromißlosen Form versah. Es fehlte nur der Auftraggeber, der der Größe der Sache gewachsen gewesen wäre. Die Republik hatte kein Geld. Auch die französische hatte keines: Le Corbusiers Plan Voisin hätte einen vernichtenden Luftkrieg mit monatelangen Flächenbombardements gebraucht, um (als Wiederaufbauvorschlag) überhaupt diskussionsfähig werden zu können. Corbusier lag diese Konsequenz fern (vielleicht tröstete er sich noch mit den damals unendlich scheinenden Möglichkeiten in der Sowjetunion). Als Berlin dann ab 1943 tatsächlich kaputtgebombt wurde, waren Architekten und Stadtplaner weitgehend zufrieden. Der Krieg hatte endlich alles das, was ihnen ein Greuel war, diese wilhelminische Stadt mit ihren Stuckfassaden, einfach abgeräumt. Jetzt konnte neu begonnen werden. Dieses Einverständnis mit der Zerstörung ist denkwürdig genug. An der Zerstörung der Städte wirklich gelitten hat erst die nächste Generation, und zwar zu einem Zeitpunkt, wo es an die Zerstörung auch der Substanz noch ging, die der Krieg übriggelassen hatte. Zum ersten Mal ist den Architekten dieser zweiten Geneation etwas klar geworden, was bislang als prähistorische Selbstverständlichkeit dazugehört hatte: die Verwicklung ins Zerstören. Wer bauen will, muß abreißen, und wo gehobelt wird, fallen Späne.
Zu allen Zeiten war ein herzhaftes Abreißen und Neubauen die Regel. Es ist unvorstellbar, wie oft die babylonischen, assyrischen, griechischen Tempel neugebaut worden sind, bei den Azteken war das Überbauen der Pyramiden alle 53 Jahre die Regel, die Geschichte der mittelalterlichen Kathedralen ist eine der fast in Jahrhundertfolge stattfindenden Ersetzung kleinerer durch immer größere Gebäude, bis dem System der ökonomische Boden entzogen wurde, und die frühe Neuzeit hat es mit Schlössern und Kirchen, mit ganzen

Stadtteilen und Befestigungen, mit Rathäusern und Bahnhöfen nicht anders gehalten. „Das Alte stürzt, es ändern sich die Zeiten."
Der Einwand liegt nahe, daß wir diese ganze Architekturgeschichte nicht hätten, wenn die Furie des Verschwindens nicht rastlos tätig gewesen wäre, als Krieg, als Unterwerfung von Städten unter Zentralgewalten, als fürstlicher Bauwahn oder als imperialistische Sozialpolitik, Sanierung seit Haussmann. Das ist sicher wahr. Aber inzwischen bekommen wir die Konsequenzen zu spüren. Die Erbauung des Kölner Doms – die von 1220 und die von 1840 – vermag ich nicht mehr losgelöst zu sehen von der Katastrophengeschichte, in die sie, beidemal, eingebettet war. Wir kommen hier an den Punkt, wo es anfängt weh zu tun. Nicht, daß das alles wegzuwünschen wäre. Man kann es ja nicht wegwünschen, man kann sich nur nachträglich zur Logik des Prozesses verhalten. Versailles ist von den französischen Großmachtkriegen nicht zu trennen. BlenheimCastle ist von vornherein als Schlachtenmemorial gebaut (und so genau ist auch Vanbrugh's Architektur). Schon rein vom Finanziellen her steckt Kriegsblut in fast allen deutschen Schlössern: an England oder Frankreich verkaufte Soldaten.
Es gibt nur eine Geschichte. Jenes mörderische europäische Gemetzel, das all die europäischen Kriege hervorbrachte, hat in den Zwischenzeiten, mit denselben ökonomischen Mitteln und denselben politischen Absichten, die neuen Städte, Stadterweiterungen, Staatsgebäude, Schlösser, Kirchen, aber auch die uns heute vertrauten Formen der Höfe auf dem Lande, der agrarischen und Weidelandschaften usw. hervorgebracht, ebenso wie die grundstürzenden Umwälzungen von Menschenmassen, Städten, Landschaften durch die große Industrie. In allem steckt die Logik immer weiter greifender Erfassung, Umwälzung, Zerstörung und Erneuerung – bis zu dieser besonderen technischen Errungenschaft, deren Umwälzungskraft so unvorstellbar groß ist, daß es, wird sie erst einmal an einer Ecke der Welt eingesetzt, nicht nur hier, sondern nirgendwo ein Wiederaufbauen geben wird.

6

Architektur ist nie neutral. In aller Vergangenheit war sie die Sichtbarkeit der Herrschaft, und wo die gesamte gesellschaftliche Ordnung auf der Normalität des Krieges beruht, ist das Bauen und Entwerfen voll dieser Normalität. Zerstörung, Abriß ist so normal wie Krieg. Die Zerstörung des eigenen Landes hat bisher noch jeder Kriegsentschluß in Kauf genommen – man hätte sonst nie mit dem Bau von Festungen die Steuerkraft der Untertanen strapaziert.

Ebenso gehörten die Brände, gleich Pest und Cholera, zu den normalen, jederzeit zu gewärtigenden Katastrophen. Hinzu kamen die stillschweigenden Umwälzungen, Aufstieg und Niedergang, die von entgegengesetzten Enden her alles Gebaute unterminierten. Alles Gebaute beruhte auf Zerstörung, und die Leidenschaft des Erscheinens, die alle große Architektur erfüllte, wäre schlecht verstanden, läse man sie nicht als Beschwörung des eigenen Verhängnisses. Nur dort, wo Jahr für Jahr jeder verlorene Krieg, jeder Brand, jede Fürstenlaune das gerade Gebaute bereits wieder verschwinden lassen konnte, war es nötig, die Behauptung der Macht so halsbrecherisch und wider alle historische Wahrscheinlichkeit zu steigern, wie das in der neuzeitlichen Architektur der Fall war. Es wäre auch nie große Architektur daraus geworden, wenn die behauptete Größe und Unbedingtheit nicht die der heroisch vorweggenommenen Zerstörung gewesen wäre.

Um so folgenreicher ist der Bruch heute. Das scheinen zunächst zwei völlig verschiedene Tatsachenreihen zu sein. Auf der einen Seite ist eine Generation von Menschen in Europa herangewachsen, die den Friedensbeteuerungen der Kalten Krieger so weitgehend geglaubt haben, daß für sie in der Tat heute der Krieg nicht mehr die Regel, sondern die tödliche Ausnahme ist. Die Menschen wollen keinen Krieg mehr, um keinen Preis. 75 Prozent der Deutschen etwa, sagt eine unterdrückte Umfrage, sind heute gegen die Atombewaffnung und damit gegen die mit den Atomwaffen gesetzte Kriegsbereitschaft. Auf der anderen Seite gibt es eine wachsende Fraktionierung unter Architekten. Immer mehr Architekten brechen aus der Logik aus – oder versuchen es, auszubrechen –, die da besagt, daß, wer bauen wolle, zuvor zerstören müsse. Sie wollen bauen, wo Neues nötig und besser ist. Aber sie wollen dafür keinen Kubikmeter umbauten Raumes opfern, der noch brauchbar ist. Das begann mit einer von außen kommenden Einsicht in die ökonomische Logik des Abreißens. Aber man mache sich nichts vor: So still steht die Geschichte nicht. Heute ist etwas daraus geworden, was von innen kommt, was den innersten Kern der Architektentätigkeit berührt: nicht mehr zerstören, um keinen Preis, auch nicht um den der Selbstverwirklichung.

7

Das Bündnis der bisherigen Architektur mit der Zerstörung war nie ein Geheimnis. Es wäre sonst nicht an den Krisenrändern der Architekturgeschichte so viel manifeste Zerstörung mitgebaut worden. Die erste moderne Architekturkrise war der Manierismus, erste Götterdämmerung (von weiteren) der unbedingten Architektur und des freien Geniearchitekten. In der Architektur fand der Manierismus zwei verschiedene, einander ergänzende Parolen. Die eine war *Vignolas Gesù*: die geistige Militanz; die andere war das Werk *Giulio Romanos* in Mantua: die vorweggenommene Zerstörung. Von Vignola ging es weiter zu Maderno usw., in die Normalität des Architekturtheaters. Von Romano aus führte der Weg zur seitherigen Kriegs- und Festungsarchitektur. So oder so, war die Architektur die Vorbereitung des Krieges mit anderen Mitteln.

Giulio Romano aber hat das Verdienst, das spezifisch architektenmäßige Lustmoment daran offen gezeigt zu haben. Innen wie außen wütet das Erdbeben: Säulen stürzen und zerschmettern die Gesellschaft der Giganten, im Ausbau lösen sich die Triglyphen einzeln und schweben mitten im Absturz, ganze Fensterarchitekturen sind vor dem Zerbrechen und Hinabgedrücktwerden, die Torsäulen scheinen gerade erst wieder aus roh den alten Gebäuden entrissenen Säulentrommeln aufgeschichtet und schon wieder scharf auf das nächste Zerstörtwerden. Daß diese Emblematik des Bebens den Krieg meinte, verstand damals jeder. Was gezeigt wurde, entsprach den Tatsachen. Aus Giulio Romanos Spiel wurde gerade deshalb in der nachfolgenden beamteten Staatsarchitektur etwas ganz Normales: die architektonische Berufsmaske der Militärbauten.

Am anderen Ende des historischen Weges steht ein Foto: die Sprengung eines nicht mehr sanierbaren, zum Slum gewordenen Hochhausviertels in Saint Louis Anfang der siebziger Jahre. Was war damals – und ist noch heute – an Foto und Tatsache so faszinierend? Sicher nicht nur die Sprengung als solche, da dürfte die Schaulust der Architekten die gleiche sein wie bei allen anderen. Näher dran ist man jedenfalls, wenn man in dieser Sprengung das Wahrwerden eines Architektenwunsches sieht. Denn wohlgemerkt: Es handelte sich um nachbürgerliche Architektur, um Planungscontainer aus den frühen fünfziger Jahren. Die Sprengung tat ihnen das an, was der verzweifelte, enttäuschte Wunsch nach Architekten allen diesen Bauten ohnehin antun will: sie für das bestrafen, was diese unsere Architektur ihnen an Selbstverwirklichungschancen, an traditionellem Architektenschicksal, an Kampf, Sieg und Unerbittlichkeit vorenthält. Man kann das narzißtisch verklären, solange man so einen Container entwirft, aber schon wenn er fertig steht, ist die Enttäuschung nicht mehr zu überhören.

Die Sprengung war aber noch mehr: Sie war eigentlich produktiv. Sie erst brachte die Achitektur in jenes Schwingen, das Architektur ausmacht. Was Giulio Romano als Emblem anmontierte, hier war es Wirklichkeit: Einen Fotoaugenblick lang schwebt das Gebäude zwischen Himmel und Erde frei und vielgliedrig in der Luft, stürzt, und steht doch als Form noch da. Anders gesagt: Heute haben, solange man das traditionelle Architekturideal festhält, die Gebäude jenen Augenblick, der ihre volle Wahrheit heraustreten läßt, erst noch vor sich; diese Wahrheit muß ihnen, da sie sie nicht mehr anschaulich in sich tragen, durch Zerstörung hinzugefügt werden. Die Ruinensehnsüchte der Aufklärer, die sich Mittelalterliches oder Antikes in zerstörtem Zustande bauten, auch die wieder so modernen ruinösen Trickhöllen Piranesis, die diesen Parkruinen gleichzeitig waren und die eigene Gegenwart meinten, das ist inzwischen endgültig Kulturgeschichte. Die Vollkommenheit der Zerstörung haben die modernen Bauten aus der Zukunft zu erwarten.

8

Der Versuch der Gewissenserforschung kommt hier zwangsläufig an die Kernfrage, was einer eigentlich, auf die unbewußten Inhalte und Implikationen seines Handelns gesehen, tut, wenn er ein Gebäude entwirft. Daß er baut, ist eine Fiktion – das machen andere. In der Architekturtradition ist Bauen das genaue Gegenteil, abhängige bewußtlose Handarbeit, die das errichtet, was gerade nicht Architektur ist, die materielle Gebäudemasse. Wie eine messerscharfe Scheidungserklärung steht am Anfang der neuzeitlichen Architektur die Überschrift Disegno.
Der Disegno ist der Entwurf, der Plan. Er ist gleichsam eine intellektuelle Maschine. Im Herstellen des Plans entsteht das eigentliche Werk, auch wenn die Beziehungen zwischen Kopf, Papier und gebautem Haus damals doch noch weit konkreter waren als heute (sonst hätte man damals mit dem Disegno-Begriff nicht so übertreiben müssen). Der fertige Plan wird, der Theorie nach (die Praxis hätte so nie funktioniert), auf die unmündige Handarbeit mit ihren Steinen und Mörteln projiziert. Im deutschen Wort Entwerfen ist der Zusammenhang mit den im Maßstab 1:1 zu lösenden Visierproblemen vordringlich, aber auch da ist die Distanz schon da. Aufgrund der Distanz ist der Prozeß auch umkehrbar: als Bauaufnahme, die dem Abriß (oder dem Umbau oder dem Wiederaufbau) vorausgeht. Der Verdichtungsprozeß, der bei letzterem vor sich geht, zeigt die Gewichtsverteilung noch viel eindrucksvoller. Das Haus selbst ist, streng genommen, nicht das Gemeinte.
Daraus ergeben sich zwei Folgerungen. Die erste ist: An gebauter Architektur erscheint immer auch – gleichsam in Plakatform – die Anzeige, daß das Haus als Haus unwichtig ist, daß es auf etwas Höheres, etwas Unbedingtes ankommt, für das alles übrige – die wirklichen Materialien, die Finanzierung,

die Nutzung durch den Bewohner, die herstellende Arbeit – nur Vehikel ist. Die Art und Weise, wie das mitgeteilt wird, hat sich historisch ungeheuer im Lauf der Gesellschaftsepochen gewandelt. Heute haben wir nur noch einen schäbigen privaten Rest davon. Aber immerhin, wenn heute ein Stadtarchitekt ein innerstädtisches Stadthaus mit einer palladianisch proportionierten Fassadentafel aus gefüllten und leeren Rasterflächen versieht, dann meint auch er noch damit etwas, was für sich stehen soll, zur Hölle mit allen Benutzern, Bewilligungsformen und Baubeamten.

In dieser letztendlichen Distanzierung liegt der Sinn der traditionellen Architektur, ihre, mit dem zentralen Ausdruck der bürgerlichen Metaphysik gesprochen, transzendentale Aufgabe – transzendental verstanden ganz im Sinne Kants als unvordenkliche Kennzeichnung einer Grenze und einer Bezeichnetheit durch etwas, was jenseits der Zweckbeziehungen des bürgerlichen Lebens steht: unbedingt ist. Diese Unbedingtheit immer neu den schnöden Verhältnissen abzuringen, war der Kampf der herkömmlichen neuzeitlichen Architektur seit Anbeginn der Renaissance. Von daher leitete sich die notorische Zweideutigkeit der Architektur her, jedem Auftraggeber zu dienen und mit keinem bis zuletzt solidarisch zu sein, weil es immer um etwas Letztes, Unbedingtes ging, etwas, wofür der abgegriffene Ausdruck auch längst nur noch ein Verzicht aufs Denken, Nachfragen und Begründen ist, nicht der provokative Schlachtruf, der er einmal war. Hinter der Kunst steht die eigentliche dunkle Figur des Auftraggebers der Architektur, jene letzte Verkörperung, um die die Architekten des klassischen Europa wirklich gekämpft haben und der zuliebe sie bereit waren, sich jeweils dem mächtigsten Auftraggeber in die Arme zu werfen, gar noch dem italienischen Fascismo und dem deutschen Nationalsozialismus.

9

Unser Bild von der Architektur stammt aus der Renaissance. Das heißt nicht, daß wir wirklich wüßten, was in diesem heroischen Zeitalter mit dem Umbruch zur neuzeitlichen Architektur wirklich passierte. Was wir in den Vordergrund zu rücken gewohnt sind, ist die Forderung nach der Autonomie der Kunst – die in der Tat damals neu war. Das, was am Gebauten – Stadthaus, Spital, Kirche, Turm – Kunst war, sollte den ökonomischen und ästhetischen Zwecken der Gesellschaft nicht unterliegen, es sollte um seiner selbst willen da sein dürfen. Die mittelalterliche Selbstlosigkeit des Architekten war aufgekündigt. Aber wer würde künftig diese architektonischen Selbstverwirklichungen bezahlen? Die Architekten meinten, dazu sei die Gesellschaft da, und sie werde für Schönheit genauso zahlen wir für Gott und Gottesdienst. Das war gezielte Illusion. Die wirkliche soziale Basis der Architektur von Brunelleschi bis Michelangelo war eine ganz andere: der bewaffnete Stadtstaat. Je bedingungsloser die Architekten eine ästhetische Sprache der Unbedingtheit formulierten, desto begehrter waren sie bei den rivalisierenden Familien, bei den zu Landesherren gewordenen Condottieri, den persönlich Krieg führenden Päpsten. Erst als sich, etwa um 1550, das Staatensystem konsolidierte, begann sich eine beamtete Staatsarchitektur auszubilden, die in allem, was sie tat, das Zeichen ihres Herrn aufpflanzte. Der Manierismus ist die Krise, durch die hindurch sich die rinascimentale Unbedingtheit zur Staatsfrömmigkeit läuterte. Wenn diese Unbedingtheit einen gleichartigen Partner besaß, dann waren es die kriegsführenden, ständig vom Untergang bedrohten Signori des 15. Jahrhunderts.

Dieser Zwiespalt kennzeichnete überhaupt das Projekt der Renaissancearchitektur. Die Unbedingtheitsforderung realisierte sich als eine umstürzende Überformung des städtischen Raumes und des einzelnen öffentlichen Baukörpers – durch die neue Methode, die wissenschaftliche Entwurfsgeometrie. Aber gleichzeitig mußte diese Unbedingtheit sinnlich sprechen. Hätte sie die bestehende Sichtbarkeit der Architektur wiederholt, hätte sie sich selbst widerlegt. Die einzige anschaubare Unbedingtheit, die zu haben war, war also eine tote, eine erst aus dem Grabe hervorzuholende, in der neuen Architektur wiederauferstehende Sichtbarkeit: die antike Form. Diese tote Form wurde zum Abzeichen der neuen Unbedingtheit. Sie wurde zu einem Ornamentkanon, der noch einmal auf tödlichem Ernst und tödlicher Herkunft beharrte.

Daß das nicht an den Haaren herbeigezogen war, ist bekannt. Die Architektur hatte ja einst an jenem frühgeschichtlichen Punkt angefangen, wo in der Gesellschaft Häuser gebraucht wurden, die mehr waren als Häuser, nämlich deren Urbilder: Gräber (auf dem Wege zum Tempel). Für die erste neuzeitliche Architektur war das aber nur ein Kopfschmuck, der sagen sollte, daß der Autonomieanspruch eben bis zum Schluß gehen wollte. Denn faktisch wollte man mit den Mitteln der Raumunterwerfung die sichtbare Welt erobern und unterwerfen und mit Mahnmalen der Eroberung vollstellen. Eine Welt nach meinem Bilde, eine Stadt, ein Haus ganz aus einem Guß, alles aus einem Guß – das war (und ist) das architektonische Wunschbild. Der Architekt wurde zum nächsten Verwandten des Kriegers, des Condottiere, der sich aus eigener Gewalt eine Herrschaft schuf.

Von daher ist deutlich, daß unter der beruhigten Oberfläche der Staatsarchitektur des Ancien Régime immer auch ein kleiner Vulkan brodelte. Um 1780 war das klassische Zeitalter der Architektur, das 1420 mit Brunelleschis Palazzo della Parte Guelfa begonnen hatte, zuende – das Architekturbewußtsein war der beamteten Langeweile und Ausgewogenheit ebenso müde wie der höfischen Spiele. Die Revolutionsarchitektur von Boullée und Ledoux, der Frühklassizismus von F. Gilly und C.F. Hansen ist in Wahrheit keine Architektur der Umwälzung, sondern eine des bewegungslosen unbedingten Augenblicks, sie ist Todesarchitektur in der vollen Ausschließlichkeit des Wortes. Noch einmal, nun mit präzisem archäologischen Wissen, ging man auf die Antike zurück. Die antiken Grabbauten wurden zu den Prototypen der bürgerlichen Architektur, bis hinein in die manufakturelle Vorfertigung der Fenster- und Gesimsornamentierungen. Nur das Erhabenste war als Anlaß brauchbar, der tote Konstrukteur der Welt (Boullées Grabmal für Newton), der tote Held (Gillys Grabmal Friedrichs II.). Aber der Weltgeist hat kein Geld. Die Grabmonumente blieben ohne Bauherren (gebaut wurden Ledoux' Zollhäuser).

Mit fortschreitender Geschichte ist Unbedingtheit immer schwerer zu realisieren, es fehlen Gegenstände wie Bauherren. Am Vorabend des Ersten Weltkrieges versuchten in Berlin Peter Behrens, in Wien Otto Wagner noch einmal eine Architektur der unbedingten Größe „heraufzuführen", eine Todesarchitektur von angestrengtester Unerbittlichkeit – aber, so faszinierend das heute zu sehen ist, so zwingend sie formulieren konnten, so verschieden sie es angingen, man wird den Eindruck der Inszenierung nicht los. Die motorisierten Materialschlachten waren dann etwas ganz anderes. Darauf, auf den tatsächlichen Krieg und die wirklichen Toten, haben die Architekten nicht zu reagieren gewagt, sie reagierten mit einem Abstraktionsschock: dem Neuen Bauen. Noch einmal, ornamentlos, die Unbedingtheit der Form, der Wille, eine ganze Welt neu zu formulieren. Der Plan Voisin setzt, wie gesagt, die Zerstörung von Paris voraus, auch wenn die erreichte Abstraktion ein Paktieren mit dem Krieg nicht ausdrückt.

Der geheime Auftraggeber war, verkürzt gesagt, der Tod – verstanden als ein gesellschaftlicher Grundvertrag, wo Überleben an Macht geknüpft war, damit an Krieg und an Vernichtungsgewalt über jedes einzelne Leben. Die Architektur war gleichsam die gebaute Seite eines längst nicht mehr voll verstandenen gesellschaftlichen Opferritus. Sie selber hielt den Zusammenhang länger und offener aufrecht als jede andere Institution: im Bauopfer. Daß dieses Ritual – heute nennt man das verharmlosend Grundsteinlegung – als einziges Ritual direkt überdauerte, beweist besser als alle anderen Überlegungen diese besondere Herkunft des Architektonischen am Gebauten.

Im gleichen Zuge ist aber auch klargelegt, daß die Beziehungen zwischen Architektur und Krieg immer nur indirekt sein konnten. Der Krieg war bestenfalls ein privilegierter Auftraggeber – derjenige, der am ehesten aufs Ganze ging und dessen Zerstörungstotalität dem Architekturauftrag, der Unbedingtheit der „Kunst", am nächsten kam. Eher sind es Verwandtschaftsbeziehungen, Wahlverwandtschaften. Die Kriegsarchitektur von Schlüters Berliner Südportalen am zestörten Schloß, Schinkels Neue Wache, Behrens' Unerbittlichkeitsanstrengungen für die AEG oder die deutsche Botschaft in Petersburg, das darf, so eindrucksvoll die Reihe ist, nicht verabsolutiert werden. Gilt als Gipfel barocker Heiterkeit nicht Neumanns Vierzehnheiligen? Die eigentliche intellektuelle Form, die als gesehener Raum die Konvention der üblichen Kreuzbasilika durchbricht und transzendiert, ist die der Grabeskapelle, wie sie seit Constantins Bau in Jerusalem eine Grundidee der Architektur war, und der Gnadenaltar ist seiner Form nach ein Grabaufbau.
Im Zentrum des Architekturauftrags der Vergangenheit steckt nicht das Kriegführen selbst, sondern eine Disposition zu einer Unbedingtheit, die sich zum Schluß nur noch im unbedingten Vernichtungswillen des Krieges wiederfinden kann. Darin steckt aber eine zu beachtende historische Zuspitzung. Daß das Kriegführen gleichzeitig zu einer eigenen Industrie wurde, die den architektonischen Ausdruck gar nicht mehr braucht, setzte hier gleichzeitig zur Bedingung, daß mit den Mitteln der Architektur eigentlich nichts mehr zu machen war: es sei denn, der Architekt würde, statt zum Dekorateur, zum Organisator des Krieges. Das verrät bereits – Albert Speer führte es vor – den alten Auftrag. Daß es sich auf eine andere Bedingung architektonischen Handelns stützen kann, das ist noch zu zeigen.

10

Aus der Verselbständigung des neuzeitlichen Entwurfsprozesses ergibt sich noch eine zweite Folgerung, die meist übersehen wird. Das Verhältnis Entwurf – realisierter Bau, von dem ich bisher ausging, ist eine platonische Verkürzung dessen, was seit der Renaissance die Dynamik des Entwerfens ausmacht. Die Pläne fallen weder vom Himmel noch fertig aus dem Kopf heraus. Sie müssen erarbeitet werden, in einem zähen Ringkampf mit Aufgabe und Verwirklichungsbedingungen der konkreten Situation. Die Bewältigung der Entwurfsmasse und der widerstrebenden Bedingungen, ihre Beugung unter die Unbedingtheit der Form, wie groß immer die Widerstände sein mögen, das ist die eigentliche herakleische Tat des Architekten, seine Berufsmacht, sein Stolz: der Beweis der Kraft.

Was sich im Haus materialisiert, ist niemals dieser Überwältigungsgang. Dort materialisiert sich die gefundene Form, in der alle Kämpfe schon versöhnt sind und in der das fast Unzumutbare der Aufgabe nur noch leicht erscheint, weil gelöst, und als Form verklärt. Der Kampf des Entwerfens bleibt privat. Michelangelo schloß sich ein, bis er fertig war. Aus den Archiven konnten die Historiker viel später hervorholen, wie auch die Größten um die endgültigen Lösungen gekämpft haben, und wer sich in diese Prozesse hereinarbeitet, der weiß auch, daß keine dieser Lösungen wirklich endgültig ist, und das Gelingen auch von den Größten oft nur mit knapper Not gestreift wird. Plan und Bau sind schon Entäußerungen, Vergesellschaftungen außerhalb der Subjektivität des Architekten. Trotzdem verstände man die Architekten schlecht, wollte man daraus schließen, sie beschieden sich mit der Privatheit des Entwurfsprozesses. Auch er erhält, analog dem Plan, seine Materialisierung, die zwar ihrerseits verschwindet, aber als Fama erhalten bleibt. Den Zeitgenossen war offensichtlich der Anteil der Maschinenkunst so wichtig wie das Gebaute selber, ob Brunelleschi, Michelangelo, Elias Holl oder Schlüter. In der Logistik des Bauens wird aus der intellektuellen die wirkliche Maschine, Hebe-, Stütz- und Verschiebekonstruktion. An der Genialität und Kühnheit dieser Vorrichtungen hängen Erfolg oder Mißerfolg. Einstürze waren wie verlorene Schlachten: Der Architekt hatte das Feld zu räumen, seine Feinde triumphierten über ihn (siehe in Berlin Schlüters Abgang und die Ausweisung von Grael). Gewann er, standen ihm sämtliche wünschbaren Aufgaben offen. An diese zweite Architektenperson muß man sich halten, wenn man den ebenso merkwürdigen wie auffälligen Zusammenhang zwischen Architektur und Kriegstechnik verstehen will. In Leonardos Tagebüchern bildet das Skizzieren (der eigentliche disegno) von Zentralkirchen (quasi Petersdomen), Kriegsmaschinen, Sanierungsprojekten und Anatomie ein psychologisch durchaus schlüssiges Äquivalent. Dürer schrieb nicht nur ein Buch über Perspektiven, sondern auch eines über den Festungsbau; zwei seiner Entwürfe wurden übrigens gebaut (der Munot über Schaffhausen steht bis heute, und auf einem Dürerschen Musterplan geht auch der realisierte Schickhardtsche Plan der Festung Freudenstadt zurück): wiederum ein Äquivalent. Michelangelo kommandierte 1529 die Florentiner Festungswerke gegen die päpstlichen Truppen, deren Kernstück, Bastionen und Geschützturm von San Miniato, er selber gebaut hatte. In Deutschland stellte sich im Barock der Zusammenhang von Staats wegen her: viele unter den Oberbaudirektoren der einzelnen Staaten (z.B. Neumann, Welsch, Schlaun) waren ihrer Ausbildung nach Artillerieoffiziere und Festungsingenieure.
In der Leidenschaft der Baumaschinerie zeigt sich die traditionelle Architek-

tur als so enge Schwester der Kriegskunst, daß mitunter die Felder austauschbar werden. Am Ende dieses Kapitels steht der Lebenslauf Speers: Als Architekt gescheitert, wurde er zum Organisator von Architektur, dann von Kriegsarchitektur und schließlich des Krieges schlechthin, des totalen Krieges. Schon die Reichskanzlei war kein architektonisches Ereignis, sondern kriegswirtschaftlicher Probelauf: in kürzester Zeit unter diktatorischer Konzentration aller Mittel eine aus echtem Material errichtete Kulisse hinzustellen. Unter Bedingungen, wo die Unbedingtheit des Plans schon historisch überholt war, war die unbedingte, nein: totale Organisation des Bauens, oder jeder anderen vergleichbar diktatorisch organisierten Produktion, seine eigentliche Selbstverwirklichung als Architekt. Er war nur der erste, der sich ganz auf diese zweite Person konzentrierte. Heute, wo Architekten sich in anonymen Monsterunternehmen wie dem Aachener Krankenhauszentrum, dem Berliner ICC, der Bochumer Universität verwirklichen, fiele er nicht weiter auf.

11

Nur noch einen kleinen Schritt weiter. Bisher war das meiste historischer Rückblick, befaßt mit historisch gewordenen Bindungen und Versuchungen. Es könnte sein, daß darunter noch eine naive Schicht liegt, an die der historische Prozeß weniger herankam, wo also Wachsamkeit noch nötig wäre. Kurz gesagt: Kriegsarchitektur ist die einzige Gelegenheit, bei der die Architektur nicht primär symbolisch auftritt. Sie ist hier nur die verfestigte andere Seite der Kriegsmaschinerie, der Logistik, der kriegswirtschaftlichen Organisation. Hier müssen die Massen selbst standhalten, und zwar im Kriege. Der symbolische Anteil – die Kartuschen und Portalgrimassen der ständestaatlichen Festungen, die Designanteile der Atlantikbunker – ist nur ein Zubrot, zur Not entbehrlich. Auf die Mauerstärken, auf die Auftreffwinkel, auf den Aktionsradius der eigenen Kanonen, darauf kam es an. Dann wurde damit gespielt: hielt der Damm oder hielt er nicht.
Es wäre ein müdes Argument, hier mit der modernen Arbeitsteilung zu kommen. Natürlich ist das heute längst Ingenieurarbeit. Um so schlimmer deshalb für den Architektenberuf, denn die Lücke bleibt ja, und damit ein weiterer Block unerfüllter Wünsche im Untergrund des Architektenbewußtseins. Die eigentlich gemeinte Wunschtätigkeit läßt sich arbeitsteilig nicht reduzieren. Wo sie kann, bricht sie sich Bahn. Gerade das architektonisch Genaue, obwohl rein Zusätzliche der Bunkerarchitekturen des Atlantikwalls beweist die

Faszination des Entwerfers auch durch die Aufgabe. Es wäre viel zu milde geurteilt, wenn man meinte, da hätten sich ums Realisieren betrogene Architekten eben an die Bunker gehalten. Das war wohl sicher der Anfang: Wie genau aber die Gestaltung sitzt, wie sie gleichsam aus der Seele des Bunkers spricht, indem sie diese Seele allererst erfindet und die klobige Betonmasse zur sprechenden Bedrohung, Angst und Wachsamkeit werden läßt, das beweist die ganz tief greifende Identifikation. Nur so ist auch verständlich, wie die Erbauer, Benutzer, Eroberer noch heute davon nicht loskommen, nur so begreift sich *Paul Virilios* zwanzigjährige Fixierung auf diese Bunkerarchäologie, die er dann mit dem anhand der Bunker vollzogenen Übergang von der Architektur in die Philosophie bewältigt hat, in einer Form geordneten Rückzugs.

Noch einmal trifft man hier die letztliche Distanz zum Gebauten. Daß es hält, ist nicht das letzte Interesse. Interessant ist, ob es hält. Wenn es gehalten hat, kann man die Sache vergessen, wenn nicht, dann wird sie erst recht interessant. Das ist der Materialprüfer im Architekten, dieses Dämme bauende Kind, das immer zugleich auf beiden Seiten ist, der der zerstörenden, angreifenden Kräfte und der vorkehrenden, sichernden, jeden Durchbruch ausschließenden konstruktiven Maßnahmen. Da ist der Einsturz der Kathedrale von Beauvais so spannend wie die Belastungspüfung nach DIN an einer neuen Ziegelvariante. Da ist der Bauschaden, wenn man die Fotos klaffender Wunden und die grimmigen Texte der Bauschadenexperten nimmt, so erregend wie eine gefundene Form.

12

Aber all das ist Vergangenheit. Von der Sorte Krieg, die auf uns zukommt, ist nichts mehr zu lernen. Nicht einmal aus dem Rationalisierungsblickwinkel läßt sich da eine Rechtfertigung finden. Im Ständestaat war der Krieg noch ein Modernisierungsfaktor erster Ordnung. Die ersten durchrationalisierten Städte waren die Festungsstädte, voran Palmanova. Kein moderner Stadtplan damals, der sich nicht gleich doppelt auf Militärisches bezogen hätte, in der Übernahme des römischen Lagergrundrisses wie in seiner Verschmelzung mit dem neuen Befestigungssystem. Militärbauten wurden vorbildlich für die Organisation großer Arbeiten ebenso wie für die Typologie des Industriebaus und später des Arbeiterwohnungsbaus, für alles, was in Reihe gebaut wurde. In der bürgerlichen Gesellschaft inspirierte immerhin noch der Bürgerkrieg die Stadtplanung, zumindest in Paris. Noch der Zweite Weltkrieg konnte als stadtplanerischer Eingriff gerechtfertigt werden: Die Stadtplaner nahmen die Ergebnisse der Flächenbombardements dankend entgegen, und da die Zivilschutzbunker gehalten hatten, war – von einigen hunderttausend Verschütteten abgesehen – eigentlich alles in Ordnung. Das, was sich als kommender Krieg abzeichnet, geht nun völlig am bestehenden Wohnen der Menschen vorbei. Die notwendigen Organisationsleistungen, die das Abfeuern der Raketen braucht, sind vergleichsweise banal, ein paar Zufahrtsstraßen und versteckte Rampen. Irgendwelche Impulse und Modelle für die Modernisierung der Städte, der Häuser, des Lebens fallen nicht mehr dabei ab. Ob unter einem Schweizer Chalet ein angeblich atombombensicherer Stahlbunker versteckt ist, das ändert nichts an der Anlage des Chalets, der Bunker ist nur ein teures unbrauchbares Hemmnis. Von dieser Sorte Krieg ist für eine Architektur, die mit mitteleuropäischen Sozial- und Klimaproblemen befaßt ist, nichts mehr zu lernen. Auch unter dem allerbegrenztesten Blickwinkel ist Krieg nicht mehr fortschrittlich.

13

Bauen war nie das Gegenteil des Krieges und nie einfach Aufbau, Dienst am Leben – eher im Gegenteil. Aber die historischen Grundlagen sind aufgelöst, die alten dunklen Fäden weitgehend abgeschnitten. Diese mit dem Kriegführen liierte Ewigkeitsarchitektur, diesen tödlichen Unbedingtheitszwang gibt es nicht mehr. Was davon blieb, sind private Schatten, Nichtbegriffenes, noch nicht Verarbeitetes. Kein Architekt kann sich mehr auf jene Beschwörungsanstrengung zurückziehen, die in sich selbst begründbar war und also in ihrem Widerspruch gegen die Verhältnisse, gegen das Benutzen. Keine Architektur ist heute mehr möglich ohne die Beziehung auf die lebendigen Menschen, auf die Lebensverhältnisse, die dazugehören. Man kann daran vorbeibauen, kann das persönlich ignorieren und von Kunst reden. Aber man kann den Wandel nicht ungeschehen machen, und man kann ihn vor allem im Gebauten nicht vergessen machen. Der nachgeahmte Rest alter Todesbotschaft spricht nicht für das Gebaute wie einst, rückt es nicht mehr aus der Zeit heraus, sondern richtet sich gegen es, läßt es noch schneller veralten.
Der Wunsch, daß das, was wir tun, bleiben möge, ist keineswegs falsch. Falsch wird er, wenn er ohne die überlebenden Menschen auskommt. Ohne die, die nach uns leben werden, gibt es kein Bleiben. Wenn die Neutronenbomben, die die USA gerade zu produzieren beginnen, eines Tages uns Mitteleuropäer ausrotten sollten, dann gäbe es eben auch alles für uns Bleibende nicht mehr.

Der Architektenreflex ist blitzschnell da: Warum soll der Kölner Dom nicht bleiben, warum soll ich eine Bombe allein deshalb ablehnen, weil sie mich nicht übrig läßt – ist das nicht schon etwas, wenn die großen Bauten bleiben? Habe ich das Recht, über deren Sein oder Nichtsein zu rechten? Ich glaube, daß das ein Trugschluß ist. Wenn wir tot sind, gibt es den Kölner Dom nicht mehr, auch wenn er noch wohlbehalten dastehen sollte. Auch wenn wieder Menschen am Rheine siedeln sollten, kolonisierende Amerikaner etwa, mit dem Wissen, daß das der Kölner Dom ist, es wäre nie wieder der Kölner Dom. Aber das ganze Argumentieren ist abstrus. Eine Bombe, die die Menschen tötet und die Häuser stehen läßt, läßt die Architektur gerade nicht übrig, sie vernichtet das Wesentliche.

Angesichts einer realen und unter ernsthaften Menschen nicht mehr zu leugnenden Kriegsgefahr stehen vielerlei persönliche Schritte offen. Zu den entscheidenden Zeichen der Zeit gehört aber auch, daß sich an dieser Bedrohung die Neutralität der Berufe auflöst, ob Ärzte, ob Juristen, ob Techniker, ob Architekten. Die freie Wahl ihrer Reaktionen, die sie als Einzelperson haben, haben die Architekten als Berufsstand keineswegs. Vom Krieg haben sie nichts zu erwarten. Wenn es weiter Architektur geben soll als eine der großen Formen menschlichen Bleibens, dann ist es für sie, eben als Architekten, höchste Zeit, den Kampf gegen den Krieg aufzunehmen.

Quelle: ARCH⁺ 71 (1983)

Teil 3

Aneignung von Stadtquartieren –
oder was in der Bundesrepublik davon übrigbleibt
(Zum Beispiel Kreuzberg)

Was heißt Aneignung? Leben wir in Zeiten und in einem Land, wo die Aneignung der gebauten Umwelt eine Tatsache ist – Aneignung der Städte durch ihre Bewohner, der Fabriken durch die darin Arbeitenden, der Schulen durch Lehrende und Lernende, usw.? Man weiß, daß das nicht der Fall ist. Oder drückt sich im theoretischen Interesse für Formen der Aneignung von Architektur ein massenhafter Einstellungswechsel aus – als wollten immer mehr Leute die doppelte Fremdheit des Gebauten nicht mehr hinnehmen: Mittel zu sein zur Reproduktion, und, wenigstens meist, aus Prinzip anderen zu gehören, dem Staat oder dieser oder jener Kapitalfigur? Darauf ist schon weit schwerer zu antworten. Denn so sehr das Wort Aneignung einen neuen Sprachgebrauch für eine alte Sache darzustellen droht, so ist doch auch möglich, daß das neue Interesse unmerkliche Veränderungen der Sache anzeigt oder auch beiträgt, sie herbeizuführen.

Also ist Vorsicht angeraten. Einmal, um neue Entwicklungen nicht schon deshalb auszuschließen, weil sie unseren theoretischen Erwartungen widersprechen, so, wenn es um Aneignung von Wohnungen und Stadt- und Naturräumen eher geht als um die Aneignung der Fabrik, um kleinbürgerliche Ängste eher als um proletarisches Klassenbewußtsein. Zum anderen aber auch, um im Umgang mit einem unklaren Begriff wie Aneignung den ökonomischen Kern des Ausdrucks nicht außer acht zu lassen. Allzu leicht geht Intellektuellen ein, daß Aneignung gleichsam kostenlos möglich sei. Denn es liegt für sie nahe, das Klassenprivileg zu verdrängen, das in ihrer Aneignung von Wissen wirksam ist und ihre scheinbar rein ideellen Anstrengungen zu höchst realen ökonomischen Prozessen macht; das auch, als Hineingeborenwerden in die besseren Viertel, hinter jener scheinbar ganz unökonomischen, rein ideellen Aneignung steckt, in der sie sich ihr Viertel, ihre häusliche Umgebung, ihren Arbeitsplatz, ihren Urlaubsort emotional erschließen. Die mühelose Erfahrung droht dann, sich in Aussagen über andere niederzuschlagen, als könnten jene auch so kostenlos aneignen. Dieses Vergessen der ökonomischen Voraussetzungen macht dann einen Begriff wie den der Aneignung zur billigen Metapher.

Mit der Ideologie der kostenlosen Aneignung der gebauten Umwelt bin ich indessen beim Thema, nämlich bei dem, was in der Bundesrepublik von der kollektiven Aneignung, wie sie in Italien z.b. an einigen Punkten in gewisser Form unter bestimmten Bedingungen in Gang gekommen ist, übrigbleibt. Die in der Bundesrepublik herrschende Form der Aneignungshoffnungen kommt noch von oben: „Verbesserung der Qualität des Lebens", das ist Aneignungsbedürfnis nur in der Form des staatlichen Vorausgriffs auf sich abzeichnende, an den fortgeschrittenen USA abgelesene Massenbedürfnisse; ökonomische Bedingungen werden innerhalb dieser von SPD und Gewerkschaften getragenen Kampagne zugeschüttet durch Thematisierung der subjektiven Einstellungen und der Fixierung von Aneignungshoffnungen auf die Verallgemeinerung solcher Einstellungen.

Akkulturation

Es gibt in Deutschland zwei klassische Zentren erzwungener Anpassung: das Ruhrgebiet und Berlin. Beide haben durch die gesamte Periode der Industrialisierung hindurch die industrielle bzw. städtische Sozialisation immer neuer, vom Land (aus Polen und Schlesien) einströmender Landarbeitermassen vollzogen. Die Gebäude, durch die eine solche Sozialisation zweiter Hand teilweise vermittelt war, sind heute die einzigen anschaulichen Zeugnisse des historischen Vorgangs. Sie sind eben deshalb in ihrem massenhaften und gebündelten Vorkommen – als Arbeitersiedlungen bzw. Mietskasernenviertel – die Bedingungen dafür, daß sich in den letzten Jahren ein neuer, in sich charakteristisch gespaltener Akkulturationsprozeß vollzogen hat. Er sei für Berlin hier kurz angedeutet.

Die schlesischen Arbeiter, die in den siebziger Jahren des vorigen Jahrhunderts in den damaligen Südosten kamen, sahen sich nicht nur einer absoluten Wohnungsnot gegenüber, feuchten Kellern, Stallungen im Hinterhof, Bretterbauten auf freiem Feld, sondern genauso einem neuen Stadtbereich von bis dahin unbekannter Größe, Gleichförmigkeit und Menschenverdichtung. Dieser neue Stadtbereich ist das heutige Kreuzberg, Gegenstand der gigantischen Kahlschlagsanierung der letzten Jahre und der Sanierungsdebatten der Architekten und Stadtplaner. Damals bestand dieser Bereich aus Quartieren, deren Bebauung gerade ein Jahrzehnt alt war oder die gerade erst gebaut oder gar noch in Bau waren. Diese neue Stadt war ohne Geschichte, bot Lebensbedingungen, mit denen Erfahrungen erst zu machen waren, ohne irgendwelche Anknüpfungspunkte für traditionelle, ländliche Lebensgewohnheiten, ohne die Vorbedingungen sozialen Lebens, ohne noch die Ansätze jenes Sozialgeflechts also, das heute die weitgehende Liquidierung dieser Viertel so empörend macht. Der Gesichtspunkt, unter dem die neuen Viertel erbaut waren, widersprach durchweg den Lebensgewohnheiten der massenhaft in die Stadt drängenden Arbeiter. Da sie Unterkunft brauchten, auch auf Dauer sich nicht als Schlafburschen oder Dienstmädchen durchschlagen konnten, sondern irgendwann familiär gebunden waren und eine wachsende Anzahl von Kindern durchzubringen hatten, mußten sie sich den aufgezwungenen räumlichen Bedingungen fügen. Die neuen Viertel waren aus dem Interesse erbaut, möglichst viele Wohnbehältnisse auf möglichst geringer Bodenfläche zu erstellen. Massenhaft und mit großer Schnelligkeit hergestellt, gehorchten sie – nur geringfügig jeweiligen Sonderbedingungen angepaßten – Grundrißmustern, die bestimmte einheitliche Orientierungen, Raumeinstellungen, Vergleichgültigungen des besonderen Ortes durchsetzten. Der Rechtwinkligkeit der Räume, dem Verteilerschematismus innen entsprach im Außenaspekt der gleichförmige Klassizismus der Fassaden, die durchgehende Stereometrie des Aufbaus, die perspektivische Glätte und widerstandslose Tiefe der Straßenzüge, die nur visuelle Prägnanz der Schwerpunkte (Kirchen) und Gelenke (Plätze und Kanalbrücken).

Der daraus folgende Akkulturationsprozeß lief mit ungleichen Rollen. Es wäre damals schwerlich jemand auf den Gedanken verfallen, ihn als Aneignungsprozeß zu verstehen, und die Arbeiter hätten schlecht in diesem Prozeß städtischer Sozialisation gelernt, hätten sie ihn so begriffen. Mietschulden, Exmittierung, entsprechend hohe Mobilität waren Bedingungen, die den Klassencharakter der Wohnverhältnisse im Bewußtsein hielten und unnütze Identifikationen mit der besonderen Wohnung und Gegend nicht aufkommen ließen. Was heute als Aneignung des Viertels beschrieben wird, ist die Summe der hundertjährigen Widerstandsgeschichte gegen die aufgezwungenen Verhältnisse: Zusammenhalt, Öffentlichkeit, Eingenistetsein der sozialen Bedürfnisse in den jeweiligen baulichen Bedingungen (Höfe, Straßen, Kneipen, Läden). Das kommt aber keineswegs überein mit einem Festhalten an der Wohnung als solcher, am Viertel als Heimat. Die Tatsache des Proletarierviertels, die soziale Wertung der Wohnung im Hausgefüge – Vorderhaus, Hinterhaus, Keller –, soziale Differenzen zwischen Häusern, Häusergruppen, Straßenzügen, all das ist über Jahrzehnte bewußt geblieben und bedingt das widersprüchliche Verhältnis der Bewohner zu ihrem Viertel.

Diese Widersprüchlichkeit erfuhren zu ihrem Erstaunen seinerzeit die studentischen Basisgruppen, die Ende der sechziger Jahre den Widerstand gegen

die Sanierungspolitik des Senats zu organisieren versuchten. Trotz veränderter Rahmenbedingungen (z.b. Anwesenheit im Quartier schon in der dritten Generation) war die Haltung der Bewohner gespalten zwischen dem Festhalten der ortsgebundenen Lebensbedingungen und der Bereitschaft, die soziale Klassierung und die veralteten Wohnverhältnisse des Viertels abzustreifen. Diese Bereitschaft verstärkte sich mit dem Eindringen einer neuen Einwanderungsbevölkerung, der Türken. Ein neuer Akkulturationsprozeß begann die Ergebnisse des historischen Prozesses zu überlagern. Die alten Bewohner empfanden die steigende Durchsetzung des Viertels mit kinderreichen türkischen Arbeiterfamilien als Verslumung und als eigene weitere Deklassierung und entwickelten ein aktives Interesse an einem Milieuwechsel.
Der Akkulturationsprozeß der türkischen Arbeiterfamilien entspricht nun qualitativ dem der deutschen Arbeiter um 1870. Sie finden eine Stadt vor, die zwar durch Arbeiterbedürfnisse geformt ist, aber ihnen innerhalb dieser historisch veränderten Form doch noch einmal den grundsätzlichen Lernprozeß abverlangt. Ihre Haltung dem Viertel gegenüber entspricht ungefähr auch der der deutschen Bevölkerung in den Zeiten der akuten erzwungenen Mobilität: weitgehende Gleichgültigkeit gegenüber der konkreten Behausung und gleichzeitig extensive Nutzung des öffentlichen Raumes und der darin eingewohnten sozialen Nischen. Das soziale Vorurteil der Stammbewohner unterschlägt diese Vergleichbarkeit und bezieht sich allein auf die Intention, in Abhebung von der traditionellen Wohngleichgültigkeit Formen der kleinbürgerlichen Identifikation mit den eigenen vier Wänden zu übernehmen.
Parallel zum Akkulturationsprozeß der Gastarbeiter läuft der der Vorbewohner, die durch Sanierung in die Stadtrandsiedlungen, insbesondere das Märkische Viertel, verschoben wurden. Dieser Prozeß ist sicher noch lange nicht abgeschlossen, ist aber längst vor dem Ortswechsel durch Fernsehen, Werbung, Warenangebot eingeleitet worden. Die Architektur der Großsiedlung stellt nur in voller Schärfe die adäquaten Bedingungen des neuen Prozesses her und schneidet die sozialen Beziehungen ab, die ihm in Kreuzberg hemmend entgegenstanden. Der Wohnungstyp der Großwohnanlage ist auf eine Individualisierung der Bedürfnisse und Verfügungsbereiche eingestellt: Trennung der Funktionen (Essen, Schlafen, Naßbereich) in einem in Kreuzberg trotz eines bestimmten Modernisierungslevels nicht gegebenem Maße, und Isolierung der Individuen gegeneinander in kleinen, durch vorhandene oder werbungstypisch vorgeprägte Ausstattung ausdefinierten Zonen, entgegen der in Kreuzberg herrschenden gleichzeitigen Nutzung des gesamten verfügbaren Raumes durch alle. Dem entspricht im Gesamtaufbau der Anlage die Isolierung der Wohnzellen gegeneinander, wie auch, durch Marginalisierung der

Treppenhäuser als dürftiger Fluchtwege zugunsten des Fahrstuhls, der Stockwerke. Dem entspricht in der Gesamtplanung die Isolierung der Wohnanlagen zueinander, die separate Anbindung jeder einzelnen an die diversen Verteilerpunkte. Der im Gebauten angelegte Funktionsablauf sieht die Führung von lauter parallelen Wegen von der Wohnung zu Parkplatz, Bus, Einkaufszentrum usw. vor. Die architektonische Gleichförmigkeit, Massenhaftigkeit und größenmäßige Maßstabslosigkeit verweist die Orientierung auf bloße Verteilersignale: Blockfarben, Eingangsziffern, Etagennummern, Namen. Die Bildung herkömmlicher räumlicher, sozialer, affektiver Orientierungen wird im Grunde methodisch ausgeschlossen.

Dieser neue Sachstand fordert also auf höherem Niveau, unter unvergleichlich gesteigertem Schwierigkeitsgrad, eine Wiederholung der historischen Auseinandersetzung. Es wäre übers Ziel hinausgeschossen zu behaupten, die Architektur verhindere sie. Aber sie kommt ihr weniger entgegen als die des Mietshauses der alten Viertel. Sie legt vielmehr nahe, die Auseinandersetzung mit den Wohnbedingungen zu ersetzen durch die Identifikation mit der privaten Wohnung, deren Ausstattungsstandard. Die Schauplätze der herkömmlichen proletarischen Auseinandersetzungen, Hof und Straße, fehlen. In jenen traditionellen Räumen war eine selbstverständliche Vermittlungszone der Bewohner gegeben, und die Geschichte der großen Arbeiterviertel, Wedding, Prenzlauer Berg, Friedrichshain, Kreuzberg und Neukölln, zeigt in unzähligen Beispielen, wie diese Räume genutzt wurden, um Lebensbedürfnisse, Vernügungen, politische Arbeit, aktiven Widerstand und politische Auseinandersetzung auch unter den Bewohnern allgemein und öffentlich zu machen.

Das Hinausgehen über diese Form des sozialen Zusammenhangs ist aber so oder so ohnehin erfolgt und könnte durch Aufrechterhaltung der Viertelstrukturen nicht verhindert werden. Die Stadtarchitektur der neuen Großsiedlungen stellt neue, zugegebenermaßen härtere Bedingungen, die aber nichts anderes sind als der architektonische Reflex der veränderten gesellschaftlichen Bedingungen überhaupt. Die Auseinandersetzung mit den Wohnbedingungen ist wahrscheinlich noch immer eine Funktion allgemeinerer Auseinandersetzungen. Wo diese, beispielsweise als Auseinandersetzungen um Versorgungseinrichtungen, Widerstand gegen Kündigungen, Mietstreik, in Gang kommen, schaffen sie sich auch die Entsprechungen der traditionellen Vermittlungsräume. Die Architektur gibt diese Räume, der allgemeinen Verschiebung der Anlässe, Formen und Ebenen sozialer Kämpfe entsprechend, nicht mehr vor, sie provoziert, anders gesagt, im Fall der Auseinandersetzung Lösungen auf höherem Niveau der Vereinheitlichung, aus spontaner Eigenaktivität und von möglicherweise ganz unarchitektonischem Zuschnitt (z.B. Selbstbau in einfachen Technologien).

Geschichte

Die Abräumung oder Modernisierung und Umschichtung der Arbeiterviertel zerstört also nicht etwas, was die proletarischen Bewohner angeeignet hätten, wie auch ihre historischen Barrikaden und Straßenzellen nicht das Viertel selbst verteidigen, sondern die Lebensbedürfnisse und die politische Bewegungsfreiheit. Was zerstört wird, ist die Prägung der Arbeiterviertel durch alle jene hundertjährigen Kämpfe. Zerstört werden die Spuren des Klassenkampfes, die Stadt als Geschichte. Die Herrschenden machen die Stadt wieder zu ihrem eigenen, historisch spurenlosen Instrument. Was immer sie tun, ob sie abreißen oder modernisieren oder restaurieren, sie beseitigen die Male des historischen Widerstandes gegen die architektonische Gewalt der bürgerlichen Stadt, und sie stellen die Viertel her in dem Schein einer bloß architekturhistorischen Neutralität, in deren Genuß noch dazu weitgehend veränderte Bevölkerungsschichten kommen. Jene Reinigung, die auf einem abgehobenen ideologischen Niveau einst Malraux in Paris mit Wasser und Seife vornahm, wird hier in der ökonomischen und architektonischen Substanz vollzogen, ein sauberes historisches Berlin mit historischer Kiezatmosphäre für jedermann.

Man muß nun aber, meine ich, unterscheiden zwischen dem, was gesamtgesellschaftlich an Erinnerungsvermögen verloren geht, und der Bedeutung dieses Verlustes für die Wiederherstellung einer linken Massenbewegung. Wir neigen dazu, beides in einem engen Zusammenhang zu sehen, und die Bedeutung der materialisierten Stadtgeschichte für die Entwicklung und Aufrechterhaltung von Klassenbewußtsein scheint für marxistisches Denken auf den ersten Blick unmittelbar schlüssig. Es gibt aber, so weit ich sehe, für die Behauptung eines solchen Zusammenhanges kaum einen Erfahrungsgrund. In der Geschichte der Arbeiterbewegung zeigt sich vielmehr eher das Gegenteil. Revolutionäre Erhebungen, Massenstreiks usw. wurden fast durchgehend von Arbeitermassen getragen, die noch in den Anfängen des Akkulturationsprozesses standen, z.B. im Ruhrgebiet 1920 die polnischen Zuwanderer, in Norditalien 1968/1969 die süditalienischen Arbeiter, von der sozialen Basis der Chartisten oder der Bolschewiki zu schweigen.

Es handelt sich dabei um Gruppen, für die der jeweilige bauliche, siedlungs- oder viertelmäßige Zusammenhang gerade nicht Moment der eigenen politischen Geschichte und Erinnerungsbuch der vergangenen Kämpfe ist. Geschichte wird für sie der Wohnungszusammenhang erst nachträglich, nachdem das Viertel besetzt und verteidigt worden ist, als Ergebnis des politischen Handelns. Umgekehrt scheint mir ein Bewußtsein der in der Stadt materialisierten Geschichte eher typisch zu sein für eine reformistische Organisationsweise der Arbeiter. In diesem Fall (typische Beispiele: die SPD in den zwanziger Jahren, der PCF und der PCI heute) ruht die politische Tätigkeit und das in ihr artikulierte Bewußtsein der eigenen Lage in den Widerstandsgewohnheiten des Akkulturationsprozesses und bezieht daraus seine organisatorische Solidität und seine ideologische Beständigkeit gegenüber rechten wie radikalen linken Massenbewegungen.

Auch dann freilich wird die Stadt nicht als offenes Buch der eigenen Kampfgeschichte gelesen, als Lernobjekt: Es gibt auch hier keineswegs die Abstraktion Viertel oder Siedlung als betrachtbares Ganzes; als emotional vertrauter Zusammenhang der eigenen Geschichte kann vielmehr nur auftreten, was innerhalb des besonderen Überlieferungstyps formuliert ist, der den Akkulturationsvorgang kennzeichnet. Nicht das individuelle Bewußtsein haftet an diesem oder jenem Ort und bezieht sich auf ihn, sondern die Orte hängen an einer von der architektonischen Substanz grundsätzlich unabhängigen Überlieferungskette der Generationen. Diese ist das Subjekt der architektonischen Orte wie der politischen Organisationszugehörigkeit und Handlungsweise.

Das rekonstruktive Interesse, dem die Architektur als solche lesbar wird, ist seiner Herkunft nach bürgerlich, setzt wenigstens den durch das Bürgertum zu seiner Zeit durchgesetzten Verlust anderer als dieser rekonstruktiven Weisen der Traditionsbildung voraus. Das historische Objekt ist dann der erste erreichbare Begriff von Objektivität, der aus der privaten Orientierungslosigkeit herausführt. Außerhalb der untergegangenen bürgerlichen Bildungstradition gibt es aber weder zwingende Anlässe noch sozialisationsinhärente Fähigkeiten zu einer verbindlichen Rekonstruktion von Stadtgeschichte durch die Angehörigen der Mittelschichten. Andererseits hat sich seit dem Zusammenbruch des Faschismus die Orientierungslosigkeit mit einer solchen Geschwindigkeit gesellschaftlich verallgemeinert, daß so etwas wie ein allgemeiner mittelschichtspezifischer Fetischismus des historischen Stadtobjekts ausgebrochen ist. Der neue Bedürfnisschub ist so allgemein und vielfältig verbreitet – von der stadtbild- und wohnraumbezogenen Bürgerinitiative bis zum Trödelmarkt –, daß er politisch kanalisiert werden muß, um langfristige Planungsvorhaben der staatlichen Bürokratien nicht zu gefährden.

Die staatliche Wiederherstellung gereinigter Stadtgeschichte sei an zwei hervorragenden Berliner Beispielen erläutert, wobei der oben angeknüpfte lokale

Bezug nur geringfügig erweitert wird. Zunächst der Mehringplatz im nordwestlichen Kreuzberg. Hier war ein Wiederaufbau des im Kriege weitgehend zerstörten Platzes ausgeführt worden, der – als südlicher Fluchtpunkt des barocken Straßenschemas der Friedrichstadt – ein beträchtliches historisches Prestige besaß. Die Neubebauung war von der Aufhebung des barocken Straßenschemas bereits ausgegangen und entwickelte auch keinerlei Tendenz, dem entgegenzuwirken. Was an historischem Bestand der Platzanlage selbst verblieben war, wurde bis zum allerletzten Stein entfernt und durch eine Großwohnanlage ersetzt, die in ihrem inneren Teil – der kreisförmigen Rundbebauung – auf der Ebene des Designs gewisse Vorstellungsmomente einer barocken Ringbebauung verwendet und die Innenfläche mit verschiedenen Reminiszenzen wie dem verbliebenen Denkmalbestand aus der tatsächlichen Platzgeschichte inszeniert.

Das Resultat war für die Bewohner ein Wohnangebot wie viele andere auch, doch mit dem besonderen Reiz, an einer traditionell engen Einkaufsfußgängerstraße zu wohnen und vor dem Balkon statt öder Rasenflächen die vom Durchgangsverkehr der U-Bahnbenutzer belebte, denkmalbestückte Platzfläche zu haben. Um den Verwurzelungsprozeß der neuen Bewohner zu beschleunigen, veranstaltete das Bezirksamt ein Mehringplatzfest. In dieser erfolgreichen Veranstaltung mischten sich zwei unterschiedliche Tendenzen: einmal das Bedürfnis der regierenden SPD, sich durch Einreihung in die hohenzollernsche Berlinbautradition einen konservativen historischen Legitimationszuwachs zu besorgen; zum andern der Versuch einer linken Kulturpolitik, Aufklärung über die totgeschwiegenen Widerstands- und Leidenszeiten der Berliner Bevölkerung zu betreiben. So gut auch letzteres getan worden ist, so sehr kam beides darin überein, die Geschichte dem geschichtslos Hingebauten nur ideell hinzuzufügen. Die Bewohner beantworteten dies insofern positiv, als sie die Erkenntnis, an einem sehr alten Platz zu wohnen, befriedigt als einen Zusatzwert ihrer Wohnsituation zur Kenntnis nahmen, sich also so weit bereit zeigten, sich auf der abgehobenen Ebene des Wohnprestiges mit einem Viertel zu identifizieren, das bis dahin, soweit es überhaupt existierte, subproletarisch geprägt war.

Die gleiche Zweideutigkeit zeigt nun auch der gegenwärtige Versuch zur basisbezogenen, kostenneutralen Wiederbelebung des alten Südostens beidseits des Görlitzer Bahnhofs: „Strategien für Kreuzberg". Auch hier überschneiden sich unterschiedliche Interessen. Die Initiative kam von einem seit langem für das Viertel engagierten Pfarrer, Klaus Duntze, und enthält als Prämisse schon die langjährig erhärtete Erfahrung, daß von keiner Seite an diesem Viertel Interesse besteht, nicht einmal an seiner Präparierung zum Sanierungsgebiet.

Die gemeindliche Initiative traf zum andern auf veränderte Einstellungen im Bausenat, d.h. Ansätze zu der Erkenntnis, daß die bisherige Wohnungsbau- und Sanierungspolitik – Forcierung der Randsiedlungen, Verslumung der alten Viertel, Konzentrierung aller relevanten Investitionen auf den Citybereich – Folgen gezeigt hat, die nicht mehr kontrollierbar sind, zumal bei zunehmender Verknappung der finanziellen Mittel. Der erste Schritt kostenloser Reform war 1976 der Zuwanderungsstopp für ausländische Arbeiter. Begreiflicherweise genügte dies nicht, die Abwanderung deutscher Bewohner zu stoppen oder Hausbesitzer zur Investition in ihre heruntergekommenen Häuser zu ermuntern. Um beides gleichwohl ohne wesentliche staatliche Mittel zu erreichen, wurde nun vom Bausenat ein Wettbewerb ausgeschrieben. Das Verfahren, dessen Neuerungen (Nichtprofessionalität, Bürgerjury, unklare staatliche Entscheidungskompetenzen freilich im Hintergrund) hier nicht geschildert werden müssen, beruht auf der Hoffnung, es könne gelingen, alle Beteiligten (Hausbesitzer, Bewohner, Gewerbe, Kapital, Bezirksamt) zu einem Engagement für das Viertel zu gewinnen und die von jedem möglicherweise zu erbringenden Leistungen so zu koordinieren, daß es in einer Situation, wo jede individuelle Initative schon durch ihre Isoliertheit und Folgenlosigkeit unterbleibt, zu einer qualitativen Veränderung des Zustands kommt.

Worauf es ankommt, ist die Motivationsfrage. Daß eine Spekulation auf ein bestimmtes Hausbesitzerinteresse an gemeinsamer Investition und damit, über die Verbesserung des ganzen Viertels, durchschlagender Wertsteigerung nicht ganz grundlos ist, leuchtet ein. Aber was soll die Bewohner zu außerordentlichen Leistungen bewegen, über die von ihnen bislang geübten Erhaltungsmaßregeln hinaus? Hier heißt die einzige Auskunft Erhaltung ihres Viertels, dieser ihrer Wohnheimat mit diesen besonderen sozialen, infrastrukturellen Qualitäten, dieser hundertjährigen Geschichte. Auch hier wird also ein neuer Typ von Aneignung der Stadtgeschichte gefordert: Identifikation mit der materiellen Substanz des Viertels, nicht politisches Verhalten zu ihm in der Linie der tatsächlich im Zustand des Viertels materialisierten historischen Erfahrungen – über die im übrigen auch ganz anderes zu sagen wäre, als in den Ausschreibungsunterlagen mitgeteilt wird. Die Identifikation verträte hier die Stelle der Reinigung, die durch Abriß und Wiederaufbau im übrigen Kreuzberg besorgt wurde. Das nachweisbare Elend der faktischen Geschichte des Viertels steht hier ganz ebenso quer zu der nahegelegten emotionalen Aneignung der historischen Viertelsubstanz, ist ihr zu verdrängendes Gegenteil.

Subjektivität

Welche neuen Möglichkeiten sich in der Identifikation mit dem materiellen historischen Bestand und seiner Sozialtypologie anzeigen, diese Frage muß nun allerdings auch gestellt werden.
Ich will versuchen, den Faden noch einmal neu aufzurollen und dabei Schritt für Schritt die vorliegenden Umbestimmungen zu verfolgen. Die Arbeiterklasse zu definieren, indem man ihr Behausungsidentifikationen nahelegt, ist ja seit den englischen Paternalisten (Bright, Salt usw.) gängiger Gedanke und in den Kruppsiedlungen auch in Deutschland in die Tat umgesetzt, wie man weiß, mit Erfolg. Prinzip solcher Siedlungen ist die ideologische Umdefinierung des Proletariats, soweit dies seine Reproduktionsseite betrifft, in einen autochthonen Kleinbürger, mit abgeschlossenem Haus und winzigem Landstück dahinter zu teilweiser Selbstversorgung, integriert in ein Siedlungsganzes von historisierendem Gepräge. Der Versuch, auf diese Weise eine ständische Orientierung der Arbeiter zu erreichen oder zu befestigen, wurde in Deutschland aber nur am Rande unternommen. Erst der aus der reformistischen Arbeiterbewegung hervorgegangene Siedlungsbau der zwanziger Jahre brachte größere Versuche zu einem Identifikation induzierenden Siedlungsbau.
Die Beispiele sind bekannt genug; der Erfolg solcher Vorstöße ist in Wien nicht zuletzt durch ihre blutige Verteidigung bewiesen worden; für die Britzer Großsiedlung Bruno Tauts gilt die politische Kontinuität bis heute. Es handelte sich jeweils um Siedlungstypen, die durch geschlossene Formen ausgezeichnet waren. Die erfahrbare Form – bei Taut (Schollenhof und Hufeisen) ist sie kleinbürgerlich ursprungsmythisch aufgeladen – entspricht in ihrem vorkapitalistischen Zeigesinn der verstaatlichten Finanzierungs- und Eigentumsform: Beides rückt das Klassenkampfverhältnis scheinbar aus der Wohnsituation heraus zugunsten des Eindrucks, durch die ökonomischen und administrativen Vermittlungen bei sich zu sein, in einem angeeigneten Bereich – erster Schritt der langsamen aber stetigen politischen Aneignung aller Verhältnisse. Erst durch den gewerkschaftlichen und genossenschaftlichen Siedlungsbau ist dann die architektonische Argumentation mit der freien Wohnheimat verfügbar geworden. Die Nazipropaganda versprach schon jedem Arbeiter sein eigenes Haus, in dem er sich nach Hitler wie in seiner Burg fühlen sollte, und zwar in seiner Eigenschaft als Deutscher, auf einer Basis also, die scheinkollektiv, nicht mehr klassenmäßig gedacht war. Dafür getan wurde dann bekanntlich recht wenig; neben reduzierten Fassungen des bisherigen konservativen Siedlungsbaus gab es vor allem eine rasante Blüte des

mittelständischen Eigenheimes. Um so wichtiger wurde für die Herstellung des neuen Identifikationstyps die Monumentalarchitektur und Aufmarscharchitektonik, die Identifikation verlangte und darbot mit einer Architektur, die sich auf die Frage, wie eigen denn der affektiv aneigenbare Stadtzusammenhang sei, gar nicht erst einließ, sondern darin schulte, psychisch aneignend sich mit etwas zu identifizieren, was einem aus Prinzip nicht zur individuellen Verfügung stehen konnte.

Wieweit und auf welcher Klassenbasis dieses Angebot wahrgenommen wurde, wäre nur aufgrund ausstehender empirisch-historischer Untersuchungen zu sagen – erfolglos wenigstens war es nicht. Das Prinzip – Angebot kollektiven Wiederfindens bei Aufhebung aller konkreten kollektiven Beziehungen zugunsten ideeller Beziehung von Individuen auf ein externes Objekt – stellt in der historischen Entwicklung den Kipppunkt zwischen klassenbezogenen widerständlicher und privat aneignender Auseinandersetzung. In der bewußten Unwahrheit der nationalsozialistischen Identifikationsforderung steckt die Wahrheit der tatsächlichen fortschreitenden Enteignung, sowohl der steigenden Übermacht der Verwertungszwänge (Kapitalkonzentration und Vergleichgültigung des privaten Grundbesitzes) wie der progressiven Lockerung der biographischen Bezüge von Individuen und Klassen auf diese konkrete, unverwechselbare Wohnsituation (das eigene Dorf, Viertel als Kindheitsgeschichte usw.). Damit die Möglichkeit kollektiven Eigentums, d.h. einer Bezugsstruktur auf Architektur, die, um sich zuhausezufinden, nicht auf private Aneignung angewiesen ist.

Die eigene Stoßrichtung des Faschismus lief umgekehrt, ihre Früchte hat man in der späten Restaurationsperiode der Bundesrepublik. Das Basisphänomen dieser Zeit ist das pilzartige Überwuchern ganzer Landschaften mit Einfamilienhäusern. Das Bild der Wucherung ist das einzig zutreffende: Es handelt sich nicht mehr um Siedlungen, sondern um die Aneinanderreihung gleichförmiger Bauten, wo immer Land käuflich und kommunale Erschließung erreichbar war. Der Drang zum eigenen Haus ist statistisch ziemlich klassenneutral, und er ist von Dauer bislang. Nach einer kürzlich veröffentlichten Umfrage drängt es jeden zweiten Bundesbürger zum eigenen Haus. Das bedeutet: Verzicht auf alle vermittelten Bezüge, Klassengeschichte im Viertel, Sozialbezug, städtebaulicher Zusammenhang als Erlebnisraum usw., zugunsten der direkten Aneignung einer nur einen selbst betreffenden Wohnsituation als privates Eigentum – man könnte sagen, ohne Rücksicht auf Verluste, wäre nicht ein Teil dieser Eigenheimideologie, mit ein paar Quadratmetern zusätzlichem Land auch ein Stück Leben in der Natur einzuhandeln, Restbestand der klassischen Siedlungsbewegungen. Frucht des Faschismus aber deshalb, weil die Versprechungen jetzt auf eigene Faust wahrgemacht, die damals akzeptierte Ersatzidentifikation mit allgemeinen Zusammenhängen und die darin eingeflossenen kollektiven Bedürfnisse entschlossen verdrängt werden.

Der Eigenheimbau hat das Wohnungsproblem dauerhaft sediert. Die Widersprüchlichkeit der Erfahrungen kommt nur in den Vorstädten heraus, den Schlafsiedlungen, deren Öde Ende der fünfziger Jahre zum Problem wurde. Diese Öde stand zudem den Erfahrungen des Spanientourismus chancenlos gegenüber. (Wer fürs Häuschen sparte, fuhr auch nicht nach Spanien und umgekehrt.) Es gab nur einen Ausweg: die Innenausstattung, die Identifikation mit der eigenen Wohnung. Die erbitterte ästhetische Aneignung der Kleinwohnung durch ihre rastlose Perfektionierung und Verschönerung ist das Korrelat der ökonomischen Aneignung im Eigenheim. Es ist die gleiche Unbedingtheit, sich zuhause fühlen zu wollen unter Absehung von sozialen Zusammenhängen, die das Klima aller jener Stadtrandsiedlungen ausmacht, die durchweg oder gar durch Integration ehemaliger Obdachloser gekennzeichnet sind und als Klein-Marokko oder Mau-Mau-Siedlung landauf landab das benötigte negative Gegenbild vorstellen. Dort nämlich gibt es das, was der Terrorismus der ordentlichen Siedlungen zugunsten der bedingungslosen Identifikation mit der eigenen Wohnung ausgeschlossen hat: soziale Zusammenhänge und realistische Einschätzung der eigenen sozialen Situation, die unbekümmert im Umgang mit Gebäuden und dahinterstehenden Eigentumsinteressen und Ordnungsinstanzen ausgedrückt wird.

Die Mau-Mau-Siedlungen zwingen ihren Bewohner die Auseinandersetzung mit dem Viertel auf, auch dem, in das sie bei Auflösung zerbröckelnder Siedlungen integriert werden. Hier ist also das Gegenteil der Investition von Subjektivität in die Wohnverhältnisse, vielmehr das Festhalten eines anderswo sedierten Protests, Realisierung der faktischen Enteignung, nicht ihre Verdeckung durch psychische Aneignung in der Form der libidinösen Objektbesetzung. Trotzdem hat aber auch das Umgekehrte, radikalisiert, zu einer gewissen Bewegung geführt. Sozusagen am anderen Rand des Feldes: im intellektuellen Protest gegen die Unerträglichkeit der Städte, überhaupt der bloßen Funktionsplanung im Städtebau, der funktionalen Zerteilung des Lebens, der Privatisierung aller Zusammenhänge, der Zerstörung noch der vorhandenen sozialen Einheiten in den veralteten Arbeitervierteln und der städtebaulichen Zusammenhänge in den abgedankten bürgerlichen Villenvororten.

Diese Erfahrung kam während der Studentenbewegung, nicht zufällig, zu ihrer Zuspitzung. Sie hieß: Die Wohnverhältnisse sind nicht mehr aneignen-

bar, sie lassen für Subjektivität keinen Raum. Das war als historisches Urteil ein Mißverständnis, gedeckt bestenfalls durch kleinbürgerliche Wohnverhältnisse vergangener Jahrhunderte, aber keineswegs durch das Gros der Wohngeschichte im 19. und 20. Jahrhundert. Andererseits bedeutete der Protest die Wiedereröffnung der Feindseligkeiten zwischen Subjekten und Wohnverhältnissen, wenn auch in einem ganz anderen und arg begrenzten sozialen Gelände. Ein Schub zugespitzter Entzugserfahrungen und Vorstellungen angeeigneter, nicht entfremdeter Lebens- und Wohnverhältnisse kam in die Bewußtseinswelt der Intellektuellen hinein und wirkte auch hier und da auf die Gesamtbevölkerung ein (z.B. Häuserkampf in Frankfurt, Aktionen im Märkischen Viertel in Berlin), während die, sicher viel nachhaltigeren, untergründigen Wirkungen schwer einschätzbar sind, aber unzweifelbar vorhanden. Einstweilen fehlt dem Protest der Spielraum. Die nachkommende Privatisierung des Protests privatisierte auch noch weiter die Befriedigungsstrategien, die sich wiederum, wenn auch oft subkulturell abweichend, auf den individuellen Wohnbezirk schlugen. Weiter war immerhin so viel finanzieller Spielraum bei einer ganzen Anzahl von Leuten vorhanden, daß sie die politisch unmögliche subjektive Aneignung der städtischen Wohnverhältnisse privat kompensieren konnten, indem sie in der Lüneburger Heide oder an unzugänglichen gebirgigen Punkten im Süden oder auf nordischen Inseln alte Häuser kauften und damit ein Stück traditionellen, naturbezogenen Lebens in Eigentumsform sicherstellten. Parallel dazu steigt das alte Berliner Miethaus, verknüpft mit avancierten Renovierungstechniken, zum Wohnungsideal auf: Aneignung von sehr viel Fläche pro Individuum und historischer Baulichkeit mit Stuckdecke etc. in einem.
Es scheint aber, als hätte der Protest gegen die Unanschaulichkeit der Wohnverhältnisse, die ästhetische Armut der Städte, den Isolationismus der Kleinwohnung, die Ausbetonierung der Umwelt usw. einen längeren Atem als den einer kleinbürgerlichen Illusion und könnte sich zu einem gesellschaftlichen Bedürfnis auswachsen, das etwas in Bewegung bringt. Auch die konservative Herkunft eines solchen Bedürfnisses, die Rolle, die es im Faschismus, benutzt von der Speerschen Propagandaarchitektur, spielte, das Ineinander mit reaktionären Vorstellungen von einem entsprechenden, ständisch geordneten Stadtbild oder inzwischen von den gerade noch technokratisch coolen Modearchitekten schon wieder vermarkteten Phrasen von der menschlichen Stadt und der liebevollen Planung – dies alles darf nicht dafür blind machen, daß hier Bedürfnisäußerungen auf breiter Basis möglich werden, die in den historischen Erfahrungen mit der kleinbürgerlichen Illusion nicht mehr zureichend erfaßbar sind, sondern durch unsere Begriffe von links und rechts hin-

durch gerade hier und gerade aus der mittelständischen unentschiedenen Zwischenposition heraus zu einer neuen Form des Widerstands führen könnten. Die sich hartnäckig immer wieder bildenden Bürgerinitiativen sind zumindest Signale, zusätzlich auch dafür, daß eine Wendung der Bedürfnisartikulation von innen nach außen inzwischen möglich ist.
Diese Wendung nach außen ist konstitutiv (denn zwischen links und rechts muß ja weiterhin unterschieden werden). Aneignung darf nie Eigentum sein, sondern muß sich, implizit oder ausdrücklich, auf das gesellschaftliche Bestimmungsmoment der durchgeführten Enteignung aller beziehen. Daß die kapitalistische Enteignung aller Kleinunternehmer und Kleinbesitzer die Voraussetzung solidarischer Aneignung der im Enteignungsprozeß unerträglich fremd gewordenen Lebensverhältnisse ist, das muß im Formprinzip der aneignenden Subjektivität deutlich werden, als einer, die diese herrschenden Verhältnisse – ob Wohnung, Stadt, Umwelt, Lernbedingungen, Beruf – nicht zu aneigenbaren Gestalt zurückrenovieren will, sondern, weil sie sie von Grund aus nicht mehr aushält, zum Einsturz zu bringen sucht. Seit Wyhl, Brockdorf usw., auch dank der neuen Studentenbewegung, wissen wir, daß diese Subjektivitätsform möglich ist, selbst hier, in Deutschland, dem verhärtetsten aller Länder. Das ist freilich auch noch lange nicht gesellschaftliche Tatsache, denn Verallgemeinerung von Aneignungsakten dieser Art rührte, anders als die Verbesserung der Lebensqualität, an die bestehenden Macht- und Eigentumsformen, und nirgends sind die Beherrschten so ohnmächtig, geduldig und staatstragend wie hier.

Anmerkung: Aneignung und Lernen

1. Aneignung ist außerdem ein vieldeutiger Begriff für Lernen, auch für solches, das den Umgang mit Architektur betrifft: daher noch eine kurze Verhältnisbestimmung. Das aneignende Lernen ist offensichtlich eines, das – z.B. im Projektunterricht – Wirklichkeitsverhältnisse spiegelt auf einer fiktionalen Ebene, der des Erlernens von Wirklichkeitselementen in der Schule. Didaktisch wäre also der bisherige Gedankengang noch einmal zu machen, bezogen nun nicht auf das unmittelbare soziale Agieren, sondern auf das Lernen für späteres unmittelbares Agieren mit Architektur. Dabei zeigte sich Aneignung auch hier – identifikatorisches, subjektives Lernen – als ein zwiespältiges Ideal, das in jedem Fall an Lernsubjekt, Situation und Gegenstand neu zu bestimmen wäre. Aneignung um jeden Preis wäre auch hier falsch, politisch

blockierendes Lernen, auch hier hat Aneignung nur Sinn im Kontext von Weigerung, Widerstand, verändernder Phantasie.
2. Der Aneignungsbegriff spielt auch eine große Rolle bei den von A.N. Leontjew und seinem Aneignungskonzept beeinflußten Psychologen, insbesondere in der Wahrnehmungstheorie K. Holzkamps. Im Kontext der oben geschilderten kleinbürgerlich-subjektivistischen Tradition von Aneignungshoffnungen hat dieser Sprachgebrauch viel Verwirrung geschaffen und zu grausigen Mesalliancen verleitet. Das Aneignungskonzept bezeichnet aber eine soziale Lerntheorie, die den Subjektivismus als Triebkraft gerade ausschaltet und Aneignung versteht als Erziehung des Individuums zu gesellschaftlicher Arbeitsfähigkeit durch die übermächtige, an der Arbeit sich organisierende Gesellschaft. Das Konzept spiegelt also staatssozialistische Enteignung – anthropologisch fixiert, nicht dialektisch auf die subjektive libidinöse Verwurzelung und ständige Wiedererzeugung kollektiver Formen bezogen.

Quelle: ARCH+ 34 (1977)

Vom Umgang mit zerstörter Stadtgeschichte

Gut dreißig Jahre lang war die Zerstörung der deutschen Städte durch einen von Deutschen angezettelten und von Deutschen bis zum letzten Tage durchgehaltenen Krieg vorwiegend ein technisches Problem: Wiederaufbau. Was nicht in ersten Notjahren instandgesetzt wurde, fiel je länger desto gründlicher den langjährigen Aufräumungsarbeiten anheim. Das Zentrum Berlins war gegen Kriegsende eine zerstörte Stadt. Zur leeren Fläche wurde es durch unermüdliches technisches Wegräumen, das im Falle der Friedrichstadt bis heute, in Ost- wie in Westberlin, keinerlei städtebauliche Rechtfertigung erhalten hat. Wiederaufbau fand woanders statt.
Nach dem Wiederaufbau kam die Sanierung. Während innerhalb Westberlins die Innenstadtflächen als Stadtwüste unter einem kaum durch Gebäude begrenzten Himmel eine eigene Vegetation und einen untergründigen ästhetischen Abenteuerreiz entwickelten, wurden die angrenzenden, vollständig erhaltenen Arbeiterviertel der Mitte des vorigen Jahrhunderts quadratkilometerweise abgerissen, geduldig, mit Eisenkugeln und Sprengungen, Jahr um Jahr. Auch die Sanierung war nur ein technischer Vorgang, aber da es sich nicht um aufgegebene oder nur spärlich bewohnte Kriegsruinen handelte, sondern um Menschen und ihre Lebensverhältnisse, um ein historisches Stadtbild, das noch nicht zur Warenmaske geworden, sondern noch selbstverständlich mit den Sozialformen seiner Bewohner verknüpft war, gab es Widerstand und ein intellektuelles Erschrecken vor der Bodenlosigkeit bloßer Wohnfunktionalität, das schließlich auch die Verwaltung erreichte und die Baugesellschaften zwang, ihre Verwertungstechniken zu ändern.
Die Einsicht drückt sich heute allgemein aus in dem Codewort *Stadtreparatur*. Stadtreparatur ist mittlerweile im Gange und kann befragt werden hin auf das, was damit für die verlorene Stadt erreicht wird. Stadtreparatur ist vor allem ein ästhetisches Programm: nicht zerrissene soziale Beziehungen – Folge der vorangegangenen Stadtpolitiken – werden wiederhergestellt, sondern das Bild der Stadt, Straßen- und Platzräume, Höfe und Parks. Das Wort Reparatur steht sicher zu recht: ein kaputter Apparat (alles kann schließlich mal kaputtgehen) wird wieder ganzgemacht. Was ihn kaputtgemacht hat, kümmert den Fachmann nicht. Reparatur hat es mit Objekten, nicht mit Geschichte zu tun.

Mehringplatz, Berlin-Kreuzberg, vor der zweiten Zerstörung des Viertels durch Straßenplanung und Wiederaufbau, 1966.
Foto: Borutta, Berlin

Nicht irgendeine Geschichte

Als 1753 das große Erdbeben von Lissabon die gesamte Baixa, die Unterstadt, zerstörte, war der Minister, der den Wiederaufbau der Stadt organisierte (es war der Marquis Pombal, nach dem noch heute die große Praca Pombal heißt, die im 19. Jahrhundert den gigantischen Straßenraum nördlich seiner Stadtschöpfung abschloß), um einen Plan für den Wiederaufbau nicht verlegen. Das mittelalterliche Gassengewirr wurde beseitigt und durch die Rationalität eines geometrischen Straßenrasters ersetzt, dessen Übersichtlichkeit und Repräsentativität aufgeklärtem Bewußtsein ebenso wie königlicher Repräsentanz (dies zusätzlich durch die im Raster einbegriffenen Königsplätze, wie die Praca Dom Pedro) gleicherweise angemessen war. Der Naturgewalt wurde ein höheres Maß an Rationalität, dem naturwüchsig Zerstörten ein neues Ideal gesellschaftlicher Souveränität und Schönheit entgegengesetzt. Hinterrücks wurde das Erdbeben zu einer sinnvollen gesellschaftlichen Handlung. Pombals Stadt steht in großen Teilen noch heute, zu Geschichte aufgearbeitete Natur.

Als 1945 die sowjetische Armee Berlin einnahm, fand sie als letzte Festung der Waffen-SS die Friedrichstadt vor. In Stellung gebrachte Artillerie südlich des Landwehrkanals zerschoß in stundenlangen Kanonaden die als Deckung (gleich ob vorher schon bombenzerstört oder nicht) nutzbare Häusermasse, bis der Widerstand erlosch. An einen Wiederaufbau wagte Jahrzehnte keiner zu denken. Die zerstörten Palais und sonstigen Dienstgebäude der Wilhelmstraße wurden, obwohl sie, technisch gesehen, großenteils wiederaufbaubar waren, aus politischen Gründen abgerissen, in Ost und West gleichermaßen. Da beidseitig die Friedrichstadt Rand- und Grenzgebiet geworden war, bestand keine Nötigung zur Wiederverwendung. Im Blick auf künftige Neuordnungen verschwand alles, was abreißbar war, bis die Stadtwüste übrig blieb, die heute – noch eben – die Friedrichstadt kennzeichnet.

Wenn es lange Zeit keinen Zwang zum Wiederaufbau der Friedrichstadt gab, so auch keine Vorstellung davon, wie das zu leisten sei. Als es soweit war, wiederholte man in Ost und West zunächst das klassische Vorgehen von Lissabon, so als hätte der Krieg die Aufgabe gehabt, der Verwirklichung der Pläne Hilberseimers und Le Corbusiers (in den zwanziger Jahren veröffentlicht) durch Bereinigung des Geländes zuzuarbeiten. Die Leipziger Straße heute ist ein betulicher Abkömmling dieser Pläne, die Mehringplatzumbauung wenigstens ihre Karikatur, unentschieden zwischen Geometrie und Architekturlandschaft.

Im Unterschied zur barocken Stadtplanung ist aber jetzt das Schema leer. Es gibt keine gesellschaftliche Rationalität dahinter als die bloße technische Anordnung, und das Gebaute ist nicht mehr die archaische Masse, die im frühbürgerlichen Stadtraster überlegen gezähmt erscheint, sondern bloße Folgerung aus dem Organisationsprinzip eines Erschließungs- und Verteilungssystems. Der Rationalismus der Baixa bildete den Sieg über die formlose, zertrümmernde Naturgewalt ab. Das gebaute Ordnungsschema der gerade noch als nackte Quantität auffälligen Hochhauskette ist nur auf eine große, grundlose Leere hin durchsichtig. Es bildet sich in ihr keine Auseinandersetzung ab, das Historische hinterläßt keine Spur, es ist einfach weggebaggert, und die neue Bebauung steht da, als hätte es die zerstörte Stadt nie gegeben.

Der stärkste Beweis für die Richtigkeit dieser, von den Machern nach wie vor belächelten Erfahrung ist die Forderung nach Stadtreparatur, die in Ost- und Westberlin gegenwärtig, bewußtlos, als Mode die CIAM-Imitation abgelöst hat. Aber auch die Stadtreparatur behandelt die Zerstörung der alten Stadt nur als Naturkatastrophe, als Unfall, der selber nicht darstellungswürdig ist, sondern über den hinweg so bündig wie möglich auf die alten Stadtstruktur zurückzukommen ist. Der Hochmut der neuen Stadtordnung ist vorbei, man weiß, daß dazu weder Anlaß noch Fähigkeit da ist. Es wird nicht ein neuer Rationalitätsbeweis erbracht, sondern es scheint eher, als wollte man Zustände vor dem Erdbeben rekonstruieren. Das freilich ist nicht der Fall, es war schon richtig, daß erst einmal alles verschwunden ist. Was jetzt als historische Stadtstruktur gebaut werden soll und in Teilen demnächst gebaut wird, ist Stück für Stück geschichtslos, erinnerungslos – was an jedem der einzelnen Entwürfe für das Concepta-Projekt an der Lindenstraße zu zeigen wäre –, und legitimiert sich gleichzeitig auf hohem Abstraktionsniveau als Gebäudeeinheit und als Teil einer Straßenflucht an historischen Erscheinungsbildern (allerdings nicht denen, die vor der Kriegszerstörung das Viertel kennzeichneten). Es entsteht also eine historische Stadtbildlichkeit, die so assoziativ lose historisch ist wie die mediterranen Touristendörfer alt und spanisch, ländlich oder maritim.

Repariert wird hier eine Bewußtseinstatsache, das Bild der Stadt. Die Architektur liefert Assoziationsanlässe, außerhalb dieses assoziativen Prozesses wird Historisches nicht einbegriffen, weder die alten Wege und Höfe, noch die alten Zuordnungen von Arm und Reich, Wohnen und Handwerk usw. Nicht, als wäre das zu fordern. Aber historische Rekonstruktion ohne wirklichen Gehorsam gegenüber den historischen Details bleibt unweigerlich Inszenierung und Maskerade. Daß statt dieser genauen Details strukturale Marotten formalistischer Architekten angeboten werden, macht die Sache nicht sinnvoller, sondern erhöht ihren Anteil an Irrealität, den Eindruck

einer historischen Gestalt ohne reale Verankerung in einer Zeit und einem bestimmten Ort.
Die wirkliche Geschichte ist dabei ausgeschlossen. Zu dieser Geschichte gehören nicht nur Bauten bestimmter Ausformung – sie wäre auch bei minutiöser Rekonstruktion verfehlt. Auch die Zerstörung ist Stadtgeschichte. Man darf – und man kann es dann auch gar nicht – eine zerstörte Stadt nicht so aufbauen, als sei nichts gewesen, genauer, man kann diese Stadt Berlin, die dreizehn Jahre lang Hauptstadt des Faschismus war, Kommandozentrale einer Armee, die ganz Europa überfiel und Sitz einer Terrororganisation, die viele Millionen Menschen, Juden, Widerstandskämpfer, Sozialisten, Geisteskranke, Homosexuelle gefoltert, vergast, erschossen, zum Verhungern gebracht hat, nicht einfach wiederaufbauen, als sei es irgendeine Stadt, als hätte es ein Erdbeben gegeben, das Anlaß war, mit Gott zu hadern wie 1753, nicht aber mit diesem wiederaufbauenden Volk, dieser nicht von der Erde verschwundenen Stadt. Wenn es Stadtgeschichte geben soll – wir haben keine andere. Wir haben historische Bauten nur durch die Zerstörung hindurch und eine Stadtgeschichte, in der die Lebensverhältnisse der Menschen periodisch durch Verfolgung, Straßenschlachten, Massenmord, Krieg und Hunger zerstört wurden.
Die Friedrichstadt war darüber hinaus nicht nur Teil der Hauptstadt des Faschismus, sondern Sitz der wichtigsten Organe der Diktatur, fast Block für Block davon durchdrungen, was noch heute nicht ganz aus dem Stadtbild verschwunden ist. Neutrales Trümmergelände oder eingezäuntes Grün bedeckt heute die sorgfältig von allen Resten befreiten Gelände. So wie das KZ Columbiahaus, in dem vier Jahre lang unaufzählbare Greuel begangen wurden, im Zuge des Flughafenbaus 1936/1937 unter dem Pflaster des Columbiadamms verschwand, so steht dem Reichssicherheitshauptamt, dem Volksgerichtshof ein ähnlich solides Vergessen bevor. Das reparierte Stadtbild enthält keine Orientierungen für die wirkliche Geschichte, die der Brüche, Lücken, Zerstörungen, für die wenigen Spuren, die noch übrig sind, weil man sie beim Abriß und Ausgraben der Fundamente übersah. So wenig, wie diese Gesellschaft Kranke als Kranke (statt sie zu kasernieren) in ihr Leben einbeziehen kann, so wenig die Stadtplanung Zerstörtes, Halberhaltenes, Reste.
Die Verallgemeinerung steht hier absichtlich: es ist, so allgemein angenommen, kein Zufall dieser Stadt, dieser Verwaltung. Die Unfähigkeit, mit Zerstörtem umzugehen, wird, je mehr die Zerstörungen sich häufen, ein Wesensmerkmal unserer Gesellschaft, das sich im staatlichen Vorgehen wie in den individuellen Verhaltensweisen aller zeigt. Krankheit, Tod, Wahnsinn werden ausgeschieden aus der Lebenswirklichkeit und in speziellen Anstalten

konzentriert; rassisch und national abweichende Gruppen werden, besonders wenn sie Gastarbeiter bzw. Asyl- und Arbeitssuchende aus Ländern der Dritten Welt sind, von Bürgerprotesten und staatlichen Verteilungsmaßnahmen durch die Städte geschoben, von Ghetto zu Ghetto, wie in Berlin Türken und Pakistaner; zur Herstellung der Sanierungsreife duldet man sie, wie die anpassungsfähigen eigenen Landsleute in den Obdachlosensiedlungen. Auch das Bild der Stadt unterliegt diesem kollektiven Reinigungszwang: Das Ideal der Verwaltung wie der schweigenden Mehrheit ist die lückenlose, narbenlose Stadt mit einem von konkreten Spuren gereinigten historischen Kern. Orts- und parteispezifisch ist die Art und Weise, wie dies geschieht. Ortsspezifisch, weil in Berlin schon immer ohne Rücksicht auf Verluste abgerissen wurde, mit Vorliebe für den Straßenbau. Parteispezifisch, weil die weitgehend von der SPD geprägte Verwaltung aus den politischen Orientierungen der SPD heraus weder ein konservatives Interesse an der Stadtgeschichte hatte noch ein politisches Interesse an einer aktiven Auseinandersetzung mit der faschistischen Vergangenheit. Der völlige Abriß der Ruine der Gedächtniskirche wurde mittendrin durch einen Massenprotest der Berliner Bevölkerung verhindert. Anderswo fehlte dieser Druck; selbst eine so mythologisch große Ruine wie die des Anhalter Bahnhofs (Benjamin nannte ihn einst den Mutterleib der Eisenbahnzüge) wurde trotz individueller Proteste abgerissen (ahnungslos und ungewarnt, wie die Verwaltung heute behauptet, war sie damals nicht, nur zwang sie keiner). Für die Erhaltung der Trümmer der faschistischen Zentralen gab es erst recht keinen Anhalt: man riß einfach ab, um die Voraussetzungen für einen globalen Neubeginn zu fördern. Daß das naiv geschah – daß keiner gewußt hat, was man tat –, vermag ich nicht zu glauben. Zu viele kannten die Adresse, zu viele waren dort verschwunden.

Heute, in einer anderen kulturell-politischen Konjunktur, wieder Geschichte auf eben dieser rasierten Fläche herstellen zu wollen, verstrickt unvermeidlich noch tiefer in Verdrängung. Auch Bauten können lügen; dann etwa, wenn sie saniert aus den Händen einer Baugesellschaft hervorgehen, innen ausgeweidet und wiederausgestopft; oder wenn, wie in der Lindenstraße geplant, Neubauten mit echten Fassadenteilen alter, nicht einmal lokalidentischer Bauten bestückt werden (Ephraimpalais, Feilnerhaus). So entsteht eine Stadtgeschichte ohne Opfer, ohne Zerstörungen, multiplizierbar und alterslos: ein Stadtbild ohne Geschichte. Es mag unbillig und verkürzend sein, darauf hinzuweisen, daß die entwerfenden Architekten (Krier, Ungers u.a.) sich dabei der Ordnungsmuster und Fassadenmotive eines Klassizismus bedienen, der seinen Durchgang durch den Faschismus nicht veheimlicht. Aber die

Pointe ist sachlich zu logisch, um unterdrückt zu werden – klassischerweise die Wiederkehr des Verdrängten.

Der Spielplatz und das Reichssicherheitshauptamt

Nach dem einfachen Muster: Bedürfnisse der Bevölkerung contra autoritäre, technokratische Verwaltung läßt sich die Sache überhaupt nicht diskutieren. Die Bewohner deutscher Stadtviertel pflegen sich in ihrer überwiegenden Mehrheit keineswegs dafür einzusetzen, daß die historischen Wunden ihres Viertels offengehalten werden. Die älteren haben ihre Gründe, das Gewesene zu vergessen; die jüngeren sind ahnungslos, für sie ist der Faschismus sowieso so etwas ähnliches wie das Mittelalter. Die wenigen Hinweistafeln und Denkmäler, die es überhaupt im Stadtbild gibt, sind unvollständig, parteiisch, verharmlosend oder einfach wehleidig-passiv. Letzteres vor allem unter dem Titel „In schwerer Zeit..."; parteiisch, weil die Linke dabei nicht vorkommt; unvollständig, so wenn in der Berliner Kantstraße 152 auf Ossietzkis Nobelpreis verwiesen wird, nicht aber auf das KZ Oranienburg; verharmlosend, weil sie mit den Greueln des Faschismus umgehen wie mit einer Hochwasserkatastrophe.

In den Arbeitervierteln gibt es die Erinnerungen an historische Kämpfe, Niederlagen, Verluste noch. Es gibt aber kein öffentliches Gedächtnis, keine lebendige Arbeiterorganisation, die die Orte kennt, die Namen weiß. Die Erinnerungen gehören einzelnen oder kleinen Gruppen, die sie, wenn man sie befragt, bereitwillig weitergeben. Historiker, Videoleute, politische Gruppen halten fest, was sie erfahren; zur Erfahrung der Bewohner des Viertels insgesamt gehört es nicht mehr und kann es in dieser Form der Konservierung in einer immer fremderen Umwelt nicht gehören. Dazu kommt ein zweites. Viertelgeschichte ist das, was jeder weiß, was die Kinder schon hören und sich ausmalen, es ist Teil der Selbstverständlichkeiten, die den alltäglichen Verständigungen zwischen den Bewohnern unterliegen. Mit dem Abriß ganzer Häuserblocks zerreißt auch dieses Orientierungssystem, die Bevölkerung wechselt, ganz unterschiedliche Ebenen und Formen von Erfahrung des Viertels kommen nebeneinander vor und isolieren sich als Kommunikationsbarrieren gegeneinander.

So stellt sich eine Erfahrungsstruktur her, in der einzelne in bezug auf das Viertel Erfahrungen suchen und machen. Die Geschichte des Viertels ist nicht ihre Geschichte, ihnen unbekannt oder ungreifbar. Das Viertel als Objekt ist etwas, was für sie erst neu beschriftet, zu einem Zusammenhang ihrer persönlichen Lebensgeschichte werden muß. Das Viertel ist dabei ein Objekt wie die Wohnung: ein Punkt, der die partielle Ausformulierung von Lebensidentität erlaubt. So entsteht Kiezbewußtsein: die Auffüllung eines Stadtviertels mit persönlichen Bedürfnissen, Aversionen, Erinnerungen und als Wissensstoff erworbenen historischen Kenntnissen. Der Kiez ist ein Nenner, um Veränderungen abzuwehren, affektive Beziehungen herzustellen, ein „wir" gegen andere und gegen die Verwaltung zu formulieren.

Aus der gemeinsam gelebten Viertelgeschichte ist also die Aggregation von Bewußtseinseinstellungen geworden, die sich in einem überschaubaren Wohnbezirk auf den gemeinsamen Ort richten. Die vorgefallene Veränderung ist doppelt: Es hat sich die Erfahrungsstruktur geändert, und damit Hand in Hand auch der Gegenstand – aus der im Viertel gemachten Geschichte ist das mehr oder minder historische oder durch eigene Erfahrungen überhaupt erst quasihistorisch zu besetzende Stadtgebiet geworden. Damit hat sich der Geschichtsbezug zutiefst geändert: Am Viertel hängt persönliche Geschichte. Die politische, allgemeine Geschichte findet anderswo statt, in anderen Gegenden, Städten oder im Fernsehen, sie ist von da aus prinzipiell ortlos.

Die Arbeiterbewegung leistete, wenn sie im Viertel präsent war, als Partei, Arbeitersportverein usw., die Vermittlung von persönlicher Erfahrung und historischem Prozeß, das, was man in anderen Worten das Verhältnis von „kleiner" und „großer" Geschichte nennen könnte. Das Neukölln der zwanziger Jahre beispielsweise (um in Berlin zu bleiben) war strukturiert durch die die Straßenzüge am Rollberg insgesamt besetzende politische Solidarität der Bewohner, die in den Kämpfen von 1919 und den Barrikaden von 1929 zugleich lokal und in Begriffen des historischen Gesamtprozesses auftrat, ebenso aber auch durch die Arbeitersportvereine, die, wie das Beispiel Werner Seelenbinders zeigt, diese Vermittlung auf ihrer Ebene ebenfalls leisteten. Heute fehlt diese Vermittlung. Der historische Prozeß ist für die einzelnen, gleich welcher sozialen Zugehörigkeit, grundsätzlich abstrakt geworden. Die Erfahrung, in die politische Tagesdynamik weder eingreifen noch die grundsätzlichen Weichenstellungen auf sich beziehen zu können, hat in den Vorstellungen der einzelnen überhaupt den Bezug auf die „große" Geschichte ausgelöscht, insgesamt auch jede historische Vergangenheit, die ja erst recht nicht als eigene vorstellbar ist, sondern ein kollektives Subjekt braucht, um beziehbar zu sein. Stattdessen baut sich aus den privaten Objektbeziehungen sekundär eine historische Erfahrung auf, die individuell lebensgeschichtlich beschränkt, aber auch in Bewegung gehalten, vor Abstraktion durch zentrale Funktionalisierungen besser geschützt ist. Mit ihr, nicht mit Hoffnungen auf

Wiederkehr des alten Vermittlungsmodells, haben wir bei politisch-städtebaulicher Argumentation zu tun.
Diese neue Erfahrungsform, in der das Stadtviertel mitsamt seiner Geschichte Objekt persönlicher Geschichte ist, ist heute auch so weit entwickelt, daß ihre eigenen Widersprüche öffentlich werden. Alle neuen Einsichten und Begriffe sind also schon wieder politisch strittig, statt als eindeutiger neuer Schritt gegen eine am herkömmlichen abstahierenden Verwaltungszentralismus unbeirrt festhaltende politische Bürokratie gewendet zu werden. Begriffe wie Bürgerbeteiligung, Kiezzugehörigkeit; Haltungen wie Ablehnung von Großsiedlungen, Wohnfunktionalismus, Flächensanierung; Aktionsformen wie Stadtteilfeste, Bürgerinitiativen gegen geplante zentrale Institutionen: All das ist bereits wieder zweideutig geworden, strittig, zwischen linken und rechten Initiativen, Verwaltung und privaten Architekten. Die Protestformen gegen Autobahnbau dienen der Abwehr von Ausländern und der Abschiebung von Lärmbelastungen in weniger potente Viertel, die der Verteidigung des Viertels gegen Abriß der Aufrechterhaltung von Privilegien und einer widerspruchsfreien Oberfläche.
Letzteres trifft freilich nicht die Bedürfnisse der Mehrheit. Die Identifikation mit dem Viertel dürfte zwar allgemein eine mit einer gereinigten Geschichte sein, die am Design hängt, an historischer Bildlichkeit als Objektausstattung der Wohnverhältnisse. Aber der Stellenwert historischen Komforts ist insgesamt sehr gering gegenüber direkteren Bedürfnissen wie nahen Spielgelegenheiten, sicheren Fußgängerüberwegen, Lärmschutz gegen Durchgangsverkehr, ausreichende, nahe Grünflächen, usw. Die historische Stadtfolie bleibt in diesem Zusammenhang eher ein ästhetisches Angebot von oben, das einer an ihren Reformzielen scheiternden SPD eine neue Legitimationsbasis verschaffen soll, das auch in dem Augenblick auf Widerstand stoßen dürfte, in dem es mit unmittelbaren Interessen kollidiert. Es kommt hier also geradezu zu einer Umkehrung der gewohnten Themenstellung: daß die politische Verwaltung Momente der Stadtgestalt festhält gegen privatisierende Bewohnerinteressen.
In der Berliner südlichen Friedrichstadt muß man nun gerade von diesem Sachstand ausgehen, zusätzlich verunklärt allerdings dadurch, daß das Viertel noch in großen Teilen brach liegt, in anderen erst seit kurzer Zeit bewohnt ist, bewohnt von Leuten, die noch zum Viertel kein Verhältnis haben, sich aber mit dem außerhalb ihrer Wohnanlagen Vorhandenen – diesem eigenartigen Ineinander von Ruinenfeldern, Imbißstuben, stehengebliebenen Häusern der alten Geschäftsstadt, zentralen Institutionen, wie Arbeitsamt für Kopfarbeiter, Ordnungsamt und Fremdenpolizei, das alles zusammengehalten durch

die Spuren alter Raumbeziehungen, den Checkpoint Charly und die Mauer – nicht anfreunden oder gar identifizieren können, sondern Lärm und Schmutz vor ihrer Tür und die ungesicherten Wege ihrer Kinder zum Spielplatz beklagen. An den Bewohnern, die das Sozialamt in den bezirkseigenen Häusern auf der ehemaligen Südtangententrasse seit langer Zeit zu stationieren pflegt, sehen sie sowieso vorbei; was sie vor allem stört, sind die nächtlich zur Blumengroßmarkthalle fahrenden Lastwagen und die asylsuchenden Pakistaner, für die man aufgrund ihrer Proteste wenigstens einen Toilettencontainer auf der Straße abgestellt hat.

Für sie ist die Wohngegend eine Ausstülpung der U-Bahnstation Hallesches Tor und des Mehringplatzes; die alte Stadtfigur ist ihnen uneinsichtig und bliebe ihnen, selbst wenn man sie ihnen kartographisch erklärte, sinnleer. Die Ruinenflächen nahe der Mauer sind undefinierter Rand, der dem Mauertourismus gehört, so nahe die gerade verdoppelte Grundschule, die ihre Kinder besuchen, in dieses Niemandsland auch schon vorstößt. Die Flächen des Reichssicherheitshauptamts sind für sie doppelt fern, zeitlich wie örtlich. Sie sind als Orte ohnehin nicht erkennbar – den Ort des ehemaligen Palais Prinz Albrecht überdeckt großenteils das jedem Kreuzberger wohlbekannte Autodrom – „Fahren ab 18 ohne Führerschein", als die Landmarke schlechthin in diesem Gelände. Auf dem Grundstück Prinz-Albrecht-Straße 8 wenden Lastwagen und Bagger ständig neue Erd- und Schutthaufen hin und her unter dem lädierten Kranzgesims des dunklen, hohen Gropiusschen Kunstgewerbemuseums. Ferner können Geschichte und eigenes Leben nicht auseinanderliegen.

Der Stadtplaner als Historiker

Es scheint nun, als könnte hier nur das idealistische Gewissen einiger Intellektueller aushelfen, der Grimm und die Vergessensweigerung von Leuten, die die Stadtzerstörung und die faschistische Vergangenheit des eigenen Volkes, der eigenen Stadt so tief betrifft, so dauerhaft ihnen zu schaffen macht, daß sie sich damit, wie die Dinge naturwüchsig laufen, nicht beruhigen können. Aber so getrennt von allen realen Interessen und Entwicklungen ist das Interesse an der Stadtgeschichte nicht.

Das Konzept der Stadtreparatur wird propagiert zu einem Zeitpunkt, da der Staat sich, selber in einer Finanzkrise, zunehmend aus dem Wohnungsbau zurückzieht, zum Ersatz also gezwungen ist, entsprechende privatwirtschaftliche Steigerungen der Bodenrendite zu akzeptieren. Da weniger gebaut wird,

kann besser gebaut werden, sagt die Verwaltung; das ist auch soweit richtig, als gleichbleibende Kapazitäten der Verwaltung sich mit immer weniger Bauvolumen administrativ befassen. Gebaut wird aber privatwirtschaftlich, die höhere städtebauliche Qualität (z.b. statt eines durchgehenden standardisierten Baublocks zehn verschiedene Haustypen von unterschiedlichen Architekturbüros nebeneinander zu bauen) muß über die Mieten bezahlt werden (und auch staatliche Annuitätszuschüsse währen nicht ewig). Wenn aber dafür bezahlt werden muß, wird auch von allen Interessenten erwogen werden, ob und was sie eigentlich für ihr Geld erhalten. Wenn Stadtreparatur, wie im Falle des Wilmersdorfer Beispiels Prager Platz, darauf hinausläuft, nach Art der Terraingesellschaften aus dem vorigen Jahrhundert bevorzugte Stadtbereiche für gehobene Bedürfnisse zu bauen, gerät die Architektur in Zugzwang: Der ästhetische Komfort muß Geld wert sein.
Dieses Modell ist einerseits begrenzt durch die Nachfrage nach entsprechend teuren Wohnungen bzw. auch durch das Maß, in dem staatliche Bezuschussung politisch rentabel gemacht werden kann, es ist andererseits begrenzt von der Möglichkeit der Architektur her, das zu liefern, was die höheren Ausgaben für das Design seitens der Baugesellschaften, für die Mieten seitens der Abnehmer rechtfertigt. Denn eine *als solche* vorhandene städtebauliche Qualität gibt es nicht, sie ist von Architekten, die vergangene Raumsituationen abkupfern unter Abstraktion von den sozialen Verhältnissen, die sie hervorgebracht haben, auch nicht zu erwarten, auch nicht von den internationalen Virtuosen und ihren wiedererkennbaren strukturellen Versatzstücken, die dem Vorgehen Pate stehen. Die Stadtreparatur enthält eine Wette, die grundsätzlich nicht gewonnen werden kann, weil die Bedürfnisse, auf die ökonomisch spekuliert wird, mit den Mitteln der Architektur – in einer gegenüber dem vorigen Jahrhundert stark veränderten Situation – grundsätzlich nicht zufriedenzustellen sind.
Diese Grenze ist keine der Fähigkeiten, sondern der Sache – des Gebäudedesigns. Die Herstellung typisierter Hausindividuen (Ungers) stiftet keinen städtischen Zusammenhang, wo er nicht schon da ist. Die Aufnahme von Richtungsverweisen (Himmels-, Ortsrichtungen, Funktionsbeziehungen) in die Struktur des Gebäudes bleibt abstrakt: Die funktionalen Direktiven, an denen sich heutige Menschen orientieren, sind informell und ungleich komplizierter. Die Herstellung von Blickachsen und zu Piazzen ausgeweiteten Gebäudenischen stellt Szenen her, deren Akteure längst gestorben sind, bewirkt aber gerade das nicht, was zu bewirken es verspricht: aktuelle Erfahrung, Beziehungsbildung (eher das Gegenteil: die Blickachse, die nirgendwo hinführt; denn wo könnten, nachdem nicht nur Götter und Tempel, sondern

auch alle vaterländischen Monumente tot und hinüber sind, Blickachsen hinführen? – die ganze Figur ist, seit Geraden ins Nichts führen, historisch aufgehoben, nutzlos, die Wege sind geändert). Das Design bleibt am jeweiligen Objekt haften, es expandiert nicht zu städtischen Beziehungen, sozialen Lebensverhältnissen, historischen Fluchten: Das nur ästhetisch geplante Objekt bleibt tot, neben den Lebensverhältnissen, um deren Verlauf der Architekt sich ja bei der Planung seines individuellen Stadthauses auch einen Dreck gekümmert hat.

Im Design der Stadtreparatur verkümmert die Stadtgestalt zur isolierten Objektfunktion. Nun scheint das zwar staatlich einholbar, als könnte die Verwaltung, wenn sie schon nicht mehr die Masse der Einzelobjekte finanzieren kann, doch, wie einst James Hobrecht, den städtebaulichen Zusammenhang vorgeben? Beauftragt man eine Planungsgruppe mit der Systematisierung des Geländes, schreibt einen Wettbewerb aus oder veranstaltet ein Entwurfsseminar – es wiederholt sich, in vergrößertem Maßstab, unweigerlich die Willkür des Objektdesigns: sinnlose Platzfolgen und Rondells, dekorative Parks, wo gerade nichts Besseres hinpaßt, barocke Blickachsen und Straßensterne ohne Ausgangs- und Zielpunkt, nur mal so. Aber das ist nicht einmal ernst gemeint: ernst ist nur die Absicht, die derart situierten (das wenigstens) Häuserblocks zu bauen. Für die Verteilungsweise – Axialität, Symmetrie und minimale Abweichung – gibt es prinzipiell keinen Grund. Die Verhältnisse, die sich in barocken Stadtfiguren ausdrückten, sind untergegangen; das Bürgertum als Träger wenigstens noch einer perspektivisch-visuellen Stadtbildordnung ist abgetreten. Von der mythischen Substanz, die in den Richtungsbeziehungen archaischer Städte wirksam war, braucht man da gar nicht erst zu reden. Es gibt heute keinerlei Form, die Anschaulichkeit gesellschaftlichen Bewußtseins, kollektiver Bedürfnisse sein könnte. Jede nachgemachte Ornamentik gerät unfehlbar zum Desaster, was im Falle des Städtebaus kein Geschmacksurteil ist, sondern eine Frage der Erfahrungsbedingungen derer, die das Gebaute bewohnen sollen.

Die Planungstätigkeit des Staates kann sich ästhetisch eben von der Sache her nicht ausdrücken. Der Flächennutzungsplan enthält den Verbrauch emblematisch lesbarer, anschaulicher Stadtgrundrisse als Vorgeschichte in sich. Dieselbe Abstraktion, die nach dem Krieg die Abräumung der Ruinen als Vorleistung für eine rationale Flächenplanung verstehen ließ, steckt auch in allen positiven Lokalisierungen der als notwendig geplanten funktionellen Einrichtungen – dies ist kein zufälliger historischer Tatbestand (weil alle historischen Anhaltspunkte und Formen abgeräumt wurden, bleibt an diesem Ort nur noch willkürliche Neuorganisation), sondern ein sachliches Verhältnis, ein historischer Bedingungszusammenhang. Jegliche Lokalisierung, die über abstrakte funktionale Erwägungen, wie sie der Stadtplanung der fünfziger und sechziger Jahre weitgehend zugrunde lag, hinausgeht, ist von daher eine, vom Planungsansatz zu erbringender kommunaler Leistungen abgehobene, ästhetische Willkür, Ornament. Das Großornament des *Märkischen Viertels* hat sich als solches schon erwiesen in dem ungeheuren Widerspruch zwischen der Leichtigkeit, mit der dieses Ornament eines Nachts auf das Papier gezeichnet worden ist, und der Masse von Wohnungen, Wegedistanzen, Flächengrößen, Betonmassen, im Endeffekt vor allem auch Menschen, Lebenszeit, Beziehungsbedürftigkeit, die faktisch dadurch organisiert wurde. Das Ergebnis war notwendig unmenschlich. Aber der Lernprozeß, der der staatlichen Planung dadurch aufgezwungen worden ist, droht in die falsche Richtung zu gehen: Statt des Großornaments versucht man es mit kleinen, gehäuften Detailornamenten. Damit detailliert sich der Widerspruch, ohne daß sich die ästhetische Willkür, die Fremdheit gegenüber den von oben geplanten Funktionen und den Gewohnheiten und Bedürfnissen der Bewohner verringerte: sie wechselt nur den Maßstab. Gleichzeitig delegiert sie aber, wie oben gezeigt, das Figurganze an das (noch dazu zunehmend privatwirtschaftliche) Design der Einzelobjekte.

Die Verwaltung hat ihren Ausgangspunkt, die Funktionsplanung, geronnen im gesetzlichen Flächennutzungsplan, gar nicht richtig begriffen, wenn sie so billig die zerstörerischen Folgen ihres Ansatzes zu parieren hofft. Im Planungsinstrument stecken aber nach wie vor die herrschenden gesellschaftlichen Bedingungen. Die ästhetische Regression ist demgegenüber ein Verkleidungsproblem, das von der Krise eben dieses staatlichen Planungshandelns ablenkt, ihr gegenüber auch wirkungslos bleibt. Da liegt das grundsätzliche Problem: Die Planungskrise kann gar nicht unter Beibehaltung aller grundlegenden politischen Entscheidungsstrukturen gelöst werden, schon gar nicht dadurch, daß die kommunale Stadtplanung sich selber ästhetische Kompetenzen anmaßt, die inkommensurabel sind, oder diese parzelliert an Einzelindividuen delegiert, als wären wir noch im Zeitalter der Terraingesellschaften und Baumeisterarchitekten. Die einzig wirksame Lösung der Planungskrise ist darum auch nicht nur von Einsichten der Verwaltung abhängig, so weit sie in Wahlzeiten und bei bedrohter Mehrheit gehen mögen, sondern davon, daß sich neue Organisationsformen sozialer Bedürfnisse in einer offenen Auseinandersetzung den Spielraum erkämpfen, andere Ausgangspunkte der Planung, andere Lebensformen allererst so weit zu entwickeln, daß sie sich in neuen Orientierungen dafür niederschlagen können, wie Stadtbereiche sein sollen, wie sich Arbeit und Wohnen, materielle und soziale Bedürfnisse zueinander verhalten können, was gebraucht wird, welche Verkehrswege, welche Art gemeinsamer Einrichtungen und Erholungszonen, Werkstätten und Lernorte, ob überhaupt formelle Lokalisierungen wie Plätze, Grüngürtel usw., alles ja reichlich historische Formvorstellungen, gebraucht werden.

Die Funktionsplanung als reines Instrument der Lokalisierung und Quantifizierung von Versorgungsleistungen enthält mit den Bedingungen der politischen Situation zugleich notwendige progressive Momente: die Aufhebung privatwirtschaftlicher Planungskompetenz und den Verzicht auf staatlich verordnete Repräsentativität der Wohn-, Verkehrs-, Arbeits- und Lebenseinrichtungen, wie sie zuletzt noch der Faschismus versucht hat. Beides kann nur auf der Ebene des Designs rückgängig gemacht werden, nicht als historischer Standpunkt. Der ästhetische Spielraum, der dadurch entsteht, daß ästhetische Angebote, wie überall im Warendesign, zwar stets nur zeitweise, jeweils aber mehrheitlich angenommen werden, ist doch und bleibt vorläufig, eine politische Manövrierzone, keine Lösung der Planungskrise. In welche Richtung kann nun aber die abstrakte Planungskompetenz der Verwaltung sonst entwickelt werden, da ja doch weiterhin Lokalisierungen im Interesse aller vorgenommen werden müssen?

Formuliert man die progressiven Momente abstrakter Flächenplanung, die ich eben nannte, dann enthalten sie eine doppelte Folgerung: Produzent von Stadtformen sind die Lebensverhältnisse selbst. Es gibt auch nicht mehr in Restform eine als Stadtgrundriß und Raumform anschauliche mythische Tiefe von Siedlungsformen. Das, was aus der Vergangenheit in die Planung heutiger Lebensverhältnisse hineinreicht, ist Geschichte, die Vorgeschichte der heutigen Verhältnisse – also kein zu betrachtendes Bild, sondern ein Prozeß, der mit den heutigen Verhältnissen zu tun hat und deren perspektivische Tiefe ausmacht. Diese Geschichte ist da. Sie muß nicht erfunden, sondern nur aus der Verdrängung befreit werden. Auf sie beziehen sich also notwendigerweise alle Versuche, über die bloße planerische Notwendigekeit eines bestimmten Maßes von Einrichtungen in einem gegebenen Planungsgebiet hinauszukommen. Die historische Brechung ist diejenige Konkretisierungsfunktion von Planung, die einer zentralen Planungsinstanz zukommen kann, unter den gegebenen Verhältnissen nur ihr zukommt und ihr als einziger zukommt.

Die andere mögliche Konkretisierung nach der historischen Aufhebung aller religiösen, staatlichen und klassenmäßigen Stadtbildformen ist die Brechung des Planungsangebots durch die von den Betroffenen selbst formulierten Bedürfnisse, ein Anspruch, den die zentrale Verwaltung schlechterdings nicht übernehmen und erfüllen kann, auch dann nicht, wenn, wie in unseren Verhältnissen, wirksame Basisinitiativen kaum oder zu wenig vorhanden sind und die Mehrheit sich in einem schweigenden, durch technischen Komfort und schichtspezifisch auch Designangebote sedierten Verbrauchspositivismus (was kriege ich für mein Geld) verunmündigt und verunmündigen läßt. (Eine solche Kompetenzfeststellung stellt keine – was idealistisch wäre – Handlungsweisung dar, sondern den Versuch, die Logik der Situation zu formulieren.)

Das historische Problem hängt an dem besonderen historischen Planungsstandpunkt, wie er heute in allen spätkapitalistischen Gesellschaften gegeben ist – bei naturwüchsigen Besiedlungen stellte und stellt (vgl. die südamerikanischen Vorstadtansiedlungen) es sich nicht: Verbrauch von Natur, soziale Kooperation, Arbeitsweise und Erfahrungsbildung drücken sich unmittelbar in der allmählichen Durchbildung der Siedlung aus. Unter Planbedingungen stellt er sich aber generell, gleich ob Wiederaufbau oder Neubebauung bislang städtisch nicht erschlossener Flächen (insofern war die Gleichbehandlung in den fünfziger und sechziger Jahren, wenn im Effekt, als bloße Flächenplanung, ignorant und beziehungslos, so doch grundsätzlich berechtigt). Im Falle des Wiederaufbaus könnte es nämlich ausreichend scheinen, sich an die alten Blockfronten zu halten, um wenigstens eine ästhetisch nicht überfordernde Orientierung für die Lokalisierung der Baumasse zu haben: Es würde also ein Teil der zerstörten Stadttypologie in die Neubebauung aufgenommen, was auch in Detailzügen fortsetzbar wäre (so die Anpassungsarchitektur innerhalb neuerer Sanierungsvorhaben). Aber es geht grundsätzlich eben nicht um das historische Stadtbild und dessen Einzelzüge, so richtig im Einzelfall die Einhaltung historischer Baufluchten als Ergebnis sein mag. Daß der historische Prozeß selber sichtbar bleibt und immer wieder neu sichtbar wird, daß also auch die gegenwärtige Praxis nicht zugunsten historischer Zustände, historische Bauumstände und Kriegs- oder Sanierungszerstörung zugunsten eines fiktiven historischen Stadtbildes, die wirklichen Verhältnisse zugunsten dekorativ gebauter Lügen unterdrückt werden, erst das rechtfertigt sachlich (außerhalb der eingeschliffenen staatlichen Zugriffsmacht an sich) die zentrale Planungsfunktion und gibt ihr die nötigen Ansatzpunkte für regulative Entscheidungen.

Es ist mir klar, daß dies zu prinzipiell gedacht ist, um einer Baubehörde unter den augenblicklichen Umständen überlegenswert zu sein – das ist aber auch nicht der Sinn dieser Diskussion. Vielmehr scheint es mir nötig, Forderungen und Vorstellungen zu entwickeln, die sich nicht nur kritisch an die übermächtige staatliche Bau- und Entscheidungsgewalt richten, nicht nur negativ bleiben (in der uneingestandenen, infantil auf das Vaterbild fixierten Voraussetzung, nie selber an Entscheidungsstelle zu stehen und handeln zu müssen, beste Voraussetzung, um umstandslos durch die bloße Verlockung, selber machen zu dürfen, käuflich zu sein), sondern sich Veränderungen zutrauen und sich daher auch realistisch ausdrücken in dem Sinne, daß sie die Dialektik von unterschiedlichen widersprüchlichen Basisbedürfnissen und zentralisierenden Entscheidungsstrukturen bereits in sich haben.

In diesem Sinne verstehe ich das Insistieren auf der historischen Wirklichkeit der Stadt (oder, allgemeiner, jeder Siedlungsform) als solidarischen Widerspruch gegen die Heutigkeit von Basisbedürfnissen (nicht Mehrheitsbedürfnissen). Die Sichtbarkeit des historischen Prozesses zielt nicht auf die bloßen Objekte, sondern auf die Praxisformen und Opfer, die daran hingen und hängen, angefangen von den Vierteln, in denen die Arbeiter kaserniert wurden, über die Stadt, die nicht die der Frauen, der Kinder, der Ausländer, der Schwarzen, der Kranken und Wahnsinnigen ist, für die alle besondere Abschließungsformen da waren, noch heute da sind, bis zu der unkenntlich gemachten, verbrauchten, sowohl zugedeckten als auch materiell in Mauern und Straßendecken umgesetzten, in alledem sowohl ausgebeuteten als auch ausgeschlossenen Natur.

Zerstörte Stadt – sichtbare Geschichte

Was es heißt, die Sichtbarkeit des historischen Prozesses herzustellen, soll nun kurz am Beispiel der südlichen Friedrichstadt angedeutet werden. Voraussetzung der weiteren Überlegungen ist, daß das Viertel nicht so bleiben kann, wie es ist, daß das zerrissene Stadtgeflecht geschlossen werden muß. Welche Hinweise enthält nun dieses zerstörte Gebiet, die die Ergänzung und Zusammenfügung der existierenden Flicken orientieren können, ohne den willkürlichen historisch-ästhetisierenden Raster, den die Verfechter der Stadtreparatur für das Gelände zu stricken seit längerem im Begriffe sind? Ich beginne mit dem in der Stadt fernsten, dem Verhältnis zur Natur. Gerade weil es fern ist, ist hier die Willkür am größten. Die Senatsvorlage im Abgeordnetenhaus zur Internationalen Bauausstellung 1984 vom 30. Juni 1978 proklamiert das umgrünte Stadthaus. Klimatologen vom Fachbereich 21 der TU schlagen in einem Gutachten vor, auf der mehr oder minder freien Autobahntrasse einen Grüngürtel quer durch die südliche Friedrichstadt anzulegen und ihn so zu bepflanzen, daß er, der vorherrschenden Westwindlage entsprechend, eine möglichst große Windgeschwindigkeit und entsprechend ein

Absaugen der Schadstoffe gewährleistet. Solcherart Ökologie geht mit Stadt und Natur gleichermaßen technokratisch um; die geforderte Teilabschaffung der Stadt brächte nicht einmal eine andere Geltung von Natur in den verbleibenden Stadtbereich ein, sondern nur einen Staubsaugkegel. Den Prozeß des Verbrauchs von Natur meinen die neuen ökologischen Bewegungen, nicht das leistungssteigernde Grün- und Frischluft-Ideal – dieser Prozeß wird so niemals sichtbar. Es gibt aber einen charakteristischen Punkt in der Friedrichstadt, wo die Naturbedingungen sich selber in Erinnerung gebracht haben: hier wäre hinzuhören.

Es geht da um das Gelände Friedrichstraße, Ecke Besselstraße: Der barocke Straßenstern war seinerzeit souverän über einen der typischen Berliner Kolke (Sümpfe) hinübergesteckt worden; die Folgen hatten die privaten Eigentümer (die sie nicht einmal freiwillig waren) zu tragen: Pfahlgründungen, die nie auf Grund kamen, folglich ständige Bodensenkungen, von 1720 bis heute ca. 4 m. Das Eckhaus der letzten Bebauungsschicht begann 1937 zu bröckeln und mußte abgerissen werden, das Nachbarhaus senkte sich erst in jüngster Zeit so ungleichmäßig, daß es 1977 geräumt und abgerissen wurde. Diese Vergeblichkeit wäre sichtbar zu machen: Hier ist der Bruch des Stadtschemas dann kein Einfall, sondern ein souveränes Wiedererscheinen verbrauchter Natur. Der Grüngürtel wäre dagegen als Folgerung aus den Windverhältnissen nicht weniger willkürlich als die Autobahntrasse, die da ausgenutzt werden soll. Stadtgeschichte ist aber auch die preußische Willkür der sternförmigen Bebauung, die ja, der Zweideutigkeit des preußischen Staatswesens zwischen rationaler bürgerlicher Verwaltung und grundherrschaftlicher Despotie, Willkür der Natur gegenüber gerade auch in ihren gesellschaftsgeschichtlich progressiven Zügen war. Die große Stadtfigur der Friedrichstadt war einerseits eine der modernen städtebaulichen Anlagen des 18. Jahrhunderts, technisch und juristisch (aber nicht ökonomisch) auf der Ebene der englischen Projekte, ästhetisch dank der Aufsicht Gerlachs ein modular einheitlicher Wurf; gleichzeitig, gelesen im Kontext italienischer und französischer Vorbilder, ein Emblem des preußischen Staates. Diese Stadtfigur ist längst zerstört, und es wäre falsch, sie materiell zurückhaben zu wollen. Aber die prägenden Linien, die davon übrig geblieben sind und noch die in den letzten zehn Jahren verschuldete Sackgasse des heutigen Bebauungsstandes mitbestimmen, mutwillig zu beseitigen oder zu ignorieren, hieße den Wirkungsprozeß zu beseitigen (und dies möglicherweise noch dadurch, daß man ihn durch ein ahistorisches Bild historischer Stadtzuständlichkeit ersetzt).

Wiederherstellung (die nicht machbar ist natürlich) zu wünschen, wäre schon deshalb falsch, weil die barocke Stadtfigur selber in sich brüchig war: zusammengesetzt aus lauter kleinen erzwungenen Besitzindividualitäten, konnte sie im Rahmen späterer Bodenspekulation Haus für Haus ausgebrochen werden, wobei jeder jeweilige Besitzer auf sein abgeräumtes kleines Grundstück ein Miethaus des Zuschnitts und Aussehens baute, wie es ihm gerade gut dünkte. Sprechend aber blieben die Linien. In der Bebauung der Lindenstraße ist die fassadenbildende Wirkung dieser Linienstrenge noch in den jüngeren Gebäuden spürbar, nicht nur in Gerlachs Kammergericht. Von den Entwürfen, die mir bislang zur Kenntnis gekommen sind (aus sechs Büros; wieviel im Vorfeld der IBA-GmbH-Gründung schon existieren, kann man nur vermuten), hat das freilich keiner realisiert; überall wird der Straßenbauch, der heute (als historisch völlig idiotischer „Vorplatz" des Kammergerichts) die Lindenstraße zerstört, willig, ohne zwingenden Grund, übernommen, z.b. weil sich so schön ein Crescent daraus machen ließe. In welches städtebauliche Desaster die willkürliche Beseitigung des Straßensterns führt, zeigt die Wilhelmstraße: Hier hat man sich in den unterschiedlichen Vorgaben – Straßenraster und Flächennutzungsplan aus den fünfziger Jahren – so verstrickt, daß es nun weder Vor noch Zurück gibt, sondern nur eine Raumkarikatur.

Noch skurriler ist es, wenn die Bauverwaltung jetzt mit Ungers' Stadthaus argumentiert, vor zwei Jahren aber die letzten Exemplare einer für die südliche Friedrichstadt (die von 1732, im Gegensatz zur älteren nördlichen aus dem 17. Jahrhundert) charakteristischen Bebauungsstruktur beseitigen ließ: das Straßenhaus mit schmalem, aber langem, ins Blockinnere verlaufenden Gartenstück. Beseitigt wurde aber auch, und das ebenfalls erst in jüngster Zeit, was von jener neuen Friedrichstadt übrig geblieben war, die das Zeitalter der Industrialisierung geschaffen hatte. Auf dem Gelände der südlichen Friedrichstadt lagen eine ganze Reihe größerer Fabriken (u.a. Siemens Telegraphen und Siemens Elektro, eingefädelt in die Blockstruktur zwischen Markgrafen- und Charlottenstraße), ebenso füllten sich die Blockinnenflächen mit einer Unmenge Kleinindustrie. Auch dieser Zerstörungs- und Umwandlungsprozeß droht inzwischen unsichtbar und ungeschehen zu werden, nicht zuletzt damit, daß noch die Folgen beseitigt werden: städtebauliche Nischen für Kleinstgewerbe und Randgruppen.

Von der Stadt des 19. Jahrhunderts bleibt dann verhältnismäßig wenig, gemessen an der existierenden Baumasse: Beseitigt wird der Kontext. Wenn die Innenbebauung der Gewerbehöfe fällt, ist die finanzkapitalistische Hülle der Blockränder beziehungslos. Aber selbst sie ist vor Straßenverbreiterungen (an dem Punkt spielt Ökologie keine Rolle) nicht sicher. Daß die Ecke Friedrichstraße/Kochstraße ein Muster imperialistischer Citybildung darstellt, das darf nicht mit Begrünung zugedeckt werden. Nur an Härten (das von der

Discontobank besetzte Eckgebäude verdrängte beispielsweise den großartigen klassizistischen Bau des Friedrich-Wilhelm-Gymnasiums, der Ersatzbau kam dann ins Blockinnere) wird Geschichte erfahrbar als Sache von Menschen, Prozeß politischer und ökonomischer Kämpfe, nicht als Ausstoß von Objekten und Stadtbildern.
Vollends droht nach dem bisherigen Planungsstand die Besetzung des Viertels durch den Faschismus unter Gartenornamenten und aus Formgründen entworfenen Blockbebauungen zu verschwinden. Dabei war die Präsenz der faschistischen Machtapparate in der Friedrichstadt alles andere als zufällig. Von Anfang an, seit 1926, hat die NSDAP sich in der Friedrichstadt eingenistet. 1930 bis 1932 war die Gauleitung in der Hedemannstraße (Speers erster Auftrag), benachbart (im heute noch bestehenden Gewerbebau) ein SA-Lokal, das 1933/1934 zu einem berüchtigten KZ umfunktioniert wurde. 1934 zog die Gestapo in die Kunstgewerbeschule in der Prinz-Albrecht-Straße 8 ein, etwas später in die Wilhelmstraße 102 (Palais Prinz Albrecht); benachbart seit 1929 das Haus des „Angriff", Goebbels' Boulevardblatt, Prinz-Albrecht-Straße 109 die Reichsführung SS. Das allein in der südlichen Friedrichstadt, nach Norden ging die Kette ununterbrochen weiter, eine bewußte Besetzung des zentralen preußischen Stadtteils.
Im Bausenat erinnert man sich heute nur noch daran, daß das Palais Prinz Albrecht einen Park hatte – daran gelte es anzuknüpfen. Was Grund genug ist, sämtliche Stätten des Faschismus zu übergrünen, allen voran die Terrorzentrale selbst, die dann nur noch grünes Vorfeld des wiederhergestellten Martin-Gropius-Baus sein soll, als heilte Kunst (statt des Kunstgewerbemuseums soll die Kunsthalle hinein) alle Wunden. Daß dort die Schreibtische von Heydrich und Gestapo-Müller standen, die Austilgung des europäischen Judentums organisiert wurde, der SD sein Karteisystem entwickelte, in dem sich immer neu der linke Widerstand verfing, im Kellergefängnis seit 1934 zahllose Opfer verhört, gefoltert, ermordet wurden, Grün deckt alles zu, nachdem zuvor schon das Gelände mit Akribie in mehreren Ansätzen von allen baulichen Resten gesäubert wurde. Über den Standort des Palais Prinz Albrecht (das, das aufwendigste Barockpalais Berlins, baugeschichtlich gesehen sinnlos abgerissen wurde) wird ohnehin die Verlängerung der Kochstraße gelegt – was sicher sein muß, doch bleibt traurig genug, daß Dinge, die anderswo als Emanzipationsakt des industriellen Bürgertums passierten, hier im Halbschlaf der Verkehrsplaner abrollen, Nachgeschichte.
Es wundert schließlich nicht, daß der Tatsache der Kriegszerstörung in keiner Maßnahme ein Darstellungsrecht eingeräumt werden soll. Nicht nur die Tatsache der Zerstörung soll vergeßbar werden wie ihre direkte Ursache, der hier

ansässig gewesene Faschismus, sondern noch ihre Nachkriegsexistenz, die Folgensumme: ein Trümmergelände, in dem keiner mehr, der es sich leisten konnte, wohnen wollte, wo nur anderswo nicht Integrierbare festzuhalten waren, bis auf einen merkwürdig geschäftigen, insularen Kern in der Friedrichstraße. Diese Nachkriegslandschaft reichte dank der Mauer-Lage wie stellvertretend bis heute in das Westberliner Stadtgebiet, westlich an eine City grenzend, deren nichtssagende bis gemeine Protzigkeit zum Symbol des westlichen Kapitalismus wurde, in einer Deutlichkeit, die heute selbst den Initiatoren etwas zu laut ist, östlich an die erhaltenen Arbeiterviertel, wo weder Faschismus noch Finanzkapital anschaulich repräsentiert waren, ein Berlin, das im Bewußtsein der Herrschenden gar nicht konkret existierte und Material von Sanierungsfeldzügen wurde, die die Stadt der Arbeiter gar nicht wahrnahmen – zwischen beidem die leere politische Mitte.

Daß man diese Mitte füllen will, auffüllen mit einer anheimelnden, bildlichen Geschichte, die es so in Berlin, der kärgsten aller großen Metropolen des 19. Jahrhunderts und der klassischen Hauptstädte überhaupt, nie gab, das ist das eigentliche Projekt dessen, was unter dem Titel einer Internationalen Bauausstellung 1984 gegenwärtig geplant wird. Es ist ein Projekt, das in Restaurationszeiten wie die unsrige paßt, soviel ist klar. Es ist aber, abgesehen von dem Widerstand, der gegen diese Geschichtsfälschung zu leisten sein wird, schon die Frage, ob eine von ihrer zerstörerischen Geschichte so intensiv geprägte Stadt wie Berlin schon kaputt genug ist, damit die geplante Fälschung wirklich machbar wird. Die Ruinenfelder der heutigen Friedrichstadt, alles Recht auf Abriß und Wiederaufbau zugestanden, sind jedenfalls der Lesbarkeit von Stadtgeschichte näher, als der formalistische Leichnam, den man uns verspricht. Der existierende Mauertourismus ist nur eines der Zeichen für die schwer beschreibbare Faszination, die dieses Gelände gerade heute ausübt: weil es immerhin nichts zudeckt – obwohl alles verschwunden ist. Ein solches Gelände dann bebauen und bewohnen zu können, das verlangt jedenfalls neue Erfahrungen mit der dort niedergeschlagenen Geschichte und eine neue Reflexion auf das, was Wohnen ist: Flucht in die vier Wände, oder einen kollektiven Ansatz, sich der eigenen historischen Wirklichkeit zu stellen. Von solchen Erfahrungen aus kann auch so gebaut werden, daß das Gebaute den historischen Prozeß erfahrbar enthält und nicht verdrängt.

Quelle: ARCH+ 40/41 (1978)

Architektur als Geschichtsfälschung

Zur geplanten Neuerrichtung des Ephraim-Palais

Man tut sich überall schwer mit der Stadtgeschichte. Aber was bei dem stadtplanerischen und architektonischen Bewältigungsversuch herauskommt, ist nirgendwo so schnell aus dem Gleichgewicht wie in Berlin. Da ist drei Jahrzehnte lang planiert worden – die Kriegszerstörungen waren die Chance, die historische Stadt loszuwerden und durch eine rationale Flächenplanung zu ersetzen. Als wäre das nicht genug, wurden unter dem Stichwort Sanierung ganze Viertel abgerissen, eine Abrißmasse insgesamt, die inzwischen den Kriegszerstörungen schon gleichkommt. Wie unter einer riesigen Walze verschwand in dieser dreißigjährigen Abrißarbeit alles, was daran erinnern könnte, daß es eine Vorgeschichte gegeben hat: barocke Palais, klassizistische Wohnbauten, preußische Staatsbauten von unwiderbringlicher Qualität wie Bahnhöfe, Feuerwehrdepots, Schulen, ebenso Wirtschaftsbauten wie Lagerhallen, Fabrikgebäude; es wurden ganze Ordnungsmuster der historischen Stadt durch Tiefbauer zerstört, die wie auf freiem Felde Schnellstraßenzüge in gefälligen Fünfziger-Jahre-Kurven legten, fast sämtliche bürgerlichen Plätze zerstörten, jegliche historische Verkehrsorientierung ebenso kaputt machten wie die symmetrischen Straßenperspektiven des 19. Jahrhunderts; es wurden Hafenbecken zugeschüttet, Betonplatten von beliebiger Breite als Brücken über den Landwehrkanal gelegt, Ufer betoniert; auf jahrhundertealte barocke Blickachsen wurden Hochhäuser gestellt und fast alle Schlüsselpunkte der jüngeren deutschen Geschichte wurden im Interesse der Bewältigung ausgetilgt mit Stumpf und Stiel, bis der letzte Mauerrest verschwunden war.
Inzwischen ist Geschichte zur Mode geworden. Der Staat sieht an sich herab und findet sich nackt und bloß. Geschichte muß her wie Mantel und Schleppe: Etwas im Rücken möchte man haben, etwas sichtbare Gloria.
Fehlen da nicht eben die wirklichen historischen Orte, Straßenführungen, Ruinen und Plätze, die man zuvor so überaus gründlich beseitigt hat? Man sollte es meinen, aber so ist es nicht. Das Gelände ist in dem Maße ideal, wie es leer, und ungeeignet, wie es bebaut ist: das wenigstens ist der Eindruck, der sich aus den bisher veröffentlichten Planungen zum Wiederaufbau der südlichen Friedrichstadt und der angrenzenden Viertel im Rahmen der Internationalen Bauausstellung 1984 ergibt. Die neue Geschichtsbeschaffung ist ge-

nauso gründlich, wie es die alte Flächenbeschaffung bzw. Geschichtebeiseiteschaffung bisher war. Es gibt da nicht den geringsten Widerspruch. Im Gegenteil, beides arbeitet so Hand in Hand, daß sogar weiter abgerissen werden kann. Und zwar nicht nur im hintersten Kreuzberg, z.b. so hervorragende Zweck-Bauten wie Feuerwache und Pumpenhalle in der Reichenberger Straße, sondern selbst im Tiergartenviertel das Schulgebäude in der Genthiner Straße, und demnächst wohl das Pumpenhaus, und die ehemalige Reichsversicherungsanstalt neben der Nationalgalerie – nur der wilhelminische Fassadenprotz soll stehenbleiben –, und wer die BVG dazu bringt, die Lagerhallen und Speicher am Gleisdreieck stehen zu lassen, ist auch noch nicht bekannt. Die neue Geschichtssehnsucht braucht die alten Klamotten nicht, sie macht die Geschichte neu und aus einem Guß. Der berufsmäßige Historiker, der sich mit wirklichen, vergangenen Objekten beschäftigt, sieht sich einem neuen Typ Geschichte gegenüber.

Worin oder woraus besteht aber dann die neue zu bauenden Geschichte? Sie besteht aus Vorstellungen, aus Bildern, aus Bilderwänden, aus Fotografierbarem. Aber vielleicht ist es doch Zeit, das genauer zu zeigen, nicht voraus zu formulieren, sondern aus einem konkreten Wiederherstellungsobjekt heraus zu demonstrieren. Das Ephraim-Palais ist dazu das geeignete Beispiel. Nur galt es, vorher den Rahmen zu bezeichnen.

Der Rahmen: das ist ein neuer Umgang mit historischer Architektur, der über alles wirklich Historische erhaben ist, über den genauen Ort, wo etwas steht oder gestanden hat, die wirkliche Geschichte, die es gehabt hat, die Ursachen seiner Zerstörung – immerhin zwölf Jahre Terror und sechs Jahre faschistischer Krieg und organisierte Menschenvernichtung. Aber auch erhaben ist über etwas ganz einfaches: nämlich das Gebäude selbst, dies Ding aus Stein, das kaputt ist. Wie naiv, an den Steinen zu hängen. Das wirkliche Objekt gibt es nicht mehr, die Steine karrt man ab. Was man haben will, kann man sich genauso gut aus Hohlblocksteinen bauen oder in Beton. Übertreibe ich? Ein bloßer Blick aus meinem Fenster bestärkt mich. Vor drei Monaten stand da noch ein – zwar ausgebranntes, aber doch wohl über die Runden gekommenes – Haus von Bruno Taut, 1913, prägnantes, ornamentreiches Frühwerk in einer wundervollen Mauertechnik. Jetzt sehe ich nur die Straßenwand des Untergeschosses, dahinter eine gähnende Baugrube. In einem Jahr ist dann das Haus von Bruno Taut so ungefähr wieder da. Das wiederum erinnert mich an andere Fälle, z.B. wie man von der erhaltenen Anlage des Mehringplatzes nach und nach jedes Stück bis zum letzten Pflasterstein beseitigt hat, um die heutige historische Platzfläche zu inszenieren. Oder wie in den Gropiusbau an der Mauer durch die hierfür eingerissene Nordwand die Bagger hereinfahren, um ihn auch innen noch auszuhöhlen. Oder wie gerade der Mendelsohnbau am Lehniner Platz abgerissen worden ist, damit man die von der Schaubühne geforderte überdimensionierte Bühnentechnik darin unterbringen kann – genug, die Menge der Beispiele, die da durch den Kopf schießt, bringt nichts wesentliches hinzu, es ist immer die gleiche Methode im Umgang mit der historischen Bausubstanz.

Das Ephraim-Palais stand bis 1935 – Zeitpunkt seines Abrisses im Zuge der Verbreiterung des Mühlendammes – im ältesten Berlin, nahe der noch heute als Ruine stehenden Nikolaikirche, an der Ecke Poststraße 16, Mühlendamm. Heute verläuft dort vierspurig die nördliche Fahrbahn des nochmals verbreiterten Mühlendammes in Ostberlin. Das Haus war das prächtigste im mittelalterlichen Kern Berlins und gehörte seit 1762 dem Hofjuwelier, Münzunternehmer und Finanzier Veitel Ephraim, dem mächtigsten jüdischen Kaufmann unter Friedrich II. 1935 war es schon 112 Jahre nicht mehr im Besitz der Familie, inzwischen war ein städtisches Verwaltungsgebäude daraus geworden. Die Baugeschichte ist wünschenswert verwickelt. An der Ecke Poststraße befand sich seit dem 15. Jahrhundert eine Apotheke. Im 17. Jahrhundert war dieses Gebäude im Besitz der Familie Tonnenbinder. Als nun ab 1683 statt der unordentlichen Krambuden auf dem Mühlendamm auf Befehl des Großen Kurfürsten steinerne Ladenarkaden gebaut wurden, fiel der Kontrast zwischen dieser Monumentalarchitektur und dem baufälligen mittelalterlichen Hause so unangenehm auf, daß Friedrich III. 1688 den Besitzer dringlich aufforderte, sein Haus entsprechend zu erneuern, nach Plänen Nerings, der vermutlich auch die Arkaden entworfen hatte. Ob Neubau oder Umbau – während des Baus soll 1700 ein Einsturz erfolgt sein – jedenfalls fügte sich der Apotheker Tonnenbinder. So leiten sich aus dieser Angleichung an die Mühlendammbauten die Erdgeschoßarkaden her, die das Palais bis zum Abriß der Arkaden und Erweiterungsumbau, zum Mühlendamm zu aufwies. Ab 1762 wurde dann das Tonnenbindersche Haus für Ephraim umgebaut, nach Nicolai durch den Architekten des einstigen Reichspräsidentenpalais in der Wilhelmstraße und erhaltenen Kronprinzessinnenpalais neben der Oper, Friedrich Wilhelm Diterichs. Gesichert oder nicht, die Nachricht markiert den architektonischen Ehrgeiz. 1852 wurde das Gebäude in der Poststraße bis zur Nachbargrenze verlängert. 1892 bis 1896 erfolgte der letzte große Umbau durch die städtische Bauverwaltung, fast eine Verdoppelung des Gebäudes nach Plänen Ludwig Hoffmanns aufgrund der Erneuerung des Mühlendamms und der Durchlegung der Burgstraße am Ufer. Der 1935 erfolgte Abbruch ließ die in Hausstein ausgeführten Fassadenteile bestehen,

man numerierte sie und lagerte sie ein, auf Westberliner Gebiet – wie sich nach dem Krieg herausstellen sollte. Abgesehen vom Lagerplatz (glücklicherweise lagern die Fassadenteile des Stadtschlosses nicht auf Westberliner Gebiet), hat das Ephraim-Palais mit dem Westberliner Innenstadtgebiet nichts zu tun, es gibt zur Friedrichstadt keinerlei historische Beziehung. Nun zielt aber das Projekt der Wiedererrichtung des Palais genau auf die südliche Friedrichstadt, auf einen in der Lindenstraße wiederherzustellenden Traditionskern, dessen Eckpfeiler das in den sechziger Jahren als Berlin-Museum wiederaufgebaute barocke Kammergericht sein soll. Hinzukommen mögen noch – Landeskonservator und Senator Bau/Wohnen sind bereits heftig am Liebäugeln – ein oder zwei durch Nachkriegsabbruch verschwundene Schinkelfassaden in der Linden- und Feilnerstraße, Feilnerhaus und Militärarrestanstalt. Das Ephraim-Palais-Projekt fällt andererseits aus dieser Ebene auch heraus. Denn einmal ist der Plan älter, das Rechtfertigungsgefüge, aus dem der Plan der steinernen Wiederherstellung entspringt, komplizierter; zum andern ist der Widerspruch zwischen realer Vorgeschichte eines bestimmten Bauwerks und heutiger Realisierungsabsicht noch weit größer als bei allen bisher genannten Beispielen und verspricht, zu einem Höhepunkt der neuen Geschichtsherstellung zu werden. Zu erklären bleibt, warum das so ist, und dazu muß weit ausgeholt werden. Das treibende Interesse hinter dem Ephraim-Palais war zunächst musealer Natur: die Direktion des Berlin-Museums möchte expandieren. Sie möchte dies insbesondere mit einer Sammlung von Dokumenten des kulturellen Beitrags des Berliner Judentums zur Stadtgeschichte. Die historische Erinnerungsforderung liegt auf der Hand.
Der Beitrag des Judentums zur Metropolisierung Berlins war immens, und über das Ausmaß an Material, das hier von ehemals in Berlin ansässigen und durch den Faschismus vertriebenen Juden aus alten Familienüberlieferungen beigetragen werden könnte, kann man im Augenblick nur spekulieren. Das rechtfertigt also ohne weiteres eine räumliche Erweiterung des Berlin-Museums. In welchem architektonischen Zusammenhang das geschieht, darüber ist damit freilich nichts vorentschieden, mit einem bestimmten alten Hause hat das nichts zu tun.
Hier kommt nun eine Interessenkoalition zustande. Der Landeskonservator ist, angestachelt durch ausländische Beispiele und unbekümmert um die dort ganz anderen Voraussetzungen bestrebt, den Eckpunkt Berlin-Museum auszubauen, er ist die treibende Kraft bei der Propagierung jenes historischen Kerns, bereit zu extremen Rekonstruktionsmethoden, um überhaupt wieder etwas unter die Hand zu bekommen. Alle auf dem Gelände befindlichen Ge-

bäude von kunstgeschichtlicher Bedeutung sind aber längst planiert worden, vor allem die genannten beiden Schinkelbauten Feilnerhaus und Militärarrestanstalt. Planiert worden ist vor allem das Palais Prinz Albrecht, das nicht besser und nicht schlechter den Krieg überstanden hatte als das Berlin-Museum. Es hat aber als Projekt keine Chance – nicht nur, weil es woanders liegt, nämlich korrespondierend am westlichen Rand der südlichen Friedrichstadt. Auch nicht nur, weil es planiert ist – das scheint den Landeskonservator bei den Schinkelfassaden nicht zu stören, und man wüßte in diesem Fall sogar, anders als beim Ephraim-Palais, was man wiederaufzubauen hätte. Vielmehr, es gibt einen entscheidenden ideologischen Grund dafür, das Palais Prinz Albrecht ruhen zu lassen und in der gesamten Planung so zu tun, als hätte es dieses größte Barock-Palais Berlin nie gegeben: Es war von 1935 bis 1945 Sitz von Führungskadern der SS, genauer, es bildete, zusammen mit dem benachbarten Gestapo-Hauptamt, in der Prinz-Albrecht-Straße das Reichssicherheitshauptamt, unter Heidrichs Führung die Zentrale des faschistischen Terrors. Die Straße, die man als Verlängerung der Kochstraße darüber legen will, dürfte die praktische Rechtfertigung darstellen, die das Gemeinte zu verschweigen erlaubt.

Von daher kommt also noch ein drittes Interesse in Sicht, das erklärbar macht, warum auch der Bausenat sich inzwischen voll mit dem Plan einer Neuerrichtung des Ephraim-Palais identifiziert und dessen Verwirklichung bereits durch der Presse vorgestellte konkurrierende Architektenentwürfe in die Wege geleitet hat. Der Landeskonservator braucht ein historisches Spielzeug, weil dort schon etwas ist, und er ist für das Ephraim-Palais, weil das und nur das Erfolg verspricht. Anders der Senator Bau/Wohnen: Auf dieser Ebene wird, abgesehen von dem politischen Charakter des historischen Wiederaufbaus überhaupt, eine politische Entscheidung getroffen, die das Dilemma der vom Faschismus und preußischer Rückständigkeit nicht ablösbaren Geschichte praktikabel machen soll. Denn getreu wiederaufbauen kann man nur, was man voll bejaht und deshalb zurückwünscht. So ist der Wiederaufbau der zerstörten polnischen Städte ein Extrem an nationaler Wunscherfüllung gewesen, als solche möglich und gerechtfertigt. In Berlin geht es um kein nationales Vorhaben und um keine Geschichte, mit der man sich voll identifizieren könnte. Die extreme Handlungsweise, etwas, was bereits vom Erdboden verschwunden ist, originalgetreu zu rekonstruieren, zwingt aber notwendig dazu, Farbe zu bekennen. Stehen lassen kann man vieles, ob aus Toleranz oder Gleichgültigkeit oder Unkenntnis. Mit ungeheuren Kosten etwas wieder zu holen, was weg ist, das verlangt handfeste Gründe und Interessen und einen

sozusagen einwandfreien, über alle Prüfungen und Zweifel der Öffentlichkeit erhabenen Gegenstand.
Wir haben es hier freilich mit Dingen zu tun, die keiner so recht ausspricht, offensichtlich, weil sie heikel sind. Man macht es sich dabei einfach. Gesagt wird: wir haben die Originalhaussteine der alten Fassade, die beim Abbruch des Ephraimpalais übrigblieben. Oder man gibt einfach zu verstehen, man habe, in numerierten Einzelteilen, „die Fassade" – so erschien die Sache in den ersten genaueren Presseberichten vor zwei Jahren. Inzwischen kann sich jeder die Haufen hinter dem Berlin-Museum anschauen, und was davon original Teil des alten Palais von 1765 ist, weiß keiner, das geht nämlich aus den Nummern nicht hervor. Oder man sagt: Wir haben da ein Grundstück, das genau den erforderlichen stumpfen Winkel von 106 Grad aufweist; daß der Winkel aber auch die einzige Übereinstimmung ist und hunderte solcher Grundstücke herstellbar wären, also daraus sich kein Grund herleiten läßt, gerade dort die überkommenen Stücke einzubauen, das sagt man geflissentlich nicht. Begründungen unterbleiben. Gesagt wird schließlich: Hinein kommt ein jüdisches Museum – zu verstehen: was könnte es Besseres geben, als ein jüdisches Museum nicht irgendwie zu bauen, sondern dabei ein mit dem Berliner Judentum verbundenes Haus wiederzugewinnen. Gesagt wird vielleicht auch noch, daß dieses Haus 1935 unter der nationalsozialistischen Herrschaft zur Straßenverbreiterung abgerissen wurde.
Da sind wir also wieder beim Kern der Sache. Das Ephraim-Palais wird nicht wiederaufgebaut, weil man die deutsche Geschichte haben will, weil es um deren Gegenwart, um deren Aufarbeitung geht. Es soll aufgebaut werden, weil man eigentlich ganz naiv ein Stück barockes altes Preußen wiederhaben möchte, das man aber in der heutigen Situation nur über die Eselsbrücken haben kann, die das Ephraim-Projekt anbietet. Die öffentlich angegebenen Gründe sind sprechend und stumm zugleich, sie vertragen keine Nachfrage, sie sind keine wirklichen Gründe, die das Gewicht der geplanten Maßnahme zu tragen vermöchten. Ich bin sicher, daß das wirkliche Interesse dahinter ein anderes ist, und ich bin ebenso sicher, daß den handelnden Personen dieses Verdrängen nicht einmal mehr bewußt ist: sie erlauben sich kein historisches Gedächtnis. Faktisch, in der Sprache der Tatsachen, sagen sie aber, was sie so nicht denken: wir bauen das ganz woanders hingehörende Ephraim-Palais hier auf, weil wir das Prinz-Albrecht-Palais vergessen wollen.
Doch selbst, wenn man diese Sprache der sich ungewollt herstellenden Tatsachen leugnen wollte, bliebe die Sache peinlich. Es mag ja durchaus sein, daß das Thema Nationalsozialismus in unserer heutigen bundesrepublikanischen Öffentlichkeit nicht mehr diskussionsfähig ist, wofür sich die Anzeichen

mehren, z.B. solche wie die, daß Lehrer, die im Geschichtsunterricht das Thema mit einem bestimmten Nachdruck behandeln, sich bereits verdächtig machen. Es mag also sein, daß der Nationalsozialismus nur noch in der Form des Gedenkens an seine jüdischen Opfer und die in der „Kristallnacht" zerstörten Synagogen öffentlich benennbar ist. Auch in diesem Falle darf man fragen, warum nicht einfach, in welchen historisierenden Formen auch immer, neben dem Berlin-Museum ein jüdisches Museum gebaut wird, Platz ist da, Geld will man sowieso ausgeben, niemand fände daran etwas zu kritisieren. Warum dann, wenn es um eine so fraglose Sache geht, die aufwendige und für die Berliner Denkmalpflege bislang einmalige Maskerade des geplanten neuen Ephraim-Palais?

Denn um eine Maskerade geht es, und um nichts mehr, und das macht gerade die Schwäche der öffentlich angegebenen bzw. zu verstehen gegebenen Gründe aus. Es ist deshalb vielleicht nützlich, sich einmal im Detail klar zu machen, worauf man sich einläßt und wie schwankend die Grundlage ist. Ich nehme mir also die drei Gründe, so lässig wie sie geäußert wurden, der Reihe nach vor und werde zeigen, daß bei genauerer Kenntnis der Sachlage vom ganzen Projekt nur ein Willkürakt übrig bleibt.

Zunächst also die *Fassade:* Das alte Ephraim-Palais bezog seinen äußeren Glanz aus der Eckfassade, mit der der im übrigen sehr einfache, viergeschossige Bau repräsentativ in den Straßenraum hineinsprach. Ein umlaufender Balkon, von vier Säulenpaaren gestützt, schuf Distanz und faßte das genau auf der Ecke liegende Portal ein. Erster und zweiter Stock wurden durch Doppelpilaster zusammengefaßt, darüber lag ein niedriges Attikageschoß, bekrönt durch eine Balustrade in der Traufhöhe des großen Satteldaches. Was ist von dieser Eckfassade übrig? An originalen Teilen sehr wenig. Von Diterichs etwas umständlich elegantem Architekturschmuck war nur weniges in Sandstein ausgeführt, Balustrade und Kranzgesims der Eckfassade, der umlaufende Balkon, die kleinen Balkons, die freistehenden Plastiken, alles übrige war in Stuck hergestellt, die großen Flächen in Putz. Das was damalige Baupraxis, wenigstens in steinarmen Gegenden und erst recht im armen Preußen. Mehr als diese paar ornamentalen Stücke sind also vom ganzen alten Bau nicht erhalten.

Freilich ist der aufbewahrte Steinhaufen nun doch um einiges größer (es sind genau 1339 Einzelteile). Das hat seine besondere Bewandtnis. Beim Umbau 1892 war man über den altpreußischen Sparsamkeitsstandard erhaben. Ein großer Anbau machte ohnehin ein Weiterstricken der Fassade um die nächste Ecke (Mühlendamm/Burgstraße) nötig, und als man hier alle Architekturteile in Sandstein ausführte, ersetzte man auch die Pilaster, Fenster- und Portal-

Ephraim Palais vor dem Umbau von 1892   Wiederaufbau ca. 10 m seitwärts, 1985

laibungen der alten Fassade, die bis dahin in Stuck ausgeführt waren, originalgetreu in Sandstein. Von dieser Aktion stammt also im wesentlichen der vorhandene Steinhaufen.

Aber damit nicht genug. Soweit könnte es scheinen, als sei die Fassade dabei die gleiche geblieben. Aber die erhaltenen Teile erlauben nur die Zusammenstückelung bereits einer durch den Umbau auch noch in den Proportionen beschädigten Fassadendekoration. Wie Diterichs Fassade ausgesehen hat, wissen wir aus einem Foto von F.A. Schwartz. Das merkwürdig Gedrückte der umgebauten Fassade ging aber gerade auf den Umbau zurück. Der Umstand war folgender: Die neue Mühlendammbrücke machte eine erhebliche Erhöhung des Mühlendamms erforderlich. Hätte man das Palais gelassen, wie es war, wären die Portalsäulen bis zur Höhe von 1,20 m im Erdboden verschwunden. Also setzte man den Balkon höher und ersetzte die alten Säulenpaare durch verkleinerte, mithin kürzere, Nachbildungen. Ebenso verschwanden die mächtigen durchgehenden Basen.

Was also, fragt man sich, ist hier an dem vorhandenen Steinhaufen denn wirklich noch identisch? Dabei macht eine Fassadendekoration noch lange kein Haus aus, sondern nur eine Oberfläche, auch nach damaliger Bauauffassung. Das Haus hätte man auch bei größerer Menge originaler Bauteile nicht. Vor allem: auch Diterichs Fassadendekoration, von der so wenig erhalten ist, war selber in eine Mauersubstanz hineingebaut, die ihr fremd war. Was das für ein Haus war, wissen wir nicht genau, können es höchstens erschließen. Das wirkliche Haus hat der Abbruch vernichtet, geblieben sind die auswechselbaren Dekorationsstücke. Insofern ist es mehr als eine nicht mehr ganz zu erhärtende Pointe, wenn in allen mit dem Hause befaßten Büchern unermüdlich die Überlieferung kolportiert wird, die originalen Portalsäulen – jene also, die 1892 bis 1896 ersetzt wurden – seien Ephraim von Friedrich II. geschenkt worden und stammten von dem aus Rache im Siebenjährigen Krieg zerstörten Schlößchen Pförten des sächsischen Ministers Grafen Brühl. Leider, nicht mal sie haben wir heute: so auswechselbar ist der Glanz der Welt.

So zeigt sich also, daß man noch sehr wenig gesagt hat, wenn man äußert, man wolle das Ephraim-Palais wieder aufbauen. Was ist das? Gehört das originale Haus dazu? Ist es nur die Fassade von 1765, oder ist es der erweiterte Verwaltungsbau der Berliner Stadtbehörden von 1896? Oder was sonst? Nicht anders steht es aber mit der *Grundstücksfrage*, jenem Gelände mit stumpfem Winkel an der Lindenstraße. Nehmen wir es ruhig als Fügung hin, daß die bürgerlichen Grundstücksverhältnisse diesen Winkel erzeugt haben. Aber was machte die Lage des alten Ephraim-Palais aus? Auf einer Zeichnung von Zille sieht man sehr deutlich, was die eigentliche Umgebung war: altstadtmäßige

Dichte, Menschenmengen, Geschäftstreiben. Durch die Poststraße ging der Blick zur Nikolaikirche, den Mühlendamm hinunter dagegen zur Spree. Die ganze Fassadengestaltung ist auf diese Blickverhältnisse berechnet: die Enge der Altstadtstraße und die Blickweite der Ecke und der Flucht zum Mühlendamm – in diese plötzliche Weite hinein drängt sich eben der Fassadendekor. Diese Situation ist anderswo nicht ersetzbar. Die Zuspitzung auf diese eine Ecke kann in einer gleichmäßigen Straßenflucht wie der Lindenstraße nur albern wirken, und das um so mehr, als die schmale einmündende Straße fehlt. Die Poststraßenfassade liegt jetzt an der offenen, überaus breiten Lindenstraße. Die alten Gebäudemaße spiegeln aber nicht irgendeine Straße, sondern diese eine, mit ihren besonderen Maßverhältnissen. Auch sonst ist die Friedrichstadt mit ihrer seit je bezeugten Menschenarmut, mit ihrer nie eingeschränkten Linearität und Weite ganz der falsche Ort für eine solche Fassade. In einer historisch gewachsenen Stadt ist nichts austauschbar, nicht einmal nach fast totaler Zerstörung.

Diese Zähigkeit der Orte geht noch weiter. Der Bauplatz in der Lindenstraße liegt nicht in einer durchgehenden Achse, sondern die Blickrichtung dieser Achse geht zugleich von Süden nach Norden: vom Halleschen Tor zur Innenstadt. Auch davon ist heute noch etwas zu sehen, und entsprechend hat man das geplante neue Ephraim-Palais um 90 Grad gedreht. Das alte war an seiner Ecke gerade umgekehrt orientiert: Die Blickrichtung ging vom Nordosten, vom Molkenmarkt her als einzigem möglichen Ruhepunkt des Betrachters, nach Südosten auf die Fassade zu. Diese Ortung hat in der Lindenstraße keine Entsprechung. Schließlich noch war das Mühlendammgelände fallend, die Lindenstraße ist völlig eben, auch darin für das historische Haus unangemessen.

So zeigt auch die Grundstückslage nichts als Willkür und am allerwenigsten ein Verständnis der Situation, die man bebauen will, und des Baues, dem man wiederherstellen möchte. So bleibt als *drittes* die *inhaltliche Anbindung über den Plan eines jüdischen Museums*. Aber auch hier, scheint mir, ist die dabei angewandte Urteilskraft nicht so recht auf der Höhe. Denn was hat eigentlich das Ephraim-Palais mit den Erinnerungs- und Wiedergutmachungsaufgaben eines jüdischen Museums zu tun? Daß man mich nicht mißverstehe: Ein jüdisches Museum in Berlin hätte, denke ich, den Lebenszusammenhang zu dokumentieren, in dem mindestens ein Jahrhundert lang jüdische und Berliner intellektuelle Kultur gestanden haben. Diese symbiotische Beziehung ist aus der Geschichte der bürgerlichen Philosophie und Kunst ebensowenig wegzudenken wie aus der beides vermittelnden bürgerlichen Geselligkeit des 19. Jahrhunderts. Es sind die Enkel nicht gerade Veitel Ephraims, aber seiner

Konkurrenten, Kompagnons und Subunternehmer, der Itzig, Veit, Hertz, Lewin, Friedlaender, Mendelsohn, Heine usw., die die Flucht ergreifen aus der Enge der Finanzgeschäfte und Talmudschulen in den einzigen wirklich offenen Bereich der bürgerlichen Gesellschaft, die intellektuelle Kultur. Eben diesen lange nachwirkenden fruchtbaren Zusammenhang dokumentiert das Ephraim-Palais gerade nicht. Und zwar doppelt nicht. Falls jemand meinen sollte, in ihm ein Haus jüdisch bürgerlicher Kultur leibhaftig wiederherstellen zu können, dann muß man ihn enttäuschen. Einmal hat Ephraim in diesem Hause nie gewohnt. Er hat es gebaut als eine riesige Angeberei, um den im Siebenjährigen Krieg frisch gewonnenen Reichtum zu dokumentieren: Kriegsende und Hauserwerb fallen fast zusammen. Nachdem Friedrich II. es besichtigt hatte, diente es als Geschäftshaus; die Erdgeschoßräume wurden als Läden vermietet, deren Bogenöffnungen erst beim Umbau von 1892 verschwunden sind. Die übrigen Räume dienten später einer Tabakmanufaktur, während im Hof eine Manufaktur für Silberverfeinerung von Ephraim betrieben wurde. Seine Feste feierte Ephraim in seinem Sommersitz am Schiffbauerdamm, Wohnung hatte er in einem seiner sonstigen Häuser. Aber auch Ephraim selbst ist nicht der Mann, den angesprochenen Zusammenhang zu repräsentieren. Was er repräsentiert, ist typische Geschichte Preußens, auch der Juden, aber von der dunkelsten Sorte. Nathan Heine Veitel Ephraim war zu seiner Zeit der mächtige Finanzier des Königs, gegen den Recht zu haben schwer möglich war. Unter den Hoffaktoren, den jüdischen Lieferanten von Luxusgütern, Heeresbedarf, Soldaten, und vor allem Geld, war er der erste. Das Hoffaktorentum ist für Preußen typisch seit Joachim II.: eine Institution rückständiger Länder. Wo die Kapitalakkumulation im eigenen Lande fehlte, mußte sie für den ständigen Geldbedarf des Landesfürstentums durch die weitreichenden Geschäftsbeziehungen der Juden ersetzt werden, die dafür, daß sie Politik und Liebhabereien der Fürsten finanzieren, sich auf deren Schutz verlassen konnten, und das bedingungslos. Auch Ephraims Reichtum machte diesen Schutz nötig. Erworben war er im Rahmen der Finanzierung des Siebenjährigen Krieges durch ein staatlich gedecktes Gangstertum, bei dem Ephraim keinen geringeren zum Partner hatte als Friedrich II. selbst. Denn Ephraim leistete ihm etwas, was für ihn eine Frage des Überlebens war: durch Münzfälschung Geld zu schaffen, und er leistete es gern, weil es die Chance zu überproportionalen Gewinnen war. Ephraim hatte auch nicht umsonst in langem, erbarmungslosem Ringen seine Konkurrenten Gompertz, Isaak und Itzig aus dem Geschäft gedrängt bzw. – was Itzig betrifft – zum Teilhaber seiner Firma herabgedrückt. Eine ganze Armee von ihm abhängiger jüdischer Kleinkaufleute und Hausierer brachte

das schlechte, von Ephraim gemünzte Geld in Umlauf, während die staatliche Macht garantierte, daß die Leute das Geld auch als Wechselgeld nehmen und mit gutem altem Geld bezahlen mußten, auch wenn sie wußten, daß sie betrogen wurden. Mit dem Geld, das Ephraim so aus Polen, Preußen, Sachen und den preußischen Rheinlanden zog, bezahlte Friedrich II. seinen Kriegszug, er schützte Ephraim, seine Leute und ihre Gewinne folglich auch vor dem Zorn der betrogenen Volksmassen und vor seinen eigenen Gerichten.
Das Ephraim-Palais ist sozusagen die öffentliche Darstellung der königlichen Ehrbarkeitserklärung. Es war nicht Hülle gelebten Eigenlebens, sondern reingewaschenes Geld, gesellschaftlicher Status, in einer Zeit, die in Dingen Geld und Ehrbarkeit noch sehr weitherzig war, wenn nur der Effekt ansehnlich ausfiel. Und das tat er im Falle des umgebauten Ephraim-Palais, was sich daran zeigt, daß nur an ihm, nicht an Ephraims tatsächlichen Wohnhaus oder einem seiner anderen Häuser der Name des großen Bankiers haften blieb.
Nicht, daß dieses Kapitel des preußischen Frühkapitalismus vergessen werden sollte. Aber eine Rekonstruktion eben der Fassade, die die ganze dunkle Sache in gesellschaftlichen Glanz verwandeln sollte, verlangt ein entsprechend aufgeklärtes und opferbereites Bewußtsein der Wiederaufbauer und Benutzer, und sie verlangt ihren gewußten historischen Ort. Mit beidem können wir nicht dienen. Ob der zweite deutsche Staat es kann, mag er mit sich selbst ausmachen, wenn er, wie man hört, inzwischen seinerseits das Ephraim-Palais wieder errichten will. Möge man doch einfach der DDR die aufgestapelten Steine schenken und erleichtert aufatmen. Für die südliche Friedrichstadt gäbe es in der Richtung einer Herstellung historischer Identität anderes und wichtigeres zu tun. Wie wäre es, wenn man einmal das jüdische Museum baute, z.B. Lindenstraße 48–50, vormals Ort einer in der Gründerzeit errichteten Synagoge? Und wie wäre es mit einer architektonischen Kennzeichnung jener Stelle, an der das Reichssicherheitshauptamt stand, also einer Stätte, wo die Judenvernichtung im Großen organisiert wurde und ungezählte Widerstandskämpfer die Arbeitsmethoden der Gestapo erlitten? Das Palais Prinz Albrecht liegt uns wesentlich näher als das Palais Ephraim.*

Quelle: ARCH+ 43/44 (1979)

Anmerkung (1986):
Inzwischen ist das Ephraim-Palais nahe dem alten Standort in Ost-Berlin wiedererrichtet, während in West-Berlin der Regierende Bürgermeister von der Rekonstruktion des Prinz-Albrecht-Palais redet, um den Problemen einer Gedenkstätte auf dem leeren Gelände des ehemaligen Reichssicherheitshauptamtes zu entgehen – so wörtlich war meine Aufforderung nicht gemeint.

Kreuzberger Ausschabung

Die Sanierung in Kreuzberg geht weiter. Die Abrißwalze schiebt sich langsam aber zielstrebig von West nach Ost vor; insofern gibt es nichts Neues. Nur ist die Abrißmaschinerie etwas wendiger geworden. Der eine oder andere Block, in dem vorläufig noch zu viel Leben steckt, wird übersprungen; es könnte scheinen, er solle verschont werden, dann kommt die schleichende Seuche der Sanierungsvorbereitung von der anderen Seite auf ihn zu: leere Wohnungen, zugemauerte Türen, zerschlagene Fenster, der unverkennbare Abrißgeruch, der Block ist umzingelt. Zur größeren Wendigkeit trägt neuerdings auch bei, daß sich private Firmen neben den öffentlichen Baugesellschaften an der Durchführung beteiligen, sie sind geschickter im Zugriff, weniger bürokratisiert. Doch das Tempo hat sich verlangsamt. Der Krieg der Baugesellschaften gegen die Bewohner findet heute oft schon Haus für Haus statt. Aber der Flächenabriß geht weiter, und Krieg bleibt Krieg. Der Abrißstaub treibt durchs Viertel. Brände brechen aus; unerklärlicherweise gerade in den Häusern, wo die Entmietung nicht zügig genug vorangeht oder wo nebenan ein privater Hausbesitzer nicht verkaufen will, unerklärlicherweise auch zur gleichen Zeit in verschiedenen Häusern oder in Vorder- und Hinterhaus. In den abgewrackten Häusern, kurz bevor die Kugel kommt und der kleine graue Bagger der großen Abrißfirma, üben einmal im Jahr US-Soldaten den Häuserkampf.

Was sich allmählich ändert, ist die öffentliche Einsicht in die sozialen Kosten der Sanierungsfeldzüge. Der Protest gegen die Sanierung ist unter Architekten und Stadtplanern so alt wie die Sanierung selbst. Daß man ein ganzes Viertel einfach wegwerfen kann, war schon vor fünfzehn Jahren als ein Wahnsinn durchschaubar, der nur Methode beweist, wenn man ihn als Operation zur Beschäftigung der Bauwirtschaft begreift. Aber erst die Vernichtung ganzer Quartiere und ihre Ersetzung durch die neuen Großwohnanlagen macht, Zug um Zug, klar, was da eigentlich vernichtet wird. Mit fast zehnjähriger Verspätung schlagen sich dann die Erkenntnisse der Kritiker schließlich in Planungen der Architekten nieder oder in Absichtserklärungen der Baugesellschaften. Gerade der Versuch, durch neue Bausubstanz das, was man abgerissen hat, angemessen zu ersetzen, deckt das auf, was man vernichtet hat. Je genauer

Neubauten Züge der historischen Bebauung nachzuahmen versuchen, desto deutlicher wird das, was der Sanierungsprozeß insgesamt verfehlt, verfehlen muß. Gerade die ständigen Einbrüche, die Verwaltung und Bauwirtschaft mit ihren Imitationsversuchen erleben, summieren sich zu einer Kenntnis dessen, was das Viertel wirklich ausmacht.

Vor fünfzehn Jahren haben auch die Kritiker der Sanierung nur in groben Zügen gewußt, was da zur Verschrottung freigegeben wurde. Sie sahen die Gewerbestruktur, das Wohnungsangebot, die sozialen Nachbarschaften. Später kam die Entdeckung der ästhetischen Seite hinzu, der Stadtanlage Schinkels und Lennés, der klassizistischen Fassaden. Noch später wurde man auf die Geschichte aufmerksam, die hier zum Abbruch freigegeben wurde, Geschichte der Industrialisierung der Arbeiterbewegung, der großen Politik von 1870 bis 1945. Heute fangen wir an, das alles als ein Ganzes zu begreifen, als die Eigenart eines Viertels, das anders ist oder anders gewesen ist als alle anderen Berliner Stadtviertel, und das in dieser seiner Eigenart gerade vieles von dem enthielt, was Stadtplaner heute als Überlebenschance künftiger Stadtbereiche sehen, und das eingehen könnte oder hätte eingehen können in einen sinnvollen Übergangsprozeß in die nachindustrielle Stadt.

Aber heute ist das Gelände, an dem dies alles zu lernen war, kaum noch da. Zwischen Moritzplatz im Westen und Bethanien im Osten, von der nördlich begrenzenden Mauer bis zum Landwehrkanal, überall ist die Verödung schon eingedrungen, wenn auch in unterschiedlichen Formen. Von der Kahlschlagsanierung zur heutigen Modernisierungspraxis ist der Unterschied im Ergebnis nicht groß und in der Brutalität der Durchführung gar nicht mehr vorhanden. Auswechslung der Bewohner und der gesamten baulichen Organisation gehen Hand in Hand. Auf andere Modelle wartet man noch, sie existieren bislang nur als Forderung der Betroffenen. Dieses Warten bedeutet den Ruin des noch verbliebenen Kleingewerbes und die Aushungerung aller Widerstandsformen. Nur ein totes Kreuzberg ist ein gutes Kreuzberg – eine Stadtfläche, auf der man alles machen kann, von der Ausdünnung der Bevölkerung und der Auskämmung der türkischen Bewohner im besonderen bis zur Herstellung eines historischen Stadtquartiers aus preußischen Baufluchten und von Fall zu Fall restaurierten klassizistischen Fassaden, die die Internationale Bauausstellung 1984 wird präsentieren wollen. Dieser widerborstige Berliner Stadtteil soll gebrochen werden, damit die Planung ihn endlich wie Wachs modellieren kann, nach ihrem blassen Bilde.

Diesen Stadtteil zu brechen, heißt aber viel mehr als Kaputthacken alter Häuser. Es verlangt, das historisch gewachsene Organistionsmodell zu zerstören. Diese Organisationsform hängt an der baulichen Eigenart. Das ist etwas,

was in statistischen Materialien nicht faßbar ist – das verlangt Beobachtung, Verwurzelung im Viertel, Teilnahme an den Wirtschafts- und Lebensformen, die noch vorhanden sind. Die Vernetzung von Leben und Arbeit, Wohnen und Gewerbe funktioniert nur in dieser besonderen baulichen Form. Sie ist nicht angewiesen auf diese besonderen Häuser; als wären alte Gebäude, noch dazu mit den ihnen anhaftenden Mängeln jahrzehntelanger Vernachlässigung, ein Wert an sich. Aber diese Kreuzberger Mischung ist angewiesen auf ein bestimmtes Modell baulicher Verschränkung, Nähe und Vertauschbarkeit. Es wäre in hervorragender Weise auch durch entsprechende Neubauten zu gewährleisten, wenigstens von der bloßen Architektur her – daß es an der alten Bausubstanz hängt, ist eine Frage der billigen Altbaumieten und entsprechend der Unerschwinglichkeit von Neubaumieten für die heutigen Nutzer der noch intakten Restbebauung.

Nur ein genaues und eigentlich tägliches Hinsehen kann auch die Widersprüche lösen, die sich hier scheinbar zwischen verschiedenen Ausgaben Kreuzbergs ergeben, die als konkurrierende Realitäten im öffentlichen Bewußtseinsraum schweben, ohne sich zu berühren. Wenn man bloß so hört und liest, dann genießt Kreuzberg ja die volle Liebe des Berliner Senats. Die schlimmen Zeiten der Flächensanierung sollen für alle Zeiten vorbei sein, es geht heute um Stadtreparaturen oder, nicht mehr ganz so laut zu hören, um Stadterneuerung. Weiter geht es, insbesondere im Zusammenhang mit der Bauausstellung, um eine weitgehende Erhaltung der historischen Struktur des Viertels, der alten Baufluchten, Traufhöhen und Fassadenrhythmen, unter Einbeziehung erhaltenswerter Fassaden samt dem sie tragenden Rohbau dahinter. Es fehlt ferner auch nicht an unzweideutigen Bekundungen auf Senats- wie Bezirksebene, daß man die *Kreuzberger Mischung* erhalten wolle, nachdem die Sanierung der Ruinierung des kleinen und oft auch mittleren Gewerbes jeweils den letzten entscheidenden Anstoß gegeben hatte. Auf kultureller Ebene schließlich wird Kreuzberg als Modell dezentraler Kulturarbeit gelobt und vorgezeigt. Es gibt ein wachsendes öffentliches Interesse für Kreuzberger Lebensformen, Künstler, Kneipen usw. Immer mehr Hochschulseminare und Expertentagungen nähren sich an dem, was sich in Kreuzberg noch – als Selbsthilfe, Stadtteilarbeit, Gegenkultur und Suche neuer Lebensformen – bewegt. Der Sozialtourismus blüht.

All diesen mehr oder minder flüchtigen Realitäten steht hart und banal der Abriß gegenüber. Das reale Kreuzberg verschwindet erst einmal. Was das heißt, vermittelt nur der unmittelbare tägliche Augenschein, das Leben in und mit der Zerstörung. Aber wer aus den westlichen Bezirken sieht das schon, wenn es eine Bevölkerung aus lauter Minderheiten trifft, die sich in ihrer

Mehrheit – im Fall der Ausländer – nicht einmal an der Wahlurne zur Wehr setzen können und, zusammen mit Rentnern, Studenten und der alternativen Szene, nur ein Verschiebepotential der Bereichsentwicklungsplanung darstellen. Aber der Widerspruch zur Kreuzbergmode ist, wie gesagt, nur scheinbar. Am ehrlichsten ist da der Tourismus. Was die westdeutschen Touristen wirklich sehen wollen, wenn sie Kreuzberg verlangen, sind nicht die buntgemalten Fassaden am Chamissoplatz. Sie wollen gerade das Slum-Erlebnis, den Gefahrenschauer eines zerstörten, dreckigen, fremdsprachig feindseligen und doch so überaus lebendigen Milieus, das Gegenteil ihrer genormten, sterilen, langweiligen Stadtexistenz zuhause – Kreuzberg als ein deutsches Haarlem. Aber auch die öffentlich bekundeten politischen Zielsetzungen sind mit dem Abriß des bestehenden Viertels und der Vernichtung der noch existierenden Gebrauchsstruktur durchaus im Einklang. Voraussetzung ist nur, daß die einzelnen politischen Ziele gesondert ausformuliert und in isolierter Form von den jeweils zuständigen Fachressorts mit den jeweils eingeübten Instrumentarien realisiert werden. Daß keine Flächensanierung stattfindet, ist dann richtig, wenn man darunter einen hundertprozentigen Abriß der bestehenden Bausubstanz und eine völlige Neuordnung des Gebiets versteht. Die Beibehaltung einer Mindestanzahl sogenannter erhaltenswerter Gebäudeteile – wohlgemerkt: Teile! – und die teilweise Einhaltung der alten Baufluchten und Traufhöhen der Blockrandbebauung bedeutet dann, daß man das höhere Kulturniveau der Rekonstruktion historischer Stadtstruktur erreicht hat.

Ich will mir diese Feststellung nicht zu leicht machen und wähle als Beleg gerade das bislang stärkste Stück Berliner historischer Rekonstruktion aus, den Block 100, der den Mariannenplatz südöstlich begrenzt und sich zwischen Naunynstraße und Waldemarstraße bis zur Manteuffelstraße als östlicher Begrenzung erstreckt. Die Blockrandbebauung, zum allergrößten Teil fertiggestellt, erinnert in erstaunlichem Maße an den alten Straßenraum. Ästhetisch stimmt die Sache – dann nämlich, wenn man die Rekonstruktion der ästhetischen Seite der bürgerlichen Stadtplanung für ein sinnvolles städtebauliches Ziel hält. Aber bei genauerem Hinsehen stimmt es nur halb. Was fehlt, ist die alte Mannigfaltigkeit von Haus zu Haus, die Abweichungen, die gebrauchsbedingte Unregelmäßigkeit der Eingänge. Das ist aber, selbst wenn man versuchen sollte, auch das noch mitzumachen, kein ästhetisches Problem. Was da durchschlägt, ist die Eintönigkeit der Nutzung. Denn was da in der Anlage abläuft, ist ein standardisiertes Wohnen, das eben, genau wie im Märkischen Viertel, nur ein Treppenhaus und links und rechts angebundene Wohnzellen verlangt. Dieser Rhythmus des sogenannten Zweispänners

macht die eigentliche Gliederung des neuen Blocks aus und, trotz vieler kleinteiliger Elemente, seine durchscheinende Monotonie.
Und doch sind immerhin zwölf Altbauten einbezogen worden. Aber schon im Straßendurchblick merkt man es kaum. Auch sie sind eindimensional geworden, reine Wohnanlagen, nur mit Alt-Berliner Deckenhöhe, klassizistischem Fensterrhythmus und herkömmlicher Eingangstür statt der Zugangszonen der echten Neubauten. Geht man in den Innenbereich, dann freilich kommt das ganz große Staunen. Der Block ist innen leer.
Er ist, wohlgemerkt, nicht wirklich leer – zwei überdimensionierte siebengeschossige Riegel schieben sich in die Blockinnenfläche hinein. Aber das trägt zum Eindruck der Öde und durch nichts mehr zuzustellenden Leere erst recht bei. Diese Leere ist doppelt da. Einmal ist der Block, in den genannten räumlichen Grenzen, wirklich leer. Es ist nichts da, es gibt keinerlei interessierendes Innenleben. Und ebenso deutlich ist das nun auch eine emotionale Leere. Es hat hier nichts Bestand, es kommt kein Gedanke an Geborgenheit oder an irgendein Tätigwerden auf. Es handelt sich in dieser zweiten Hinsicht sozusagen um einen Unraum. Und diese Unräumlichkeit geht von den umgebenden Wohnwänden aus. Ihnen fehlt jegliche Zugänglichkeit zum Innenbereich, jede Vermittlung. Es sind die üblichen anonymen Rückwände der üblichen anonymen Wohnanlagen, ein inneres Märkisches Viertel.
Da machen die erhaltenen Altbauten auch keinen Unterschied. Sie verschwinden in diesen Einheitswänden. Sie sind genauso glatt geworden und üben jene merkwürdige Bedrohlichkeit aus, die allen Großwohnanlagen eigen ist. Wohlgemerkt, auch das ist kein ästhetisches Problem, das sich mit etwas mehr Fassadengestaltung ändern ließe. Das Unräumliche folgt direkt aus der Funktionalität der Anlage. Darin ist der modernisierte Altbau einfach nicht mehr wiederzuerkennen. Er ist eben nur Rohstoff gewesen, amputiert; innen völlig ausgeweidet und total neu ausgebaut geht er ein in die Funktionalität der Gesamtanlage. Daß er einmal ganz andere Ansatzpunkte besaß, das ist im Amputierungsverfahren gerade weggeschnitten worden. Weggeschnitten wurde nicht eine Fassadenästhetik, sondern die alte Nutzungsweise. Das Haus hat mit dem Freiraum dahinter nichts mehr zu tun. Der Freiraum ist durch nichts mehr definiert, er ist nicht öffentlich, nicht Straße oder Platz, und er ist nicht privat, nicht Hof des Hauses, in dem ich wohne, oder Fläche, auf der jemand seine Blume pflanzen, Tauben züchten oder Fahrräder reparieren kann. ·
Die Sache geht aber weiter – hier ist ein Mangel, der mit heiter flockigen Freizeitangeboten nicht zu stillen ist. Ein Stück aneignbarer Erde, ein paar unübersichtliche Winkel, minimale Abgrenzungen, Umfriedungen, ein be-

stimmter Bereich verantwortlicher Pflege und Zuständigkeit einer begrenzten Bewohnerschaft, Raum für Kinderaktivitäten, für privates Basteln und Reparieren – all das sind unabdingbare Notwendigkeiten befriedigenden Wohnens. Aber daß sie in der normalen Wohnsituation verweigert werden, heißt noch lange nicht, daß mit der Erfüllung solcher elementarer Wohnbedürfnisse der Bannkreis des isolierten Wohnens verlassen wäre. Außerdem ist bislang nicht abzusehen, daß diese elementaren Bedürfnisse in den künftigen Wohnungsbau wirklich Eingang fänden. Was gegenwärtig für die Berliner Bauausstellung entworfen wird, ist das genaue Gegenteil des Gemeinten – kleinteilige Flächenorganisation in der Form einer vorgefertigten ästhetischen Ausstattung, die auf Papier hübsch aussieht, aber in der Praxis zu nichts zu gebrauchen ist, weil jeder ernsthafte Gebrauch das Arrangement beschädigen würde. Ferner würden auch diese isolierten Wohnbedürfnisse nur durch Selbstverwaltungsformen praktizierbar sein, durch Verantwortlichkeit der Bewohner auf der Größenebene eines traditionellen Mietshauses. Dafür gibt es aber zur Zeit im öffentlichen Wohnungsbau keinerlei ernsthaften Ansatz.

Aber das ist eben vielleicht gar nicht das zentrale Übel. Was die Wohnisolierung an der Wurzel ausmacht, ist das Fehlen anderer Lebensbereiche, die Verschränkung mit Arbeit, dezentraler politischer Öffentlichkeit, Kultur. Damit kommt wieder die Kreuzberger Mischung ins Spiel – der Zusammenhang, der durch die Sanierung (aber natürlich nicht nur durch sie) zerstört wird. Die Sanierung ist ein bevorzugtes Instrument zur Entflechtung vormals verschränkter Lebensbereiche. Das ist deutlicher zu sehen außerhalb der etwas untypischen Kreuzberger Verhältnisse. Im Ruhrgebiet etwa werden die alten Zechensiedlungen nicht nur im Interesse einer zu beschäftigenden Bauindustrie zerstört, sondern auch, weil sich die große Industrie auf immer weniger Standpunkte konzentriert, immer größere Flächen beansprucht und aufgrund wachsender Umweltbelastung auch eine immer größere Entfernung zwischen Arbeitsstätte und Wohnbereich erzwingt. Dort spart die Sanierung also Wohnflächen ein oder verschiebt sie ins Umland. In Kreuzberg gibt es dagegen keinen Schwarzen Riesen.

Das Gewerbe ist – war – vor allem im Blockinneren. In den Gewerbehöfen arbeiten vorwiegend Kleinbetriebe auf Etagenebene. Ihre Rentabilität hing früher an der arbeitsteiligen Gegenwart aufeinander angewiesener Gewerbe am gleichen Ort: das sparte Zeit und Kosten für Transport. Die Sanierung hat ganze Gewerbeketten dieser Art um ihre Existenzgrundlage gebracht. Noch Ende der sechziger Jahre war die Wassertorstraße – zwischen Prinzenstraße und Wassertorplatz – ein blühendes Gewerbegebiet dieser Art. Heute ist sie eine öde Wohnstraße – woran der einzige verbliebene Gewerbehof nichts mehr ändert. Es gibt bislang nicht einen einzigen Gewerbehof in Kreuzberg, der eine Sanierung überstanden hätte. Bautechnische Argumente für dieses Vorgehen gibt es nicht. Die Bausubstanz ist im Durchschnitt wesentlich solider als die der Wohnhäuser. Selbst Gebäude in Stahlbetonkonstruktion, die eigentlich gar nicht verfallen können, werden wahllos zertrümmert. Die Sanierung kämpft also nicht eigentlich gegen das Gewerbe, sondern gegen die Gewerbebauten im Blockinneren. Das Gewerbe würde man gerne halten – wenn es die Prozedur nur aushielte. Aus den Wohnblöcken herausgelöst, soll es in einem gesonderten Block im Gebiet Mariannenplatz Nord konzentriert werden. Wenn sich uralte und funktionierende Gewerbebetriebe z.b. in der Köpenicker Straße befinden – um so schlimmer. Das Oberstufenzentrum Wrangelstraße braucht – statt der üblichen Sportflächen – aus unerfindlichen Gründen eine Sportanlage im Olympiaformat. Für die Planung – wozu gibt es die Sanierung – ist das kein Problem: die Betriebe sollen einfach umgesetzt werden.

Es gibt Gründe, im Einzelfall über Wohnbelastungen durch Lärm oder anderes zu reden, es fehlen zudem unzweifelhaft Freiflächen, Grünbereiche, Erholungszonen in den alten Kreuzberger Blöcken. Aber der Sanierungsplanung geht es weder um Lärm noch überhaupt um die Bewohner, sondern um den leeren Block. Deswegen fällt nicht nur das Gewerbe heraus, sondern auch alles andere. Denn im Kreuzberger Block mischt sich noch weit mehr als Wohnen und Gewerbe. Im Kreuzberger Blockinneren liegen vor allem auch die Stätten der untergegangenen Arbeiterkultur. Das waren, wohlgemerkt, keine arbeitereigenen Institutionen. Es waren die Gelegenheiten, die die Arbeiter vorfanden, die Schulen, die Wirtshäuser, die Ballsäle und ein Teil der Kirchen. Die Straße gehörte nicht den Arbeitern. Die Fassaden simulierten die herrschende Kultur des deutschen Bürgertums, die Abstände und Fluchten hatte die Polizei vorgeschrieben, deren Schutzmannschaft – als Schutzmann an der Ecke, wobei Ecke Einsehbarkeit gleich zweier Straßen bedeutet – den Straßenraum auch auf Dauer überwachte. Die Arbeitervereine und Versammlungen tagten im Blockinneren, in der Arbeiteröffentlichkeit der Hinterhöfe. Die frühe Geschichte der Sozialdemokratie ist ohne diese Hinterhofwirtschaften und Säle nicht zu schreiben. Freilich, die Zeiten, da der Vorstand der 1890 als nunmehr SPD neugegründeten Partei in der Naunynstraße zu seiner konstituierenden Sitzung zusammentrat, sind vorbei, das Verschwinden des Lokals hat wohl keiner bemerkt. Das Gründelsche Gasthaus, in dem Bebel, Liebknecht und andere den Fall des Sozialistengesetzes feierlich

begangen hatten, ist jetzt, im vollen Bewußtsein der Tatsache, abgerissen worden; ohne Not, einfach grundsätzlich wegen der Blockentkernung.
Ich bin nicht so naiv zu glauben, durch Festhalten der alten Stätten die alte Arbeiterkultur festhalten zu können. Es geht um die heutige Lebensfähigkeit des Viertels, und sie ist ohne Aufrechterhaltung eines Überlieferungsfadens nicht zu haben.
Historisches Bewußtsein hängt aber wesentlich an Orten. Wo es nur noch an Jahreszahlen hängt, ist es abstrakt und ohne Nutzen. Die Geschichte eines Viertels gehört zur Vollständigkeit des Lebens im Viertel, vor allem dann, wenn es ausnahmsweise eine ist, deren man sich nicht zu schämen braucht. Aber darin erschöpft sich der Fall nicht. Die Räume der alten Arbeiteröffentlichkeit werden auch heute gebraucht. Die private Öffentlichkeit des Fernsehens oder des unaufhaltsam auf uns zukommenden Kabel-Videos werden nicht das Letzte Wort bleiben. Viele kleine Teilzentren, viele informelle Foren werden gebraucht, um zwischen sprachloser Fernsehpolitik und der erdrückenden psychischen Misere der Kleinfamilie in ihren vier Sozialen-Wohnungsbau-Wänden eine neue Ebene des Verkehrs unter Menschen zu entwickeln.
Eine solche Ebene kann auch nicht einfach als bloßes Wohnangebot in einer Neubau-Wohnanlage hergestellt werden. Dergleichen ist ja hier und da schon versucht worden, kann aber als von oben fallengelassene Sozialmaßnahme nimmermehr funktionieren. Man kann auch nicht zu den zufällig zusammengewürfelten Mietern eines Wohnblocks sagen: Hier habt ihr einen Raum, nun organisiert euch mal. Es müssen Interessen und Handlungsspielräume vorhanden sein, anhand derer sich einzelne zusammenfinden, produktive Gruppen sich an einem bestimmten Block verankern. Genau dafür ist in den Ergebnissen der Sanierung kein Platz. Baugesellschaften stellen Raum – sei es für Kinder, Mietertreffen oder kulturelle Initiativen – nur in einer Form zur Verfügung, die für niemanden brauchbar ist, und die Räume, die ideal geeignet wären, werden im Zug der Blockentkernung abgerissen.
Auch die staatliche Kulturförderung schwört natürlich inzwischen längst auf Dezentralisierung. Aber das hat für die Kreuzberger Mischung nichts zu bedeuten. Wenn die vielen kleinen Örtlichkeiten hinterm Haus abgerissen sind, in denen sich etwas hätte bilden und entfalten können, dann kommt die Kulturförderung daher, stellt ein großes Zentrum zur Verfügung, in dem sie natürlich mit der finanziellen Verantwortung auch die Kontrolle behält. So gibt es inzwischen das Künstlerzentrum Bethanien – ein guter Bereich für viele und vieles quer durch die ganze Stadt, aber weit oberhalb der Bedarfsebene des Viertels. Dann gibt es die Absicht, den Fichtebunker als zweites Zentrum aus-

zubauen, und noch ein drittes ist vom Kreuzberger Kunstamt avisiert. Statistisch stimmt die Mischung also wieder. Nur ist das eben ganz und gar nicht das informelle, Verschränkungen erlaubende Raumangebot, das gebraucht wird und das jetzt in der Kreuzberger Blockkernbebauung noch zum Teil vorhanden ist. Kulturzentren und Künstlerhäuser sind isolierte Kulturbereiche neben Gewerbebereich und Wohnbereich.
Gerade der heutige Kreuzberger Blockkern steckt dabei bereits voller Versuche zu einer anderen Kultur. Die alten Zeiten der Gewerbekonzentration und des klassischen Arbeiterviertels kommen natürlich nie wieder. Aber ein reguläres Arbeiterviertel ist Kreuzberg auch noch nie gewesen, es war schon immer und in jeder Hinsicht gemischt. Der Kern lebt ja noch, und es ist absehbar, daß er noch lange leben würde, wenn man ihn einfach leben ließe. Neben den Gruppen von Künstlerkollektiven, Handwerkskooperativen, den unendlich vielen alten und neuen Kleinbetrieben stehen ebenso viele vor der Tür und suchen Raum, bereit im Viertel zu wohnen, zu arbeiten, zu leben, in einer neuen Einheit, die in den neuen Stadtvierteln nicht möglich ist. Gleichzeitig stehen immer mehr Fabriketagen leer, als Abrißreserve. Im Planungsraster der Verwaltung tauchen diese vielen produzierenden oder raumsuchenden Gruppen auch nicht auf. Für Gewerbe sind der Wirtschaftssenator oder die Industrie- und Handelskammer zuständig, Gewerbe heißt Kapital, Arbeitsplätze, Umsatz. Für Kultur sind der Kultursenator und das bezirkliche Kulturamt zuständig, Kultur heißt Subventionierung, öffentliche Räume, Festwochenreife. Für Wohnen sind die Bau- und Finanzressorts zuständig: Wohnen heißt Mietenpolitik, Beschäftigung der Bauindustrie, Vorbereitung der Aufhebung des Weißen Kreises, Bevölkerungsplanung, Ausländerproblem. Was dazwischen steht, paßt nicht rein, existiert nicht.
Die neue Benutzung der Stadt, die sich in den Kreuzberger Blockkernen heute entwickelt, ist alles auf einmal: Gewerbe, Kultur, Wohnen – und damit ein Stück Kontinuität Kreuzberger Stadtgeschichte. Es wird nicht nach Subventionierung geschrien, es wird kein großer Umsatz angestrebt, es wird nicht bloß Bewohnen der Fabriketagen gefordert. Jede einzelne Konsequenz dieser Art wäre für das, was sich da entwickelt, tödlich. An einer allgemeinen Zulassung der Gewerbehöfe als Wohnbereich kann am Ort keiner Interesse haben. Das hieße vermutlich, Kreuzberg zum Schicksal von Soho zu verdammen, zum Ausverkauf an eine gutverdienende Schickeria, die da glaubt, im Fabrikloft des Berliner Soho einen Anreiz für ihr ödes, gestreßtes Leben zu finden. Die Architekten, Ärzte, Rechtsanwälte usw. sind bereits im Anmarsch, die Mieten steigen. Ebenso würde eine reine Gewerbeausrichtung die angestrebte Einheit von Leben und Arbeiten zerbrechen. Das alte Gewerbe und die neuen

Gruppen stören sich nicht, leben in gutem Verhältnis. Aber die Produktivität der neuen Handwerks- und Kulturgruppen geht, obwohl sie von ihrer Arbeit leben, im Gewerbezweck nicht auf. Gerade das ist das Zukunftsmoment an ihnen. Aber das kulturelle Moment dieser Gruppen wäre auch verdorben, wenn sie darauf verzichten würden, sich mit ihrer Arbeit gewerblich zu ernähren. Ihre Chance ist, daß sie eine Alternative bilden zum Berliner Subventionsbetrieb. Gerade in der Mischung von Leben, Wohnen und Arbeiten sind sie auch ökonomisch nur lebensfähig, so wie das Kreuzberger Gewerbe nur dank der Kreuzberger Mischung lebensfähig war und bleiben könnte. Nur: wie lange gilt das noch? Die Sanierung macht ja auch nicht nur den Lebensbereich einiger alternativer Gruppen kaputt. Sie zerstört gerade das, wovon das Viertel historisch gelebt hat und heute noch lebt – soweit es noch lebt. Der Blockkern ist das Herz der Kreuzberger Mischung, der Kern der Sache. Die Sanierung, die Tag für Tag mein Viertel zerstört, ist ein Krieg gegen den Blockkern, sie ist der Krieg der Planung gegen das, was sich ihren Zugriffsweisen entzieht. Konsequenterweise hinterläßt die Sanierung am Ende ein Viertel ohne Herz, ein Wohngebiet, in dem niemand mehr zuhause ist. Die Blockentkernung ist das Ende der Kreuzberger Mischung, und dieses Ende ist beim heutigen Tempo der Zerstörung nahe. Es ist höchste Zeit, die Zerstörung in ihrem ganzen Ausmaß wahrzunehmen und den Abriß des Gemeinwesens zu stoppen. Klassizistische Fassaden für eine etwaige Bauausstellung tun es nicht. Wer Kreuzberg retten will, muß den Kern retten.

Quelle: Bauwelt 1/2, 1980

Plädoyer für die Abschaffung der Denkmalpflege

Die Anzeichen mehren sich, daß die Denkmalpflege am Ende ist. Noch nie ist so viel als denkmalswürdig eingestuft worden wie heute – es können unter diesen Hut Bereiche der Wirklichkeit gebracht werden, die im vergangenen Jahrhundert, das doch so überaus denkmalbewußt war, ganze Dome neu zu bauen, gerade den Inbegriff des Nichtdenkmalgemäßen darstellten: Industrieanlagen, Bahnhöfe, Feuerwachen, Schulen usw. Auf der anderen Seite ist – was viel heißen will – noch nie so viel abgerissen worden wie heute. Die Denkmalpflege, als Vermittlungsfigur zwischen Schutzwürdigkeit und Abriß, zerplatzt in der wachsenden Spannung wie eine Seifenblase. Was zurückbleibt, ist eine Synthese aus Schutz und Abriß, für die ein neuer Name zu finden bleibt.

Nicht, daß das nur eine Folge von einzelnen Irrtümern wäre oder eine Überdehnung des sogenannten Denkmalgedankens, die auf die vernünftige Mitte zurückzuführen wäre. Was da landauf, landab passiert, ist aus den wohlbehüteten, gebildeten Schranken des traditionellen Denkmalverständnisses unmißverständlich herausgetreten. Da werden Schlösser wieder aufgebaut, die man bisher als unwiederbringlich zerstört angesehen hatte, da werden barocke Gebäude abgetragen und am gleichen Ort auf der Betondecke eines U-Bahnhofes wieder hingestellt oder auch ein paar Straßen weiter verschoben, da werden Häuser bis auf minimale Fassadenteile abgerissen und diese Reste dann mit Kaufhäusern, Eigentumswohnungen oder Altersheimen hinterbaut. Zerstörung und Denkmalschutz schließen sich nicht mehr aus, sondern gehen ineinander über.

Tauschgeschäfte sind an der Tagesordnung: Für einen zerstörten Komplex gibt es als Entschädigung ein eingebautes Originalportal oder ein aufwendig mumifiziertes Einzelgebäude. Zusammenhänge zählen nicht mehr. Hat man im Stadtteil A ein historisches Gebäude stehen lassen, dann ist ein vergleichbares Gebäude im Stadtteil B entbehrlich, ungeachtet seiner lokalen Eingebundenheit. Die Denkmalpflege ist zum Komplizen der Abrißmaschinerie geworden.

Das ist etwas Neues. Neu ist also keineswegs, daß die Denkmalpflege in Auseinandersetzungen den kürzeren zieht, daß umstrittene Gebäude gleichsam über Nacht abgerissen werden, daß überall ökonomische Interessen den Denkmalschutz illusorisch machen. Neu ist, daß die Denkmalpflege sich im Zuge der Zerstörung ihres Gegenstandes vollzieht. Neu ist, daß die Denkmalpflege das einzelne Bauwerk nicht mit Klauen und Zähnen verteidigt und auf der Einmaligkeit alles Gebauten insistiert, sondern daß sie sich auf Kulissenfabrikation und Kulissenverschiebung einläßt und zufrieden ist, wenn sie repräsentative Fassaden im Straßenbild sammeln kann wie aufgespießte Schmetterlinge. Neu ist, daß die Denkmalpflege zum Erfüllungsgehilfen staatlicher und städtebaulicher Dekorationsstrategien geworden ist.

Es hat ja durchaus eine Zeit der Denkmalpflege gegeben. Sie war allerdings nicht dadurch ausgezeichnet, daß allgemein mit Denkmälern schonender umgegangen wurde, vielmehr dadurch, daß es noch einen Begriff von der historischen Identität von Bauwerken gab. So ist ein Höhepunkt in der Geschichte der Denkmalpflege die Veröffentlichung der ersten Auflage von Georg Dehios Handbuch der deutschen Kunstdenkmäler, Band 1, erschienen 1905. Just zu der Zeit, da dieser erste Band, von Kaiser Wilhelm II. bezuschußt, gedruckt wurde, riß man auf Veranlassung selbigen Kaisers in seinem unmittelbaren Blickwinkel so zentrale Gebäude ab wie die alte Kunstakademie (seitdem steht dort die Staatsbibliothek), den von Schinkel umgebauten Boumannschen Dom und die alte Börse von Langhans (dem Erbauer des Brandenburger Tores), beides, um für Raschdorffs gotteslästerlichen Dom Platz zu gewinnen, den die DDR heute wieder aufbaut; ferner – vorangegangene Abrisse rund ums Schloß auf sich beruhen lassend – verschwand die „alte Post" von Schlüter als Stadtpalais dem Schloß gegenüber an der langen Brücke gebaut, abgerissen zugunsten eines Geschäftshauses, das inzwischen der letzte Krieg kassiert hat, und, etwas später gefallen, der Packhof von Schinkel, abgerissen zugunsten von Messels barbarischem Pergamon-Museums – das alles nur Spitze eines Eisbergs. An kaiserlich-imperialistischem und bürgerlich-ökonomischem Vandalismus war also kein Mangel, im Zentrum Berlins mindestens wurde weitgehend reiner Tisch gemacht.

Aber was abgerissen war, war wenigstens weg, es spukte nicht weiter. Die Denkmalpflege hatte ihren Bereich, zu dem alles zählte, was einerseits Kunst war, andererseits keinem Großstadtverkehr im Wege stand. Ihr Arbeitsgebiet setzte sich aus lauter Einzelobjekten zusammen, an deren Kunstwert niemand rüttelte, solange das Objekt nicht abgerissen wurde. Die Eigenart dieser Kunstwerke bestand darin, daß sie in kein Museum verbracht werden konnten, sondern daß man sie an Ort und Stelle, da wo sie nun einmal hingebaut worden waren, pflegen mußte. Zu dieser Pflege gehörte die genaue Aufnahme, die Rekonstruktion der Baugeschichte einschließlich Zuweisung zu Architektenpersönlichkeiten und vor allem auch Instandsetzungen und Restaurierungen. Da es sich um vorkapitalistische Bauwerke mit oft verwickelter Geschichte handelte, hatte die Identität des einzelnen Gebäudes natürlich ihre Grenzen. Diese Grenzen lagen gerade dort, wo auch die Stärke jenes Denkmalstandpunktes war: in der naiven Haltung nämlich, ein Gebäude einfach als Kunstwerk zu verstehen.

Diese Isolierung eines Aspektes gab zwar eine klare Handhabe, warum man sich um ein bestimmtes einzelnes Objekt zu kümmern hatte, aber dabei grenzte man die wirklichen historischen Zusammenhänge aus. Wenn diese sich zum Beispiel so durchsetzten, daß das Kunstwerk schlicht verkauft wurde, weil es nach wie vor noch das darstellte, was es einst vor allem gewesen war: eine Investition, und zwar verkauft, um durch Abriß und Neubau einer höheren Grundrente habhaft zu werden – dann war das der Einbruch einer anderen Welt in den Bereich der Kunst, die der Kunstfreund hinnehmen mußte. Ebenso wenig war beim unabreißbaren Kunstwerk geklärt, welcher Stellenwert seiner Geschichte zukam. Das ästhetische Bedürfnis drängte vor allem auf Ursprünglichkeit. Die Schichten historischer Umgangsweisen mit dem Gebäude, die sich in Umbauten, Stuckierungen, ganzen neuen Stilkleidern niedergeschlagen hatten, wurden entfernt wie Übermalungen eines Gemäldes, das einst unbefleckt aus der Werkstatt des Meisters hervorgegangen war. Besonders im Bestand alter Kirchenbauten wuchs die Zahl der lupenrein romanischen Kirchen sprunghaft an, und noch die Zerstörungswelle des Zweiten Weltkrieges wurde von der Denkmalpflege benutzt, um die beschädigten Objekte echter als je wiederaufzubauen – ein schlagendes Beispiel dafür ist der Wiederaufbau von St. Michael in Hildesheim.

Insofern war auch dies nur eine halbe Sache. Aber es war immerhin eine. An der Kunstidentität von Gebäuden ist gerade noch das mithörbar, was in früheren Zeiten überhaupt nur der Grund war, um bestimmte Gebäude über die Jahrhunderte stehen zu lassen, auch wenn sie den eigenen stilistischen Standards nicht entsprachen. Hinter der alten ästhetischen Denkmalpflege guckt – man erkennt es gerade am Abgetrennten, Bereichsmäßigen des Kunstwerks – der Untersinn des Wortes Pflege hervor: der Kultus.

Das erinnert daran, daß die ganze Denkmalpflege, selbst wenn sie noch als naiver Kunstsinn funktioniert, keine besonders eindrucksvolle Sache ist verglichen mit der Selbstverständlichkeit, mit der in älteren Kulturen und Gesellschaftsformen bestimmte ausgezeichnete Gebäude bewahrt wurden – weil sie Teil eines Praxiszusammenhanges waren, der sich noch nicht von den mit ihm verknüpften Gegenständen gelöst hatte. In dieser Linie war der wiederholte Aufbau des Pantheons zum Beispiel eher das Festhalten eines Gebäudes als seine bloße Modernisierung oder Vergrößerung. Wie beides zu seinem Recht kommen konnte, zeigen die Beispiele katholischer Wallfahrtsorte: Die Portiuncula bei Assisi steht wie eh und je, überbaut vom modernen Kirchenschiff, ähnlich die älteste Kapelle in Einsiedeln. Die alte, spätrömische Petersbasilika einfach abzureißen und durch den Monsterbau Michelangelos spurenlos zu ersetzen, dazu bedurfte es der aufgeklärten neuzeitlichen Gewissenslosigkeit eines Renaissance-Papstes. Jedenfalls war das angebliche Petersgrab ein Punkt, an dem die Behauptung von Kontinuität wieder ansetzen konnte. Die politische oder religiöse Identität von Gebäuden fällt eben keineswegs mit der künstlerischen zusammen. Festhalten als dieses eine Identische, Anbau, Abriß, Neubau, all das ging miteinander her. Diese Lebendigkeit der Geschichte stirbt erst ab mit dem Zeitpunkt, wo die politischen und religiösen Praxisformen nicht mehr das Bild beherrschen, sondern rein ökonomische Gesichtspunkte oder private Repräsentationsbedürfnisse.

Die alte Denkmalpflege rettete also aus diesem Zerfall einer gesellschaftlichen Nützlichkeit und Selbstverständlichkeit alter Gebäude eine Teilidentität, die ästhetische. Als ästhetisch identische waren die Gebäude dann folgerichtig geschichtslos, sie mußten als dieses bestimmte authentische Kunstwerk festgehalten werden, an dem nichts veränderbar war, sondern nur alles, was je daran verändert worden war, zurückzubringen auf den ursprünglich vom Künstler gewollten Zustand. Damit war man praktisch auch festgeschrieben auf einen bestimmten Denkmalbestand, den ein gesellschaftlicher Konsens insgesamt akzeptieren würde. Aber das war natürlich Ideologie: Was im Wege stand, wurde abgerissen, ob Kunst oder nicht, und die Verstaatlichung der Denkmalpflege war nun ganz und gar kein Gegenmittel dagegen, war doch der Staat im Interesse von Wirtschaft und Verkehr der quantitativ weitaus bedeutendste Denkmalvernichter. Außerdem war fraglich, ob und wie dieser Bestand weiter Zuwachs erhalten sollte. Denn inzwischen änderten sich die Bauaufgaben. Der Bau von Kirchen, Schlössern usw. bestimmte nicht mehr das Bild, sondern alle ästhetisch relevanten Leistungen bezogen sich auf Gebäude, die außerhalb der traditionellen Denkmalsphäre lagen. Von außen wie von innen wurde also der naiv als gesellschaftliches Interesse vorausgesetzte Kunstbereich in Frage gestellt.

Es ist nicht meine Absicht, die Wandlungen zu schildern, die von der Kunstdenkmalpflege zum augenblicklichen Mißstand der historistischen Denkmalpflege geführt haben, sondern ich stelle gegen das angedeutete klassische Konzept die neuen Vorgehensweisen, wie sie sich im Ergebnis zeigen. Dabei ist selbstverständlich, daß in diese Wandlungen eine Kritik der Sackgassen der traditionellen ästhetischen Pflege eingegangen ist. Die Denkmalpflege hat eine Veränderung der gesellschaftlichen Einstellung zu Kunst und Geschichte hinnehmen müssen und hatte ihr nachzukommen. Das Kunstverständnis des 19. Jahrhunderts – also der bürgerliche Begriff einer autonomen Kunst – ist zusammengebrochen. Was Kunst auszeichnet, ist nicht mehr ein Kanon hervorragender, von der alltäglichen Praxis getrennter Objekte, sondern eine Umgangsweise, die sich prinzipiell auf alles beziehen kann. Schon deshalb ist der Kunstbegriff unbrauchbar geworden, um das historische Moment zu definieren, das in der Denkmalpflege ja zwangsläufig enthalten ist. Ein Bahnhof, eine Fabrikhalle, ein Pumpwerk mögen noch so sehr ästhetische Reize mitbekommen haben, einfühlsam entworfen oder nur überhaupt traditionell stilisiert und nicht von funktionaler Sprachlosigkeit geschlagen sein – vor allem sind sie technische Denkmäler, Momente einer Geschichte, die sich vorrangig im Industrialisierungsprozeß wiedererkannte, nicht in ästhetischen Objektivationen.

Neue Forderungen treten hinzu. Nicht nur hat sich neben der kunsthistorischen Tradition eine eigene Baugeschichte akademisch ausgebildet, die ihrerseits die Erhaltung von Marksteinen gerade neuer avantgardistischer Architektur betreibt im Gegensatz zum auratischen Kunstwerk. Vor allem ist die Denkeinheit der ästhetischen Denkmalpflege selbst fragwürdig geworden: das einzelne Objekt. Entdeckt wurde der Zusammenhang, die Stadt, das Viertel. Es zeigte sich, daß isolierte Objekte, selbst wenn man sie verschonte und nur links und rechts alles neu baute, auch als ästhetisches Einzelobjekt nicht mehr recht da waren. Vollends wurden angesichts der Niederlegung ganzer Stadtviertel durch Krieg, Bodenspekulation oder staatliche Sanierungstätigkeit die übergreifenden Momente wahrnehmbar, die den besonderen historischen und auch ästhetischen Charakter eines Viertels ausmachen. Diese Momente sind oft gar nicht kunsthistorisch zu qualifizieren, es sind gewachsene Abhängigkeiten der Bauten und Wege untereinander, sedimentierte Bewohnerschicksale, die Seh- und Gebrauchsgeschichte ganzer Generationen. Selbst das, was kunsthistorisch eingrenzbar wäre, kann nicht als Eigentümlichkeit eines einzelnen Objekts aufgefaßt werden: Ein isoliertes Haus mit einer durchschnittlichen Berliner Mietshausfassade aus den Jahren des vorigen Jahrhunderts enthält keinerlei außerordentliche, schützenswerte, ästhetisch hervorstechende Einzelzüge. Was es ist, ist es im Zusammenhang einer Straße, eines Viertels, und in diesem Zusammenhang bilden sich durchaus charakteristische ästhetische Qualitäten ab, die Traufhöhen und Gesimslinien, der durchgehende Rhythmus der Fensteröffnungen, aber es sind unausdrückliche Alltagsqualitäten, die vom alltäglichen Begehen der Straßen, vom Bewohnen der Häuser und Hinterhäuser nicht abzutrennen sind und deren Isolierung auf Fassadenbilder einer Totalabräumung nicht viel voraus hat.

Schließlich kam, angesichts der uferlosen Innenstadtzerstörungen, die Forderung nach einem Sichtbarbleiben der Stadtgeschichte dazu. Aufgrund der Umkrempelung der meisten Innenstädte im Bauboom der sechziger Jahre, den Sanierungsfeldzügen und Kaufhausexpansionen der Siebziger, enthalten die Groß- und Mittelstädte kaum noch Momente der Wiedererkennbarkeit und Merkmale historischer Identität. Unter den Anforderungen von Verkehr und Gewerbe sind Häuser, Straßenführungen, Plätze weitgehend einer modernisierungswilligen Stadtbaupolitik zum Opfer gefallen, so daß die noch vorhandenen Erinnerungen der Bewohner in der Luft hängen und die historischen Nachrichten, wie sie Schule oder Literatur überliefern, zu völlig theoretischen Daten werden, da die Stadt, in die sie hineingehörten, gar nicht mehr existiert.

Denn bei der Mehrzahl der zentralen historischen Orte handelt es sich gerade nicht um ästhetisch herausragende Objekte. Die Geschichte, die ausschließlich in barocken Rathäusern, gotischen Patrizierhäusern oder Schloßbauten im Kielwasser von Versailles gemacht wurde, war schon immer eine Fiktion und ist seit langem angesichts der gesellschaftlichen Widersprüche und der Divergenz der Entscheidungszentren nur noch Legende. Aufstände, Versammlungen, Barrikaden, Attentate usw. sind weit typischere Verdichtungen, die an städtischen Orten haften bleiben. Daß Karl Liebknecht die Republik 1918 in Berlin vom Balkon eines Schlüterportals ausrief, ist ein ebenso naheliegender Zufall wie der andere denkbare Fall, daß er es auf einer Arbeiterversammlung im Friedrichshain getan hätte, wo die Märzgefallenen von 1848 liegen. Peinlich für Schlüter wie für Liebknecht ist es indessen, daß gerade deshalb dieses Portal, und nur es allein, als Beutestück im Ostberliner Staatsratgebäude verwendet worden ist, nachdem die ganze historische Örtlichkeit selbst wahrhaft mit Stumpf und Stiel ausgerottet wurde. Ebenso wesentlich sind typische Situationen, traditionelle Orte, unzerstörte lokale Gewohnheiten – all das, was so leicht weggefegt ist, weil kein Zettel daran hängt, sondern Zuhausesein im Viertel nötig ist, um das zu erkennen, und weil mit solcherlei Situationen keine Fremdenverkehrsreklame zu machen, kein Bürgermeisterrenommee zu gewinnen ist. Nichts ist leichter, als mit einer Tiefbauplanung ganze Lebenszusammenhänge der Arbeitergeschichte niederzuwalzen.

Nimmt man all das zusammen, dann wird man sich von vornherein fragen, wie die Denkmalpflege mit dieser ungeheuer angewachsenen Zahl von Anforderungen, mit dieser Ausweitung ihres Gegenstands zu Rande kommen will.

Wie also sieht vom Ergebnis her der neue Denkmalpflegestil aus? Zunächst fällt auf, daß die Denkmalpflege die quantitativen Folgerungen durchaus zu ziehen bereit ist. Es gibt kein Gelände, auf das sie sich nicht willig locken ließe, sei es Stadtgeschichte, Ensembleschutz, Industriekultur, Architekturgeschichte oder Alltagsästhetik. Der moderne Denkmalpfleger entwickelt universale Sammlerqualitäten, die von der Arbeitersiedlung über die Mietskaserne, die frühen Industriebauten, die Zweckbauten der Stadt- und Staatsarchitektur, die bürgerlichen Platztypen und Boulevards bis zu den Siedlungsbauten der zwanziger Jahre, den architektonischen Leistungen der damaligen Avantgarde und den Orten historischer Gegebenheiten und Entscheidungen reichen, von den Altstadtkernen und Barockfassaden einmal ganz abgesehen, die ihm sowieso sicher sind.

Damit ändert sich aber auch grundlegend der Arbeitsstil. Aus der punktuellen Bemühung um das einzelne Kunstobjekt wird eine Strategie der historischen Flächen und Typen. Die Denkmalpflege wird strukturell. Schutzwürdig sind bestimmte Charakterzüge des historischen Gebauten – Strukturmerkmale, die vom konkreten Einzelobjekt jeweils ablösbar und auf Ersatzträger übertragbar sind. So können z.B. Blocklinien, Traufhöhen, Erker, abgeschrägte Ecken usw. als charakteristische historische Erkennungsmerkmale festgehalten werden, ohne daß man sich über den Abriß des gesammten Blocks weiter zu bekümmern braucht – die Neubebauung stellt ja die Kontinuität der Merkmale sicher. Für die Struktur statt für das Einzelobjekt zu kämpfen, erweist sich also als eine sehr flexible Sache: Jedes einzelne Objekt kann fallengelassen werden, da an ihm als einzelnem ja die historische Struktur nicht hängt. Um so besser macht es sich dann, wenn man ab und zu ein originales Objekt stehen läßt. Mit Vorliebe wählt man dazu Eckbauten aus, so daß die Blockkanten eindrucksvoll mit Originalstuck bestückt sind. Eine andere beliebte Variante ist, bis auf die Fassadenwand die gesamte Bausubstanz abzureißen und durch Neubauten zu substituieren. So sollte z.B. in Ansbach die Rosenstraße – bebaut mit ansehnlichen Bürgerhäusern aus der Blütezeit des Ansbacher Barock – abgerissen werden, nur die zur Straße gekehrten Fassadenwände hat sich der Landeskonservator von den dort tätigen Baulöwen ausbedungen.

Diese Flexibilität macht den Denkmalpfleger zu einer unentbehrlichen Figur der modernen Stadtplanung. Keine Planung ist heutzutage ohne sein Placet vollständig. Denn galt die Denkmalpflege früher den Objekten, die sich im Lauf der Zeit als Kunstwerke qualifiziert hatten und die der Pfleger sozusagen nachträglich an die Hand nahm, so steht die Denkmalpflege heute am Anfang der Geschichte: Sie bestimmt, was zu einem Baudenkmal gemacht wird und was nicht. Denn durch das Fegefeuer der Sanierungsplanung muß alles durch. Was verschwindet, mag in seinen Merkmalen errettet und damit überhaupt erst kulturell sichtbar werden. Was zu bleiben ausersehen ist, wird entkernt, ausgeräumt, ausgeweidet bis zum letzten abmontierbaren Material, mit neuen Trennwänden und Ausbaumöbeln wie Fenster, Türen, Decken usw. versehen, je nachdem Neue Heimat oder minutiös Barock. Wo ein solcher Traditionskern nicht ist, wird er hingebaut. Die Denkmalpflege, wenn sie denn schon zum Schein die Stadtplanung befehligen darf, hat also zumindest das Recht, sich in den beplanten historischen Flächen wenigstens auch Objekte ihrer künftigen Pflegetätigkeiten zu bauen, um so mehr, als keine schloßlose Landesregierung ihren Suggestionen widerstehen mag – man denke nur daran, daß z.B. in Saarbrücken das Saarbrücker Schloß barock wiederaufgebaut werden soll, das schon 1793 von den französischen Revolutionssoldaten zerstört wurde (sie wußten warum), während die hessische Regierung die im letzten Krieg vernichteten Teile von Schloß Biebrich wieder hochziehen will. Die Denkmalpflege bestimmt also scheinbar auch, wo die Denkmäler hinkommen. Es ist klar, daß man sie nicht in den Winkeln verkommen lassen kann, wo sie sich möglicherweise befinden, sondern daß Denkmäler in jenen City-Bereichen gebraucht werden, die der Kaufhausverödung ein Gegengewicht bieten sollen und das touristische Kapital einer Stadt ausmachen. Die Denkmalspflege hat die Aufgabe, ein kompaktes Setting für die Sightseeing-Busse zusammenzustellen. Denkmäler, die in einem Arbeiterviertel liegen – eine typische Hofbebauung, ein Pumpwerk, eine Fabrikhalle aus dem vorigen Jahrhundert –, haben durchaus eine Chance, wenn sie in die Route passen. Eine entsprechende Hofbebauung, Fabrik- oder Pumpenhalle in einem anderen Viertel werden nicht gebraucht – weder als das, was sie sind, noch an ihrem Ort, sie sind überflüssige Minusdenkmäler, die bereitwillig staatlicher Planung oder privatwirtschaftlichen Rentabilitätsvorstellungen zum Abriß überlassen werden. Daß sie ein Teil des Lebens von jahrzehntelang dort ansässigen Menschen sind, hat noch keine der gefährdeten Arbeitersiedlungen des Ruhrgebiets gerettet, es sei denn, die Bewohner hätten die Erhaltung selber durchgesetzt. Auf den Landeskonservator, wenn der schon irgendwo seine Musterzechensiedlung auf dem Trockenen hat, können sie wenigstens nicht rechnen, und mehr als das museal günstig gelegene und der Freizeitkultur erschlossene Musterexemplar bekommt jener auch gar nicht. Das wenigstens sind die Spielregeln, und nach ihnen bestimmt sich, was ein Denkmal wird. Was hier in drei Schritten als Arbeitsstil der modernen Denkmalpflege skizziert wurde, kann nur solange als tendenziöse Zuspitzung mißverstanden werden, wie man nicht über die genauen Tatsachen redet. Ich nehme also das mir nächstliegende Feld – Berlin – als Beispiel, um den Tatsachenbeweis an den Objekten der Denkmalpflege selbst zu führen. Dabei ist Berlin insofern ein günstiges Gelände, als das Schwergewicht des erhaltenswerten Bestandes hier schon vom historischen Wachstum der Stadt her anders definiert werden muß als etwa in Köln oder Frankfurt. Berlin ist wesentlich eine Stadt aus dem 19. Jahrhundert, geprägt vor allem von der großen Industrie und ihren Folgen, und das um so mehr, als der letzte Krieg noch das an vorindustrieller Bausubstanz vernichtet hat, was imperialistische Renommiersucht und städtischer Straßenbau hatten stehen lassen. Die großen Arbeiter- und Industrieviertel waren nach dem Krieg in ihrer überwiegenden Mehrheit erhalten. Vernichtet werden sie erst jetzt durch Sanierung und Denkmalpflege – die Verluste der letzten zehn Jahre spielen sich also auf genau dem Gebiet ab, das der Denkmalpflege durch ihre Modernisierung zugewachsen ist. Insbesondere ist Berlin reich an Inkunabeln des neuen Bauens, nirgendwo in der Welt – und ich weiß, was ich damit sage; es ist eine der wenigen positiven Superlativen, die unsere Geschichtsnekropole zu bieten hat – ist die neue Architektur der zwanziger Jahre so breit und offen ins Stadtbild eingegangen – Folge einer zweihundertjährigen Massenbautradition, die ihresgleichen suchte.

Wie verhält sich die Denkmalpflege dazu? Das ist nicht ohne weiteres etwa an der Zahl der Abrisse abzulesen. Daran sich zu orientieren hieße, die strukturelle Schwäche staatlicher Denkmalpflege überhaupt – der denkmalpflegende Staat ist ja derselbe, der aus ökonomischen Interessen abreißen läßt – einem besonderen Konzept (der Berliner Demkmalpolitik) anzulasten. Zu fragen ist vielmehr, wie sich ein Landeskonservator innerhalb des vorhandenen Widerspruchs verhält.

Da gibt es z.B. die Villa Freudenberg in Nikolassee – sicher nicht das beste Haus des Werkbund-Gründers Muthesius, aber sein berühmtestes und repräsentativstes. Mit der Gartenseite zum Rehwiesental gewendet, kehrt es der Potsdamer Chaussee eine Art Ehrenhof zu: eine Giebelfront in der Mitte und davon schenkelförmig ausstrahlende Seitenflügel. Eine solche Anlage braucht Platz, und den hatte sie einst auch. Eine Baugesellschaft kaufte dann das Gelände und wollte das Haus abreißen, um das Gelände mit Komfortwohnungen neu zu bebauen. Es erfolgt öffentlich Protest, angeführt von Julius Posener. Darauf handelt der Landeskonservator einen Kompromiß aus, und dieser Kompromiß zeigt die ganze Struktur der Denkmalpflege. Das Haus bleibt stehen. Aber es darf nach Belieben modernisiert werden – die Baugesellschaft reißt die feingliedrigen Fenster heraus und zerstört mit neuen Verbundfenstern nachhaltig das Fassadendesign. Und außerdem wird das Haus beidseitig von mehrstöckigen Zeilenbauten eingeklemmt. Es degeneriert zu einem de-

korativen Überbleibsel, das der Wohnanlage einen sicher nicht unrentablen High-society-Touch vermittelt. Das Haus ist also gerettet und vernichtet zugleich.
Von dieser Sorte Kompromiß gibt es inzwischen eine längere Reihe von Beispielen. Unter ihnen fallen besonders zwei neuere Fälle auf. Am Kottbusser Damm stand ein Wohnhaus, 1913 gebaut, eine der ersten Arbeiten Bruno Tauts. Nachdem es im Krieg ausgebrannt war, blieb doch der gesamte Außenbau bestehen, offensichtlich solide genug in der Bausubstanz, vor allem war die in einer heute in ihrer handwerklichen Akkuratheit nicht mehr reproduzierbare, bis ins kleinste Detail formbestimmte Mauertechnik der Fassade unbeschädigt da und damit auch der große Fassadenrhythmus – ein Baudenkmal noch nach den engsten herkömmlich kunsthistorischen Kriterien. Was inzwischen erfolgt ist, ist nicht etwa der Ausbau, sondern der Abriß des Gebäudes bis auf die Fassadenwand des Sockelgeschosses. Dieser dekorative Restbestand wird jetzt in ein völlig neues Gebäude einbezogen, das aber zur Straße zu in großen Zügen wieder das alte Fassadenbild zeigen wird. An einer Erhaltung des Originalbaus hatte der Landeskonservator frühzeitig verzagt – der zugestandene Abriß macht die denkmalpflegerische Erhaltung des Gebäudes möglich.
Vertrackt ähnlich, obwohl in der Vorgeschichte anders gelaufen, liegt der Fall des berühmten Kino-Baues im Woge-Komplex von Erich Mendelsohn am Lehniner Platz. Man suchte einen Nutzer; die Schaubühne, aufstiegsbewußt, wollte hinein. Der genugsam bekannte Starregisseur stellte dabei weitreichende bühnentechnische Forderungen, bei denen nur hartnäckiges Wunschdenken annehmen konnte, sie ließen sich im existierenden Bau unterbringen. Daß man ihn innen total zerstören müßte, war sogleich klar und wurde offen zugegeben. Die weitere technische Durcharbeitung des Projekts zeigte aber, daß zahlreiche frühere Umbauten einem solchen Globalausbau den technischen Boden entzogen hatten und die bühnentechnischen Anlagen gar nicht hineinpaßten. Nachdem man einmal bei der Sache war, ließ man sich durch keine Kostensteigerungen schrecken – schon die Anfangskosten gaben seinerzeit genug Anlaß zur Skepsis – und riß beherzt den fraglichen Bau ab bis auf den vorgelagerten Rundbau, der als Schamlatz stehen blieb. Der Landeskonservator beeilte sich, der Presse zu versichern, daß es sich nur um einen Teilabriß handele und der minutiöse Wiederaufbau vorgesehen sei.
Soweit die Archtitekturgeschichte. Der nächstwichtige Baubestand Berlins sind die Hinterlassenschaften der Industrialisierungsepoche, und hier muß von einer Liquidierung des Bestandes gesprochen werden. Da Fabrikanlagen normalerweise extremen Rentabilitätsanforderungen seitens ihrer Besitzer

unterliegen, hat hier die Denkmalpflege naturgemäß die geringsten Chancen. Das ist in Berlin allerdings anders, wo die große Industrie seit Kriegsende nicht aufgehört hat zu schrumpfen, und seit der Rationalierungswelle werden in steigendem Rhythmus Produktionszweige abgebaut oder nach Westdeutschland verlegt. Es ist bei diesem sinkenden industriellen Engagement also gar nicht einzusehen, warum Industrieanlagen abgerissen werden müssen. Nun gibt es im Wedding das traditionsreiche Gelände der einstigen, 1852 gegründeten Maschinenfabrik Schwarzkopf, darunter eine sehr schöne, technisch interessante Halle. Das Gelände wurde kürzlich an die Deutsche Vergasergesellschaft/SOLEX verkauft, mit einer öffentlichen Subvention, lese ich, von 2,5 Mill. DM. Die SOLEX hat nichts Eiligeres zu tun, als besagte Halle abzureißen. Der Wirtschaftssenator macht dem Landeskonservator klar, daß – es geht um Arbeitsplätze – ein Protest seinerseits unerwünscht wäre. Der Landeskonservator gibt nach. Kaum ist die Sache gelaufen, gibt die SOLEX Massenentlassungen bekannt. Für sie ging es nur darum, die Rationalisierungskosten auf die öffentliche Hand abzuwälzen, sie wird auf dem freigewordenen Gelände jetzt arbeitsplatzsparende Produktionsstätten bauen. Gefährdet sind zur Zeit noch weitere Anlagen: vor allem die großartige dreiflüglige Ausstellungshalle in der Kohlrauschstraße in Charlottenburg, die partout einem Neubau der Technisch-Physikalischen Bundesanstalt weichen soll, obwohl die TU die Halle übernehmen, auf eigene Kosten renovieren und nutzen will; ferner die Groterjahnbrauerei aus den zwanziger Jahren im Wedding, die ebenfalls dem Wirtschaftssenator im Wege ist, so daß der Abrißwunsch, an den Bausenator weitergegeben, auch hier als dienstliche Weisung beim abhängigen Landeskonservator ankommt.

Oder ein anderer Komplex von Beispielen: Die BVG-Bauten. Eine Reihe großartiger Verkehrsbauten hat sich aus dem ersten Bauprogramm der damaligen Hochbaugesellschaft erhalten und wird jetzt von der heutigen BVG-Bauverwaltung Stück für Stück beschädigt oder zerstört (das neueste Opfer: der Hochbahnhof Hallesches Tor). Eine nicht wieder gutzumachende Untat der BVG ist die Zerstörung der Kühlhausgruppe am Hochbahnhof Gleisdreieck. Diese Kühlhäuser sind als die ältesten in Europa nicht nur technisch bedeutsam, sondern bilden vor allem ein unverkennbares städtebauliches Ensemble, das besonders eindrucksvoll dort ist, wo die U-Bahn sich zwischen den Kühlhäusern hindurch in die Bahnhofshalle schiebt. Der Abriß des einen Gebäudes, der zur Zeit im Gange ist, zerstört das Ensemble insgesamt. Warum ist der Abriß so unvermeidbar? Weil die BVG, stur wie sie ist, hier und nur hier ein eingeplantes Reparaturwerk meint bauen zu können. Und nach dem Widerstand des Landeskonservators sieht man sich auch hier vergeblich um.

Weiter: die preußischen Staatsbauten. Die alten Bahnhöfe sind samt und sonders abgetragen, ohne Sinn und Zwang – da bleibt nichts mehr zu schützen als der Portalrest von Anhalter Bahnhof. Aber genug anderes blieb: Schulen, Feuerwachen, die Pumphäuser des Kanalisationssystems, das James Hobrecht in den 70er Jahren des 19. Jahrhunderts anlegte. Diese Bauten sind grundsätzlich wohl individuell abgestimmt, aber keine Einzelbauten, sie sind sozusagen Serie. Ihre Bedeutung besteht baulich in ihrer enormen Bauqualität, was vor allem an den Schulen des Stadtbaumeisters Blankenstein nachvollziehbar ist, ebenso aber in ihrer Lage im jeweiligen Stadtviertel, als baulicher Bezugspunkt und vor allem als ideales Raumangebot für Stadtteilzentren, Jugendhäuser und andere selbstverwaltete Initiativen. Wo aber war der Landeskonservator, als eine engstirnige Bezirksverordnetenallianz nach der Weise „mal zeigen, wer hier das Sagen hat" unter Polizeischutz im Morgengrauen das Pumpenhaus und später den Schornstein und die Feuerwache an der Reichenberger Straße in SO 36 abriß?

Der Landeskonservator fühlte sich nicht angesprochen, denn er hat ja schon sein Pumpenhaus in der Schöneberger Straße in Kreuzberg, an dem jetzt in fetischistischer Manier jedes Steinchen poliert wird, als käme es darauf an. Die unvergleichliche Hofsituation an der Reichenberger Straße ist aber so unwiederbringlich dahin wie die großartigen Innenräume, die große Pumpenhalle und die kleine, neun Gewölbejoche auf Gußeisensäulen zählende Feuerwehrhalle – verloren für die Menschen, die dort in SO 36 wohnen, nicht in der Einöde der Schöneberger Straße.

Es gilt noch auf das Gebiet Stadtgeschichte und das Denkmalgebiet engsten Sinnes hinzuweisen. Der Landeskonservator hat kürzlich deutlich gemacht, was er unter der Stadtgeschichte versteht, nämlich als er zwei Häuser in Sorauer Straße in SO 36 kaufen wollte, um sie als Arbeitermuseum historisch instand zu setzen. Das Projekt scheiterte daran, daß die in dem Verein SO 36 organisierten Bewohner sich nicht darauf einlassen wollten, ihre eigenen Lebensverhältnisse museal dargeboten zu bekommen und dafür noch Wohnraum zu verlieren. Der Plan ist aber typisch für eine Denkmalpflege, die im Arbeiterviertel nur das Touristenobjekt sieht, aber keinen Finger rührt, wenn die Bewohner ein Baudenkmal für ihre Zwecke reklamieren. Natürlich gibt es eine Geschichtsschreibung, die in den Bedürfnissen und Erinnerungen der Bewohner nicht aufgeht. Aber auch das Nichterinnerte gehört nicht einfach ins Museum. Denn all das, was ins Museum, didaktisch verpackt, hineinkäme, steht ja weitgehend noch in der Stadt herum und ist Objekt von Abrißstrategien. Dazu gehören die Kasernen und Lagerhäuser des preußischen Militärs oder die Stätten des Naziterrors in der südlichen Fried-

Abriß der Gründel'schen Gastwirtschaft, Dresdner Straße 116. Foto: Thomas Schröder

richstadt. Sie sind als Gebäude längst sorgfältig demontiert worden; aber als Stätten, als Plätze in der Stadt, erkennbar und benennbar. Das geht die Geschichtsinteressen der Denkmalpflege aber offensichtlich nichts an. Oder es wäre anhand der städtischen Örtlichkeiten, die Geschichte der Arbeiterbewegung festzuhalten. Natürlich ist das bei staatlicher Denkmalpflege nur SPD-Geschichte: Aber es wäre gut, wenn immerhin diese dabliebe. Da wird die Fassade des Hauses restauriert, in dem Bebel wohnte – schön für das Haus. Aber wo war die Parteischule, der Vorwärts usw.? Lindenstraße 3 – nicht wiederzufinden. Oder: Vor ein paar Wochen gab es noch das Gründelsche Gasthaus, die letzte typisch Berliner Hinterhofkneipe aus der Zeit vor dem Sieg der bayrischen Eckkneipen, in der zudem Bebel, Liebknecht und andere am 1. Oktober 1890 mit den heimgekehrten Emigranten den Fall des Sozialistengesetzes feierten. Der Landeskonservator wußte das, hat aber den Fall verschleppt. Für den Geschäftsführer der GSG gibt es wahrscheinlich so etwas Sentimentales wie Arbeitergeschichte nicht, und plötzlich, unter ungeklärten Umständen, war das Haus kaputt – ein Kasten Bier und zufällig herabfallende Mauerteile haben schon öfters so etwas bewirkt. Dafür erfährt man aber von einer obskuren Wohnbau Commerz GmbH & Co. KG, die das Haus Kantstraße 125 kürzlich im Zuge der Charlottenburger Bodenspekulationswelle kaufte, daß die Subventionierung der Fassadenrenovierung vom Landeskonservator bereits zugesagt ist, da 1945 eine hier tagende Versammlung die Neukonstituierung von SPD und Gewerkschaften einleitete – wiederum schön für das Haus bzw. die Wohnbau Commerz, aber der Ort der Handlung, ein Gewerberaum im Gartenhaus des zweiten Hinterhofes, der vor der Ausrottung der Charlottenburger Juden als Synagoge gedient zu haben scheint, hat wenig davon und noch weniger die, die ihn heute kulturell nutzen und den Mieterhöhungen entgegensehen.

Schließlich noch ein Spotlight auf den traditionellen Denkmalbereich. Es ist wahr, daß der Berliner Landeskonservator hier arm dran ist. Alle Schlösser sind ihm entzogen, Bellevue wurde von der Bundesbaudirektion gräßlich hingerichtet, Charlottenburg wurde und wird von der Verwaltung Staatliche Schlösser und Gärten vorbildlich restauriert. Aber reicht das als Legitimation dafür, sich die Denkmäler, die einem fehlen, selber zu bauen? Der Skandalfall schlechthin ist hier das Ephraimpalais, 1935 im alten Stadtzentrum für den Straßenbau abgerissen. Von ihm sind noch eine größere Anzahl Schmuckteile vorhanden, woraufhin es in der südlichen Friedrichstadt wieder rekonstruiert werden soll. Weder hat man den originalen Bauplatz, noch stellen die Fassadenteile einen nennenswerten Bestandteil des Hauses dar, noch weiß man exakt, wie das Haus ausgesehen hat. Geplant ist ein ungefährer Wiederaufbau,

in einer völlig anderen städtebaulichen Situation und einer ganz anderen Gelände- und Richtungsorientierung. Was hat das noch mit Denkmalpflege zu tun? Oder was der Plan, kaum 100 m davon entfernt das Feilnerhaus in der Feilnerstraße derart wiederherzustellen, daß man in eine willkürlich am alten Standort hingezauberte Piazza eine Nachbildung der alten Schinkelfassade klemmt? Sollten dann Miniaturnachbildungen nicht ausreichen oder riesige Stellwände oder Diaprojektionen der Gebäude bei Nacht auf umliegende Brandmauern, oder Rekonstruktion in Laser-Holographie?
Noch aber hat alles das, was bisher genannt wurde, den Rest eines Realitätskernes: es hat einmal bestanden, es ist noch ausdrückbar in einzelnen Gebäudeeinheiten, wie geschmack- und skrupellos auch immer damit verfahren wird. Die volle Glorie der projektiven Denkmalpflege ermißt man erst dann, wenn sie eine Stadtgeschichte rekonstruiert, die es nie und nirgends gegeben hat und gar nicht geben konnte, wo die Denkmalpflege also durch keinerlei armselige historische Relikte, Ortsbindungen und ähnliches Lästiges mehr gefesselt ist, sondern sich voll als historisierende Flächenprojektion entfalten kann, wo kein einzelnes Gebäude, das minimal da war oder noch da ist, den Blick auf die eigentliche Aufgabe, das reine historische Stadtensemble, verstellt. Für den Berliner Landeskonservator geht es um die Stadt von James Hobrecht, ein ornamentales Geflecht von Achsen, Straßensternen, Rastern mit eingebauten Plätzen, dargestellt in fünfgeschossigen spätklassizistischen Fassadenwänden. Soweit diese Stadt gebaut wurde, ist alles gut. Das historische Bewußtsein ist, nicht zuletzt dank der Intervention der Denkmalpflege, inzwischen soweit entwickelt, daß auch die radikale Flächensanierung sich an die papiernen Linien des Hobrechtschen Planes hält. Wenn die Sanierungswalze über die Naunynstraße hinweggegangen ist, stehen die verordneten Wände wieder da. Anders liegt der Fall dort, wo Hobrecht scheiterte. Sein eklatantester Mißerfolg betrifft gerade das Glanzstück seiner Planung, den Generalszug, der eine Kette von repräsentativen Schmuckplätzen bilden sollte, verbunden durch einen durchlaufenden Boulevard. Just da, wo der Straßenzug in zwei Plätzen zu Ehren Blüchers und der Schlacht von Wahlstatt kumulieren sollte, war aber das Gelände bereits belegt, durch die Güterbahnhöfe der Anhalter und Potsdamer Bahn. Der Boulevard endet bis heute abrupt auf der Bahnaufschüttung, während der Verkehrsfluß, von der Hornstraße sich abwinkelnd, weiter südlich in einem engen Schacht unter den Bahngeleisen hindurchgeführt wird.
Eben das ist nun die wirkliche Stadtgeschichte: die Unfähigkeit der preußischen Stadtplanung, sich gegen die Interessen der (bürgerlichen wie adligen) Eisenbahnaktionäre durchzusetzen. Die Hornstraße weiterzubauen, sie jetzt,

wo die Bahnanlagen nicht mehr gebraucht werden, die Endbahnhöfe dem Erdboden gleichgemacht wurden, einfach durchzubaggern, als wäre nichts geschehen, das wäre gerade Vernichtung von Baudenkmälern. Daß die wirkliche Stadt nun einfach anders gewachsen ist und die platte Repräsentanz der Hobrechtschen Plätze nicht zustandekam, das wird ignoriert zugunsten einer historischen Reinlichkeitsmanie, die posthum Preußens Gloria herstellen will, eine zu der es historisch nie gekommen ist. Was stattdessen an Stadtgeschichte angewachsen ist, scheint dann nur Hindernis. Und doch sind das die eigentlichen stadtgeschichtlichen Baudenkmäler: die Yorckbrücken mit ihren gußeisernen Stützen und das Güterbahngelände, das insgesamt mit den Bögen der Potsdamer Bahn, Lokomotivschuppen, Wasserturm, der Verquikkung von Paketpostbahnhof und den Brücken von Gleisdreieck ein unersetzliches technisches und historisches Denkmal darstellt und ein Stück Berliner Stadtlandschaft, das es in der Form kein zweites Mal gibt, nicht in Berlin und nicht anderswo, das also zu nutzen, zu öffnen wäre, behutsam zu vernetzen mit den umliegenden Vierteln unter Lösung der Verkehrsprobleme und gleichzeitiger Beibehaltung der vorhandenen Verlaufslinien, wofür Andreas Reidemeister kürzlich einen eindrucksvollen Vorschlag gemacht hat.
Die projektive Denkmalpflege, konsequent durchgezogen, landet also nicht nur bei der Geschichtsfälschung, sondern auch bei der Beseitigung des einzelnen und Besonderen, das sie vorfindet. Angesichts dieser Grundsätzlichkeit des Zugriffs ist es witzlos, sich an einzelnen Fällen festzumachen, als seien das Irrtümer, Folgen lokaler politischer Verhältnisse usw. – es geht da um eine grundsätzlich neuartige Herstellung von Stadtbildern. Deshalb ist alles Benannte keineswegs berlinspezifisch. Die Denkmalpflege ist in Berlin nicht besser und nicht schlechter als irgendwo sonst. Die Zerstörung der historischen Städte im Namen ihrer Rettung findet so oder ähnlich in allen europäischen Ländern statt. Das festzustellen, kann also auch nicht bedeuten, an eine wie immer geartete Einsicht der Denkmalpfleger oder der sie befehligenden Politiker irgendwelche Hoffnungen zu knüpfen. Die Barbarei der neuen Denkmalpflege hängt nicht an mehr oder minder gutwilligen Individuen. Der staatliche Eingriff hat aufgehört, ein Teil eines lebendigen kulturellen Prozesses zu sein. Er ist, an den Ergebnissen der staatlichen Denkmalpflege und Stadtplanung wird es sichtbar, eine Sackgasse geworden.
Was der staatliche Eingriff leistet, ist das bloße Festhalten und Konservieren historischer Kulissen, aus einem politischen Kalkül. Ein restaurierter Straßenzug, in dem die Menschen, die vorher die Straße bewohnten, nicht mehr vorkommen, ist genau so korrupt und hohl wie der sogenannte bürgerliche Opern-, Musik- oder Theaterbetrieb, also die übrigen Sparten der Staatskul-

tur. Was immer in den Sog dieser politischen Kulturmaschinen kommt, taucht unerkenntlich wieder daraus auf. Hoffnung auf ein wirkliches Festhalten der Vergangenheit und ihrer gebauten Verhältnisse gibt es nur dort, wo das Gebaute in lebendige kulturelle Prozesse von unten eingeht. Die einzige mögliche Denkmalpflege ist darum die, in der die Bewohner der Sanierungsviertel ihre Häuser, ihre Straßenzüge, ihre Plätze, Krankenhäuser, Feuerwachen, Gewerbehöfe usw. selber verteidigen, weil sie sie zum Leben brauchen.
Von da aus ist es völlig falsch, der staatlichen Denkmalpflege vorzuwerfen, daß sie nur mit Fassaden zu tun habe. Zwar ist es zynisch genug, halbe Städte abzuräumen und nur die Fassaden übrigzubehalten, nachdem das ganze sozialpolitisch unerwünschte Leben der Bewohner ausgeräumt worden ist. Aber eine Denkmalpflege, die sich auch noch der Hinterhöfe und der Hausinnenräume bemächtigte, wäre noch weit zynischer. Umgekehrt wäre mit einer Denkmalpflege, die die Fassaden neu anstriche, während im übrigen alles beim alten bliebe, durchaus zu leben. Das Schlimme ist, daß es eine solche bescheidene oberflächliche Denkmalpflege gar nicht gibt. Die denkmalpflegerische Oberfläche deckt sich nicht über ein Miethaus, das weiterhin von Türken und Freaks bewohnt ist, sondern über ein Bauobjekt, das die Neue Heimat oder die Bewoge oder wer immer entmietet, zerstört und so aufwendig wie möglich – auch die WBK will ja etwas davon haben – wiederauf- oder wideraufgebaut hat, um es entsprechend neu zu vermieten. Ob Mendelsohnbau, ob Kreuzberger Abriß, es gibt es die Denkmaloberfläche nur das Feigenblatt her, mit dem die abrollenden politischen und ökonomischen Prozesse bedeckt werden. Statt den Raubbau zu verhindern, liefert die Denkmalpflege Argumente der Verteidigung, indem sie die ästhetische Verpackung der Stadtzerstörung besorgt.
Eine Denkmalspflege, die die Vernichtung des vorhandenen Denkmalbestandes nicht verhindert, sondern ihr Vorschub leistet, die andererseits sich ihre eigenen Arbeitsobjekte selber herstellt, eine solche Denkmalpflege ist entbehrlich und viel schlimmer als gar keine. Die touristische Hochglanzfolie, die wir stattdessen erhalten, ist für die, die in der Stadt leben und arbeiten, nur ein Hohn. Dann lieber die offene, ehrliche Abschaffung aller Denkmäler und der beherzte Abriß von allem, was abreißbar ist – diese Arbeitsplätze sind dann wenigstens sicher. Bei der heutigen Sorte Denkmalpflege bleibt wenigstens dem Stadtliebhaber nur übrig, für die Abschaffung zu plädieren.

Quelle: ARCH+ 54 (1980)

Alte Pinakothek, München. Foto: Münchener Bildkunstverlag A. Lengauer, München

Wie kommt die Geschichte ins Entwerfen?

Die Verarbeitung des Bruches von 1968 fand in Etappen statt, und der heute erreichte Zustand, daß die damals ausgelösten Verunsicherungen erduldeter Bestandteil des Fachbewußtseins von Architekten und Planern geworden sind, ist sicherlich noch nicht sehr alt. Von diesem Ausgenommenwerden ins Allgemeinbewußtsein und in die Entscheidungsprozesse ließe sich biographisch sicher anhand von inzwischen längst in ihren Ergebnissen versunkenen Schlüsselsituationen erzählen. Das für mich Bestimmende ist, daß es so schwer fällt, jetzt, inmitten der erreichten Normalität, den Faden selbst, der von 1968 nach heute führt, vor sich zu sehen.
Es ist keineswegs die Normalisierung, die mich beunruhigt. Wo die Unversöhnlichkeit blieb, wo der schneidende Widerspruch, das mag jeder mit sich selber klären. Da wäre sicher manche persönliche Geschichte von der unmerklichen Anpassung fällig. Es gibt aber auch die genau umgekehrt verlaufenen Lebensgeschichten: das Festhalten der Unruhe. Das liegt mir näher. Da müßte von gleichsam generationsgeschichtlichen Etappen die Rede sein, vom Älterwerden, von der Übernahme ökonomischer und politischer Verantwortung für sich und andere, aus einer immer mehr das Ganze des Gesellschaftszusammenhanges mitbedenkenden Bewußtheit; davon, daß dann theoretisch sehr genau formulierte Barrieren in der praktischen Auseinandersetzung zerbröselten, Lagerdenken nicht mehr so einfach möglich war; davon, daß sich bei größerer Nähe vieles als möglich erwies, was wir lange, weil es nicht gleich eingetreten war, prinzipiell ausgeschlossen hatten, und daß die Barrieren sich im Konflikt erst in ihrer vollen Wirklichkeit zeigten, so daß man von Niederlage zu Niederlage jetzt Breschen hineinrennen konnte.
Das ist zur Not noch an Personen, an Persönlichkeiten festmachbar. Doch kommt hier schon anderes zum Zuge als nur der Ausgangspunkt 1968 und seine schrittweise Umsetzung in Lebensgeschichte. Die Unruhe, die in manchen diese ganze Etappenfolge nach 1968 überstanden hat, kam ja auch von weiter her und fand in der Studentenrevolte ihren genauesten Ausdruck. Man mußte mit dem Projekt von 1968 solidarisch sein, und sei es als Begleiter. Dann war aber die Identifikation mit den gleichsam offiziellen Umsetzungen der Studentenbewegung nicht ohne weiteres möglich, weder der Weg in die

Kaderparteien mit ihren unterschiedlichen Basisansätzen in Betrieben und Sanierungsvierteln, noch der lange Marsch durch die Institutionen mit der revolutionär umgewälzten Planerfunktion als empfehlender Qualifikation, gewerkschaftlicher Perspektive und vieles hinnehmendem Zutrauen zur gesellschaftsumwälzenden Kraft der Industrialisierung des Bauwesens von der Präfabrikation bis zum Großbüro. Statt dessen blieb das Gegenstandsinteresse vorrangig; man konnte sich nicht einbilden, eine Wirklichkeit, die weiterhin im Stil der Großsiedlungen der sechziger Jahre und der ihnen entsprechenden Flächensanierungen vorging, spiele einem mit ihrem Fertigteilwerken und Großbüros und verschaukelten Menschenmassen so oder so in die Hand. Dann ging das Leiden weiter am konkreten Verschwinden und an der konkreten Unmenschlichkeit, Häßlichkeit und Dummheit dessen, was gebaut wurde. Wie war dagegen anzugehen, ohne zu verzweifeln?
Es ist dagegen angegangen worden, und nicht ohne Erfolg. Aber woher kamen Widerstand und relativer Erfolg? Hier gerät man in das schwierige Geflecht gesellschaftlicher Prozesse, wo durchaus nicht alles das ist, was es zu sein glaubt oder wonach es aussieht. 1968 war nicht nur Revolte. Es war der Sache nach ein gesellschaftlich notwendiges, ja überfälliges Stück Kulturrevolution. Was da als Überschwemmung kam, war aufgetaut worden und hatte mit allem möglichen zu tun, mit der Pop-Musik, der Bildungsreform, der Ostpolitik, dem Abschluß des Wiederaufbaus usw. Die revoltierende Studentenschaft hatte nicht zuletzt auch die Funktion, eine fällige Modernisierung des politischen Betriebes durchzusetzen, zuerst der Hochschulen und Ausbildungsinstitutionen überhaupt; in der Folge des Verhältnisses von Arbeit und Freizeit, des unumgänglich werdenden administrativen Umgangs damit und all der sozialplanerischen und städtebaulichen Konsequenzen, die so unweigerlich ins Rollen kamen.
Wo aber steckt in diesem Umwälzungsknäuel aus Amerikanisierung, Straßenschlachten, Neukonstitution radikaler linker Positionen und sozialtechnologischer Explosion der Verwaltungen die Linie von 1968 zu heute, die mit der Stadtgeschichte zu tun hat? Was da so bezeichnet wird, ist weder als biographischer Faden zu verfolgen, noch als verallgemeinertes Personenprojekt, sei es sektiererisch organisiert, sei es als Reifungsprozeß eines in Personen ausgedrückten, im Subjekt einfach nicht zu unterdrückenden Widerspruchs gegen die Leblosigkeit der Verhältnisse. Um sich darauf einzustellen, ist noch mehr Dezentrierung verlangt, noch mehr Bereitschaft, die eigene Lebensachse hineinzuverlagern in den historischen Prozeß. Dann geht es auch nicht mehr nur um diesen persönlichen Gegenstand: die Architektur, die Wissenschaft, die Fassade, die Leidenschaft technischen Bauens, mikrokosmisches

Haus und vergesellschaftende Großanlage oder was immer. Es geht dann um einen Gegenstand, der den persönlichen Zugriff sprengt. Da rollt etwas, und wir greifen zu, um die Richtung zu beeinflussen, „vom Sturze hier, von Steine da die Räder wegzulenken" (Goethe im „Egmont"). Man schaut lange zu, überlegt sich, ob das Sinn, Vernunft, Aussicht hat, weiß vielleicht nicht einmal, daß es fällig ist, und merkt erst, wenn man schon lange dabei ist, daß und in welcher Weise man eigentlich angepackt hat. Das ist die Stadt. Das ist die sich durch sie hindurchwälzende Geschichte, das ist die Zeitdimension und die Machtdimension aller persönlichen oder korporierten Gegenstände. Das ist das dichte, lebendige Geflecht und die großflächige Zerstörung – keines wahr ohne das andere.

Ich habe das jetzt mit Absicht so betont, mit etwas viel Emphase in der Stimme (Emphase ist die wissenschaftliche Alternative zum Kitsch, wie dieser ein Zeichen des Ungleichgewichts zwischen dürren Verhältnissen und Wunscherfüllung auf eigene Faust). Es fällt sonst, wie die Erfahrung zeigt, gar nicht auf, wovon die Rede ist. Man braucht bloß das Stichwort Stadtgeschichte in eine Runde zu werfen, und schon treten die Leute erfreut ein Stück beiseite, als trüge man in einer bunten, folkloristischen Aufführung die Särge vorbei, in denen die Vergangenheit sicherheitsverwahrt ist. Geschichte scheint ihnen das Gegenteil von Gegenwart zu sein und wird daher freiwillig und dankbar geschluckt, und dann kann man zur Tagesordnung übergehen. Selbst Erschütterung angesichts der Massenmorde des Nationalsozialismus kann unter diesem Titel geäußert werden, wenn nur rechtzeitig Schluß ist. Daß diese entwaffnende Plattheit des Verabschiedens von Geschichte zugunsten der Tagesordnung nichts anderes ist als die Anwesenheit des Nationalsozialismus und seiner Zerstörungen im Bewußtsein, das fällt nur denen auf, die ohnehin danach fragen, wo all diese Vergangenheit dem abgeblieben sein könnte. Eine Geschichte, die als Vorgeschichte der Gegenwart unbewältigt anwesend ist, ist in Deutschland nach wie vor nicht beliebt, auch wenn über den Nationalsozialismus inzwischen geredet wird.

Es geht aber in der Berufung auf die Kategorie Geschichte überhaupt um die Qualität der gegenwärtigen Auseinandersetzungen: um den Horizont von Planungsmaßnahmen. Stadtgeschichte ist für mich der Zugang zu einer qualitativen Analyse der Situation. Die Planerillusion ist, man habe eine in sich geschlossene Gegenwartsebene, auf der sich die Konflikte tummeln. Hier müssen Sektoren abgegrenzt werden, die man mit seinem Instrumentarium bewältigen kann. Der Planer glaubt an eine mögliche Ähnlichkeit zwischen den arbeitsteiligen Sektorierungen der Verwaltung und der bearbeiteten Wirklichkeit. Demgegenüber von Geschichte zu reden, heißt darauf aufmerksam werden, daß eben vorher schon ein Prozeß da ist, den ich ignorieren oder in den ich mich hineinbegeben kann, mit allen Gefahren der Verwirrung – dann, wenn ich ihn erst einmal als solchen wahrgenommen habe. Stadtgeschichte ist der Versuch, diesen vorausliegenden, durchgehenden Gewaltzusammenhang für einen Ort zu benennen.

Der Ort ist dabei das allerwichtigste: nur in ihm findet sich jener Zusammenhang, der sonst leicht als idealistische Konstruktion beiseitegeschoben werden kann, sinnlich wahrnehmbar als Widerstand vor, als das Besondere, das ich erst einmal wegschaffen müßte, wenn ich meine zentralisierende Vorstellung von dem, wie es weitergehen soll, durchsetzen wollte. Wenn ich hinhören kann, ist in diesem Besonderen, in den Menschen und ihren in Architekturform existierenden Beziehungen der konkrete Geschichtstext vernehmbar. Wer nicht zuhören kann, bekommt vom statistischen Amt immer nur die Folgefakten mitgeteilt und versteht sie dann auch noch falsch: woher soll er dann wissen, was er mit seinen Maßnahmen kaputtschlägt.

In der 68er Bewegung war für diese Aufmerksamkeit eben auch sehr wenig Raum. Mehrheitlich entwarf man Gegenplanungen oder inszenierte Geschichtswiederholungen. Das Lernen fing erst an. Aber schon die Aktion 507 brachte grimmige Beispiele von Stadtverstümmelung als Beweisstücke herbei, keine konservative Kritik, wie Wolf Jobst Siedlers „Gemordete Stadt", sondern eine emphatische Verklammerung von Architektur und Geschichtsbewußtsein, für die damals Goerd Peschken stand. Bloßer Besucher, beeindruckte mich das, wenn ich der Erinnerung glaube, innerhalb der Ausstellungen und Aktionen (von denen ich sicher das meiste nicht mitbekam) im Scharoun-Rohbau am nachhaltigsten. Das Neue war dabei der besondere 68er Impuls: Wir müssen was dagegen machen. Geschichte wird gemacht, heißt das heute. Aber welche Bewußtseinsdistanzen damals, zwischen Straßendemo und erkanntem Problem, zu bewältigen waren, das ist heute nur noch schwer vorstellbar.

Der Wunsch, eingreifen zu können, zu verhindern und anders zu machen, wurde für mich erst Jahre später gegenständlich. Als ich die Beseitigung des Mehringplatzes mitansehen mußte, erst da formte sich für mich all das, was ich sonst nur mit solidarischen Meinungen begleitet hatte – Kreuzberger Sanierungspraxis und Märkisches Viertel oder Gropiusstadt –, zu einem Gegenstand, wo ich mich zumindest als intellektueller Bearbeiter nicht mehr entziehen konnte. Wie konnte ich mit dem Untergang der historischen Stadt persönlich fertig werden? Da war so viel Trauer und Verlusterfahrung, daß ich mich schreibend, bearbeitend einer Perspektive versichern mußte, die nicht damit endete, daß alles ringsherum in Form neuer Düttmannscher MV-Bauten als Geschichte beendet wurde. Erst mit dieser Perspektive ließ ich die Kreuzberger Flächensanierung an mich heran, damals, als der zweite Abschnitt (SKS, Admiralstraße/Kottbusser Tor) angegriffen wurde und ein ganzes Stadtviertel, das ich als lebendigen Zusammenhang kannte, mit Menschen und Verhältnissen, einfach aus dem Bild der Stadt verschwand. Trauer und Wut waren hier nicht mehr theoretisch. Neubau dort, Abriß hier vernichteten gleichzeitig und gleichartig ein Stück auch meines Lebensalltags. Beides griff mich da an, wo ich am leichtesten zu treffen war: im Versuch, im alten Stadtgebiet, als jemand, der in den westlichen bürgerlichen Villenvierteln großgeworden war, Wurzeln zu schlagen und anhand der Verortung deutscher Geschichte in der Stadt meine eigene Familien- und Lebensgeschichte zu fassen zu bekommen.

Aus alledem ergab sich allmählich ein inneres Ankommen am bestimmten Ort, in der südlichen Friedrichstadt einerseits, in der östlichen Luisenstadt andererseits, dort, wo die dritte Etappe der Kahlschlagsanierung sich im Widerstand der Bewohner zu verfangen begann. Da war, in dieser Spannung, für mich beides zusammen: das eine der Rückweg in die deutsche Geschichte, in die Notwendigkeit der Zerstörung; das andere eine Möglichkeit weiterzugehen, das Vorhandene zu verteidigen und dabei umzuwandeln und mit Zukunftswünschen zu beflügeln. Die Vergangenheit des Reichsicherheitshauptamtes und die Zukunft der Kreuzberger Mischung sind seitdem für mich die Achsen dieser besonderen, im Gelände eingeschichteten Stadtgeschichte. Sie sind die Schlüssel zur Zerrissenheit des Stadtteils, zu den herumliegenden Spuren, zu den unglaublichen Hoffnungen, die sich immer wieder an einzelne Stadtorte heften. Stadtgeschichte, das ist die Fähigkeit von Orten, Menschen zur Lokalisierung ihrer Zukunftshoffnungen und ihrer vergangenen lebensgeschichtlichen Brüche zu dienen.

Es scheint mir um so wichtiger, die Distanz zu 1968 festzuhalten, weil im Grunde die Positionen von 1968 inzwischen durchgesetzt sind, aber ohne Änderung der Rahmenbedingungen. Die offizielle Architektur heute ist nicht mehr massenhaft und (beinahe) populistisch wie das Märkische Viertel, sondern modular und elitär – nichts, wogegen sich Aufruhr inszenieren ließe. Die linke Position arbeitet heute in den Sanierungsvierteln an der behutsamen Erneuerung des 19. Jahrhunderts, an der Oberfläche in Sozialplan, Instandsetzung und Selbsthilfe aufgehend, aber mit einer als Unterströmung durchgehenden Ästhetik. Die beiden Lager verstehen sich nicht, haben sich nichts zu sagen, wollen sich nicht einmal miteinander streiten. Das eigentlich Bedenkliche ist: sie können es gar nicht. Untergründige Interessenkoalitionen halten da vielleicht fest, als käme sonst die Architektur der Märkischen Viertel zurück. Davor haben beide Angst. Daß sie unversöhnbar sind und doch miteinander verknüpft, zeigt nichts deutlicher als ihr Verhältnis zur Geschichte, zur Selbstgewißheit des Ortes.

Die formalistische Architektur betrachtet grundsätzlich Stadtgeschichte als kulturellen Luxus, den man sich als Vorspruch zur Planung leistet wie einst Tafelmusik beim Essen. Das ist der offene Mißbrauch. Spätestens dann, wenn einem besorgt nahegelegt wird, daß man bitteschön als Historiker gefragt war, werden die Trennlinien klar. Viel vertrackter ist der wohlwollende, zustimmende Gebrauch der Stadtgeschichte. Wird der Geschichte sozusagen ein Existenzrecht auf der Ebene des Flächennutzungsplans eingeräumt, dann ist das ein gewaltiger Fortschritt. Aber auch hier zeigen sich ziemlich bald Trennlinien. Die Einsicht in das Falsche der funktionalen Flächengeometrie mit ihren, jede vernünftige Lösung im Ansatz zerschlagenden Entmischungen wird zu schnell positiv. Wenn man den ersten Mißbrauch, Geschichte als Gewesenes abzuheften, umdreht, dann kämpft man allzu leicht die vergangenen Kämpfe noch einmal, um diesmal zu siegen, und erhält eine immer schon vergangene, bloß aufs Bewahren des bedrohten Ist-Bestands gerichtete Gegenwart. Die fällt leicht beim nächsten Gegenangriff (beliebige Veränderungen auf der Verwertungsfront). Geschichte, Billigmiete, Sozialplan, die Koalition ist ihrerseits unhistorisch.

Geschichte ist für mich das Weitergehen eines erkannten Prozesses, unter anderem durch eigenes Handeln hindurch. Der Planer kommt geschichtslos in eine Situation hinein und soll sie besser machen. Nach ein paar Tagen weiß er, was „vor Ort" läuft und hilft sich beim Ausdenken von Maßnahmen mit dem, was er an Erfahrungen mitbringt. Damit ordnet er die Ansprüche: Bewohnerwünsche, politische und ökonomische Vorgaben, Geschichte des Ortes, seine eigenen Heils- oder Heilungsvorstellungen sozialer, ästhetischer, politischer Natur. Der historische Prozeß ist in diesem Vorgehen durchaus repräsentiert, aber nur in seinen Einzelteilen –, der Prozeß als solcher, an dem zu arbeiten wäre, bleibt unsichtbar. Damit das anders wird, muß sich der eingreifende Planer oder Entwerfer sozusagen dezentrieren. Statt von sich aus, dem Eingreifenden, die Dinge zu ordnen und zu beurteilen, muß er die Mitte des Prozesses finden. Diese Mitte ist, so wie unsere Gesellschaft funktioniert, immer ein Konflikt. Da muß man hineinkommen, Teilkraft werden statt Regisseur, Katalysator statt Schiedsrichter.

Das ist kein Akt subjektiver Zurücknahme, keine Bescheidenheit, keine vor dem Zupacken zurückschreckende Behutsamkeit. Das wäre eine moralische – sehr schöne – Haltung auf der Ebene der Gleichzeitigkeit des Planungsproblems. Was ich mit Dezentrierung meine, ist keine besondere moralische Haltung, sondern der Austritt aus dieser ganzen Veranstaltung der Planungsebene, der Gleichzeitigkeit, und das Hineinlassen der Zeit in den Planungs- und Entwurfsvorgang. Das Planen lebt, auf der Ebene der Gleichzeitigkeit, in einer künstlichen Zeitstruktur: der der Abfolge der Verfahrensschritte, der nötigen finanziellen Voranmeldungen und haushaltsrechtlichen Verankerungen, der Zuteilungs- und Bewilligungstermine. Das alles, so wahr es den Kalender des Planers strukturiert und auch real vergehende Zeit strukturiert, ist außerhalb der wirklichen historischen Zeit. Wenn die Bautermine da sind, ist die Wirklichkeit schon ganz woanders, sind andere Nutzer auf der Bühne da, neue Bedürfnisse. Der reale Prozeß wartet nicht auf den parallellaufenden Planungsprozeß.

Das Planen und Entwerfen hat aber begreiflicherweise nur dann Sinn, wenn es gerade am wirklichen Prozeß entlang vor sich geht und sich ständig daran neu orientiert. Auch das, so einfach es ist, kann sofort wieder falsch verstanden werden: als flexible Planung. Flexible Planung wäre ungefähr das Planungsäquivalent zu den flexiblen Fertigteilsystemen: eine hochkomplizierte Anpassungsfähigkeit auf der falschen Ebene. Vielmehr, das Planen und Entwerfen muß sich in die Linie des realen Prozesse hineinbegeben, den jeweils nächsten Schritt voraussehen und dafür die nötigen Vorkehrungen treffen, damit dann, wenn er fällig ist, die nötige planerische Basisleistung zur Verfügung steht. Der gewöhnliche Entwerfer entwirft das, was ihm angepaßt und in der Situation die beste Lösung scheint. Dann müssen alle Rahmenbedingungen so lange geknautscht und massiert werden, bis dieser Entwurf realisiert werden kann. Dann ist der Prozeß zu Ende. Wir müssen dagegen zu Entwurfsprozessen kommen, die bewußt unfertig sind – auf der planerischen Gleichzeitigkeitsebene beurteilt –, weil sie den nächsten Schritt bereits als Lösungsangebot enthalten und den übernächsten nicht verstellen.

Eine derartige Veränderung des Entwerfens oder Planens geht nicht als bloße Anstrengung. Sie geht von selbst, wenn die Zeit, auf die sich das Entwerfen bezieht, in den Planungsprozeß hineingenommen wird. Der Schlüssel hierzu ist die Stadtgeschichte. Stadtgeschichte ist kein unabhängiger Gegenstand. Sie ist das Hereingenommenwerden der Zeit ins Entwerfen. Das ist ganz buchstäblich zu verstehen. Die Beschäftigung mit der Geschichte des Ortes ist dann nämlich kein kultureller Vorlauf, sondern das geraffte In-mich-Hineinbringen der historischen Zeit des Ortes. Diese fehlt mir ja, sie fehlt mir, weil ich am Ort fremd bin, oder wenigstens mit ihm nicht verwachsen genug, um einfach Teil und Sprecher seiner geschichtlichen Bewegung zu sein. Das Ergebnis der historischen Anstrengung ist denn auch genau die Umkehrung dessen, was die Leute sich eigentlich davon erwarten. Es ist keine Zurückversetzung in das, was einmal war, sondern die allergenaueste Weise von Vergegenwärtigung. Die Substanz einer ins eigene Bearbeiten des Ortes aufgenommenen Geschichte ist das, was da ist. Daß ich das sehe, was da ist, das ist das Ergebnis, das ist die auf den Punkt gekommene Stadtgeschichte. Ist das alles? Ja. Nichts ist schwieriger, als zu sehen, was ist. Die wenigsten Architekten und Planer können das. Es ist immer wieder erstaunlich, wie wenig die meisten wahrnehmen. Alle isolierte Historie im Kopf hilft ihnen keinen Schritt weiter, weil es sie an ihrem alten Platz stehen läßt. Erst einmal muß man an der vergangenen Geschichte das Mitgehen lernen. Das Mitgehen ist der eigentliche Akt. Wenn man in diesen Bewegungsrhythmus hineingekommen ist, hört das Vergangene auf, etwas anderes, abgelegte Historie zu sein, dann ist es die Vorgeschichte der gegenwärtigen Konflikte und die Bewegungseinübung dessen, was kommen wird. Die Erfüllungsdaten der Planung – das fertige Haus, die 180 Kita-Plätze, die Grünfläche in vier Jahren – handeln von einer völlig fiktiven stabilen Gegenwart, die es gar nicht gibt, die, wenn man sie verwaltungs- oder verfahrenstechnisch erzwingt, in dem Augenblick veraltet ist, wo man sie zuendefabriziert hat.

Zu sehen, was ist, das ist der Schlüssel. Da muß ich erst einmal hinkommen, und das hat mit keinerlei Geheimnissen zu tun, das ist das Nüchternste, nämlich Genaueste, von der Welt. Dann, erst dann, kommt das Stellungnehmen, das Sich-Entscheiden, bei den Bewohnern an, mitten im wirklichen, sich täglich wandelnden Konflikt. In diesem Konflikt ist, bei fortbestehenden Interessenwidersprüchen der Ökonomie und Politik, keine Position von vornherein statisch. Jede ist auf ihre eigene Geschichte, auf verdrängte Wünsche, Widersprüche, Zukunftshoffnungen ansprechbar, und nur das, was sich zur angeblichen Unveränderlichkeit verhärtet, „Beton" wird (gleich ob als Verwaltung oder als Investment-Unternehmen), wird zum Angreifer, zum Zerstörer, zum Feind der möglichen Entwicklungen. Die Stadtgeschichte ist kein Objekt der Planung (unter anderen), sondern ihr Medium. Auf Deutsch: Sie wird aus einem intellektuellen Gegenstand zum umfassenden, lebendigen, widersprüchlichen Gesellschaftsort, in dem sich, von Konflikt zu Konflikt, das Eingreifen und Bessermachen bewegt. Was besser ist, weiß, wer das Elend, das historische Versagen, die Zerstörungen kennt, aus denen eine Stadt kommt.

Quelle: Stadtbauwelt 80 (1983)

Bauwelt Fundamente

1 Ulrich Conrads (Hrsg.), Programme und Manifeste zur Architektur des 20. Jahrhunderts
2 Le Corbusier, 1922 – Ausblick auf eine Architektur
3 Werner Hegemann, 1930 – Das steinerne Berlin
4 Jane Jacobs, Tod und Leben großer amerikanischer Städte*
5 Sherman Paul, Louis H. Sullivan*
6 L. Hilberseimer, Entfaltung einer Planungsidee*
7 H. L. C. Jaffé, De Stijl 1917–1931*
8 Bruno Taut, Frühlicht 1920–1922*
9 Jürgen Pahl, Die Stadt im Aufbruch der perspektivischen Welt*
10 Adolf Behne, 1923 – Der moderne Zweckbau*
11 Julius Posener, Anfänge des Funktionalismus*
12 Le Corbusier, 1929 – Feststellungen*
13 Hermann Mattern, Gras darf nicht mehr wachsen*
14 El Lissitzky, 1929 – Rußland: Architektur für eine Weltrevolution*
15 Christian Norberg-Schulz, Logik der Baukunst
16 Kevin Lynch, Das Bild der Stadt*
17 Günter Günschel, Große Konstrukteure 1
18 nicht erschienen
19 Anna Teut, Architektur im Dritten Reich 1933–1945*
20 Erich Schild, Zwischen Glaspalast und Palais des Illusions
21 Ebenezer Howard, Gartenstädte von morgen
22 Cornelius Gurlitt, Zur Befreiung der Baukunst*
23 James M. Fitch, Vier Jahrhunderte Bauen in USA*
24 Felix Schwarz und Frank Gloor (Hrsg.), „Die Form" – Stimme des Deutschen Werkbundes 1925–1934
25 Frank Lloyd Wright, Humane Architektur*
26 Herbert J. Gans, Die Levittowner. Soziographie einer »Schlafstadt«
27 Günter Hillmann (Hrsg.), Engels: Über die Umwelt der arbeitenden Klasse
28 Philippe Boudon, Die Siedlung Pessac – 40 Jahre*

29 Leonardo Benevolo, Die sozialen Ursprünge des modernen Städtebaus*

30 Erving Goffman, Verhalten in sozialen Strukturen*

31 John V. Lindsay, Städte brauchen mehr als Geld*

32 Mechthild Schumpp, Stadtbau-Utopien und Gesellschaft*

33 Renato De Fusco, Architektur als Massenmedium

34 Gerhard Fehl, Mark Fester und Nikolaus Kuhnert (Hrsg.), Planung und Information

35 David V. Canter (Hrsg.), Architekturpsychologie

36 John K. Friend und W. Neil Jessop (Hrsg.), Entscheidungsstrategie in Stadtplanung und Verwaltung

37 Josef Esser, Frieder Naschold und Werner Väth (Hrsg.), Gesellschaftsplanung in kapitalistischen und sozialistischen Systemen*

38 Rolf-Richard Grauhan (Hrsg.), Großstadt-Politik*

39 Alexander Tzonis, Das verbaute Leben*

40 Bernd Hamm, Betrifft: Nachbarschaft

41 Aldo Rossi, Die Architektur der Stadt*

42 Alexander Schwab, Das Buch vom Bauen

43 Michael Trieb, Stadtgestaltung*

44 Martina Schneider (Hrsg.), Information über Gestalt

45 Jörn Barnbrock, Materialien zur Ökonomie der Stadtplanung

46 Gerd Albers, Entwicklungslinien im Städtebau*

47 Werner Durth, Die Inszenierung der Alltagswelt

48 Thilo Hilpert, Die Funktionelle Stadt

49 Fritz Schumacher (Hrsg.), Lesebuch für Baumeister

50 Robert Venturi, Komplexität und Widerspruch in der Architektur

51 Rudolf Schwarz, Wegweisung der Technik und andere Schriften zum Neuen Bauen 1926–1961

52 Gerald R. Blomeyer und Barbara Tietze, In Opposition zur Moderne

53 Robert Venturi, Denise Scott Brown und Steven Izenour, Lernen von Las Vegas

54/55 Julius Posener, Aufsätze und Vorträge 1931–1980

56 Thilo Hilpert (Hrsg.), Le Corbusiers „Charta von Athen". Texte und Dokumente. Kritische Neuausgabe

57 Max Onsell, Ausdruck und Wirklichkeit

58 Heinz Quitzsch, Gottfried Semper – Praktische Ästhetik und politischer Kampf

59 Gert Kähler, Architektur als Symbolverfall
60 Bernard Stoloff, Die Affaire Ledoux
61 Heinrich Tessenow, Geschriebenes
62 Giorgio Piccinato, Die Entstehung des Städtebaus
63 John Summerson, Die klassische Sprache der Architektur
64 G. Fischer, L. Fromm, R. Gruber, G. Kähler und K.-D. Weiß, Abschied von der Postmoderne
65 William Hubbard, Architektur und Konvention
66 Philippe Panerai, Jean Castex und Jean-Charles Depaule, Vom Block zur Zeile
67 Gilles Barbey, WohnHaft
68 Christoph Hackelsberger, Plädoyer für eine Befreiung des Wohnens aus den Zwängen sinnloser Perfektion
69 Giulio Carlo Argan, Gropius und das Bauhaus
70 Henry-Russell Hitchcock und Philip Johnson, Der Internationale Stil – 1932
71 Lars Lerup, Das Unfertige bauen
72 Alexander Tzonis und Liane Lefaivre, Das Klassische in der Architektur
73 in Vorbereitung
74 Walter Schönwandt, Denkfallen beim Planen
75 Robert Seitz und Heinz Zucker (Hrsg.), Um uns die Stadt
76 Walter Ehlers, Gernot Feldhusen und Carl Steckeweh (Hrsg.), CAD: Architektur automatisch?
77 Jan Turnovský, Die Poetik eines Mauervorsprungs
78 Dieter Hoffmann-Axthelm, Wie kommt die Geschichte ins Entwerfen?

---

*vergriffen

Bei Fragen zur Produktsicherheit wenden Sie sich bitte an:
If you have any questions regarding product safety,
please contact:

Birkhäuser Verlag GmbH
Im Westfeld 8
4055 Basel, Schweiz
productsafety@degruyterbrill.com